Project Risk Manager를 위한

# Primavera
# Risk Analysis R8.x

박성철, 김현일, 현정훈, 이길호 지음

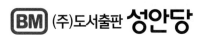 (주)도서출판 성안당

Project Risk Manager를 위한

# Primavera
# Risk Analysis R8.x

2014. 11. 10. 초 판 1쇄 발행
**2022. 3. 10. 개정증보 1판 1쇄 발행**

저자와의
협의하에
검인생략

지은이 | 박성철, 김현일, 현정훈, 이길호
펴낸이 | 이종춘
펴낸곳 | **BM** ㈜도서출판 **성안당**
주소 | 04032 서울시 마포구 양화로 127 첨단빌딩 3층(출판기획 R&D 센터)
  10881 경기도 파주시 문발로 112 파주 출판 문화도시(제작 및 물류)
전화 | 02) 3142-0036
  031) 950-6300
팩스 | 031) 955-0510
등록 | 1973. 2. 1. 제406-2005-000046호
출판사 홈페이지 | www.cyber.co.kr
ISBN | 978-89-315-5836-4 (13000)
**정가 | 42,000원**

**이 책을 만든 사람들**
책임 | 최옥현
진행 | 최창동
교정·교열 | 신꽃다미
본문 디자인 | 인투
표지 디자인 | 박원석
홍보 | 김계향, 이보람, 유미나, 서세원
국제부 | 이선민, 조혜란, 권수경
마케팅 | 구본철, 차정욱, 나진호, 이동후, 강호묵
마케팅 지원 | 장상범, 박지연
제작 | 김유석

■ **도서 A/S 안내**

성안당에서 발행하는 모든 도서는 저자와 출판사, 그리고 독자가 함께 만들어 나갑니다.
좋은 책을 펴내기 위해 많은 노력을 기울이고 있습니다. 혹시라도 내용상의 오류나 오탈자 등이
발견되면 **"좋은 책은 나라의 보배"**로서 우리 모두가 함께 만들어 간다는 마음으로 연락주시기
바랍니다. 수정 보완하여 더 나은 책이 되도록 최선을 다하겠습니다.
성안당은 늘 독자 여러분들의 소중한 의견을 기다리고 있습니다. 좋은 의견을 보내주시는 분께는
성안당 쇼핑몰의 포인트(3,000포인트)를 적립해 드립니다.

잘못 만들어진 책이나 부록 등이 파손된 경우에는 교환해 드립니다.

# { 시작하기 전에 }

Primavera Risk Analysis는 1981년 Pertmaster사의 Pertmaser로 출시 된 이후 Primavera Systems사를 거쳐 현재 Oracle사의 Primavera Risk Analysis의 제품명을 가지게 되었다. 이 제품은 PERT/CPM 이론과 PMBOK의 리스크 관리 프로세스를 근간으로 프로젝트 수행 시 발생될 수 있는 불확실성(Uncertainty)과 사건 리스크(Event Risk)를 프로젝트 Schedule에 적용하여 프로젝트 전체의 일정(Schedule)과 비용(Cost)에 미치는 영향력(Impact)을 예측하여 예방하기 위한 리스크 관리 툴로 세계적으로 많이 사용되고 있고 국내에서도 그 활용도가 높아지고 있다.

:: 이 책의 특징

❶ 리스크(Risk)의 개념을 쉽게 이해할 수 있다.

❷ 리스크 관리(Risk Management)의 목적, 여러 리스크 관리 표준(Risk Management Standard)을 이해할 수 있다.

❸ PMBOK의 11. 리스크 관리(Risk Management) 프로세스를 이해할 수 있다.

❹ PMBOK의 리스크 관리 프로세스에 근거한 Primavera Risk Analysis의 방법론을 쉽게 습득할 수 있다.

❺ 모든 사용자(PM, PL, SE , RM)가 쉽게 Primavera Risk Management 활용 방법을 습득할 수 있다.

❻ 부록의 Workshop Basic을 활용하여 쉽게 공정 관리(Time Management)의 기본 개념을 이해할 수 있고, 일정(Schedule)에 불확실성(Uncertainty)과 사건 리스크(Event Risk)를 적용하여 그 영향력(Impact)을 분석하는 방법을 습득할 수 있다.

❼ 부록의 RMP 시험 등록 매뉴얼을 통해 쉽게 RMP 자격시험 접수 방법을 습득할 수 있다.

:: 이 책을 통해 배울 수 있는 내용

Primavera P6 모든 버전 활용에 필요한

❶ 일정(Schedule)에 근거한 리스크 분석(Risk Analysis)을 수행할 수 있다.

❷ 표준화된 리스크 관리 절차(Risk Management Process)를 습득할 수 있다.

❸ 리스크 관리(Risk Management)의 정성적 분석(Qualitative Analysis)과 정량적 분석(Quantitative Analysis) 기법을 습득할 수 있다.

❹ Primavera Risk Analysis를 통해 프로젝트를 직접 관리할 수 있다.

:: 이 책의 교육 대상

• Primavera Risk Analysis 신규 사용자

• Primavera P6, P3, Microsoft Project 사용자 중 Primavera Risk Analysis에 관심이 있는 분

• Project Manager, Project Risk Manager, Project Planner & Scheduler 등

• 모든 산업 분야에서 Schedule에 근거한 리스크 관리를 효과적으로 원하는 분

(Q&A) 학습하다가 궁금한 점이 있다면…?

**E-mail** : scpark@pcca.kr(박성철), junghoon.hyun@pcca.kr(현정훈)

우리는 최근 조직과 국가 그리고 그 속에서 생활하고 있는 개인 등 모든 측면에서 급변하는 세상 속에서 불확실성(Uncertainty)이라는 불안과 기대감이 존재하는 사회에 살고 있습니다. 현재 우리의 삶과 조직 및 국가가 수행하는 모든 크고 작은 프로젝트에서 불확실성을 넘어 더욱 큰 변화(Change)가 예상됩니다. 이제는 익숙한 디지털 혁명, 좀처럼 익숙하지 않은 이해관계자의 기대치, 바꿀 수 없는 지정학적 요인 등이 변화를 가속화할 것입니다. 디지털 혁명은 데이터 가용성, 연결성, 의사 결정의 속도를 매우 증가시켰습니다. 이러한 변화는 혁신적 가능성을 제공하지만, 동시에 변화 수용에 대한 대규모의 실패 가능성과 함께 그러한 결과로 연쇄적인 문제가 발생합니다. 이에 프로젝트 팀은 이러한 새로운 위협(Threat)과 기회(Opportunity)를 정확하게 식별 및 예측해서 변화로 야기되는 리스크(Risk)에 대응해야 합니다.

앞으로의 미래에서 기업은 변화하는 환경에 발맞추기 위해 리스크를 매우 동적(Dynamic)으로 식별(Identify)해야 하며, 또한 관리에 있어서 우선순위를 지정해야 합니다. 서로 다른 내부 및 외부 데이터들을 기반으로 항시 위협을 예측, 평가 및 관찰해야 합니다. 이러한 일련의 행위를 수행 운영하기 위해서는 리스크 관리 계획(Risk management plan)을 통해 적절하게 프로세스를 정립하고 리스크에 대한 대응 최적화를 위해 노력해야 합니다. 이러한 리스크 관리에 대한 궁극적인 목표는 부정적인 리스크(Negative Risk)의 영향(Impact)을 줄이고 긍정적인 리스크(Positive Risk)인 기회의 영향은 높이는 것입니다. 즉 프로젝트에서의 리스크 관리라는 것은 프로젝트 관리자가 긍정적으로나 부정적으로나 프로젝트에 영향을 미칠 수 있는 잠재적 리스크를 관리하는 데 사용하는 프로세스를 말합니다.

프로젝트 관리자 및 리스크 관리자는 일반적으로 프로젝트가 노출된 리스크(Exposed Risk)에 대한 발생 시기 및 이유를 정확하게 파악하지 못하는 경우가 많습니다. 이러한 불확실성으로 인해 프로젝트 리스크 관리에는 진지하고 심층적인 접근 방식(In-depth approach)이 필요합니다. 예를 들면, 프로젝트 리스크 관리 프로세스(Risk management process)는 리스크를 식별하고 분석한 후 프로젝트 라이프 사이클(Life Cycle) 전반에 걸쳐 발생할 수 있는 모든 리스크에 대응하는 것으로 구성됩니다. 이는 목표를 계속해서 달성할 수 있도록 가능한 리스크의 결과를 제한하기 위해 수행됩니다. 중요한 것은 리스크 관리라는 것은 사후 대응 활동(Reactive activity)을 말하는 것이 아닙니다. 사전적으로 대응해야 하며, 어떤 리스크가 발생할 수 있는지 식별하기 위해선 프로젝트의 모든 계획 프로세스에 리스크 관리와 통합적으로 연계되어 있어야 합니다.

최근 많이 늘어나고 있는 대형 프로젝트인 메가 프로젝트(Mega project)에서의 위험 관리의 중요성은 더욱 커지고 있습니다. 환경 리스크(Environmental Risks), 규정 리스크(Regulatory Risks), 의사소통 리스크(Communicatory Risks), 외부 요인 리스크(External Risks), 종속성 리스크(Dependency Risks) 등이 대표적으로 중요한 영향을 미치는 리스크입니다. 특히, 종속성 리스크는 프로젝트 일정에 가장 직접적으로 영향을 주는 리스크입니다. 대부분의 경영자 및 의사결정자들은 이러한 프로젝트 일정의 각 활동들에 대하여 기간의 불확실성(Uncertainty)과 사건 리스크(Event Risk)가 프로젝트 일정 중 발생된다면, 프로젝트 전체의 일정과 원가에 얼마나 큰 영향을 미치는지 예측하고 싶어 합니다.

프로젝트 관리에서 종속성은 선행 작업과 후속 작업 간의 관계를 나타냅니다. 가장 일반적인 관계는 시작 완료의 관계입니다. 즉 선행 작업은 후행 작업이 시작되기 전에 완료되어야 합니다. 이러한 종속 상황에서 한 작업이 지연되면 향후 모든 작업에 영향을 미치므로 전체 프로젝트가 중단될 수 있습니다. 예를 들어, 필요한 인적자원이 가용 인원을 초과하거나 필요한 물적 자원들을 배치하기 위한 물리적 공간이 충분하지 않을 수 있는 상황이 발생할 수 있는 것입니다. 일부 상황에서는 프로젝트를 다시 정상 궤도에 올리거나 문제를 해결하기 위해 추가 자금이 필요할 수 있으므로 이는 프로젝트의 예산 초과(Over budget)로 이어질 수도 있습니다. 대형 프로젝트에서 종속 항목의 수는 기존 프로젝트에 비해 훨씬 많기 때문에 프로젝트 관리자는 긴 지연을 피하고 예산 제약을 벗어나지 않으려면 이러한 유형의 활동에 더 많은 주의와 관심을 기울여야 합니다. 이러한 이유로 최근의 대형 프로젝트에서는 발주처(Company)들이 프로젝트 착수 초기부터 계획된 일정과 예산 내에서 프로젝트를 완료할 수 있는 가능성이 가장 높은 계약자(Contractor)와 일하는 것을 선호합니다. 이것을 계약자들에게 ITB(Invitation to bid) 상에 리스크 분석 보고서를 제출하라는 것으로 요구하고 있습니다. 또한 프로젝트 진행 중 주기적으로 일정과 원가에 대한 리스크 분석을 통해 초기에 예측했던 위험들과 현재의 예측 가능한 리스크를 평가함으로써 일정과 원가에 대해 예측하고 부정적인 영향을 예방하기 위한 활동들에 힘을 기울이고 있습니다.

다시 정리한다면 리스크 관리의 실패로 지금까지 수행해온 많은 프로젝트들에 있어 초기 일정과 비용을 지키지 못하는 일이 많았습니다. 이제는 리스크 관리라는 것을 단순히 발주자의 요구로 수행해야만 하는 단순한 일상 업무가 아니라 리스크 관리의 개념과 분석 그리고 대응 조치를 조직적인 문화와 정책에 적극 반영하여 선제적으로 대응해야 합니다. 이에 일정 관련 리스크 분석에서 건설/플랜트 현장에서 세계적으로 가장 많이 활용되고 있는 Oracle Primavera Risk Analysis의 기본 개념과 활용법을 본서를 통해 소개하고자 합니다.

본서는 리스크의 개념, 리스크 관리 프로세스, 리스크 관리 표준 프로세스에 근거하여 만들었으며, 목표는 다음과 같습니다.

- 리스크의 개념 : 리스크에 대한 이해도 향상
- 프로젝트 리스크 관리의 필요성 : 프로젝트 현장에서 리스크 관리의 필요성 이해
- PMI PMBOK 6th&7th Edition 소개 : 프로젝트 관리와 리스크 관리 관계 이해도 향상
- 리스크 관리 프로세스 : 국제적인 리스크 관리 표준 프로세스에 대한 이해도 향상
- 표준 프로세스에 근거한 Oracle Primavera Risk Analysis : 표준 프로세스에 근거한 Tool과 방법론의 이해
- Oracle Primavera Risk Analysis의 기능 : Tool 활용을 위한 기능의 이해
- 공기연장(EoT) 관련 분석방법(SCL Protocol)

본서가 이러한 것들을 비중 있게 다루는 이유는 본서를 통해 단순히 Tool의 활용법을 소개하는 데 그치지 않고 통합적인 프로젝트 관리에 필요한 프로젝트의 리스크 관리 개념부터 리스크 관리에 대한 일반적인 개념과 관리 프로세스를 통하여 모든 이가 성공적으로 계획된 일정(On time)과 예산 내(On budget)에서 프로젝트 완수를 달성하기를 바라기 때문입니다.

마지막으로 이 책을 출판하기 위해 많은 수고를 아끼지 않은 주식회사 PCCA의 전 임직원에게 감사의 마음을 전합니다.

주식회사 PCCA 대표이사
박성철 Ph.D

# { 이 책의 구성 }

이 책은 총 10 Part, 총 28개의 챕터로 구성되어 있습니다. 구성 또한 초보자가 쉽게 따라할 수 있도록 각 작업에 대한 내용을 빠짐없이 설명하고 있어 단계별로 학습할 수 있다.

● 챕터 제목 및 발문 : 각 챕터에서 학습할 제목과 배우게 될 중요한 핵심 내용을 파악할 수 있다.

● 따라하기 : 예제를 직접 활용하여 익혀보는 과정으로, 따라하기 방식으로 구성되어 있습니다. 체계적으로 단계를 구성하였기 때문에 누구나 쉽게 학습할 수 있다.

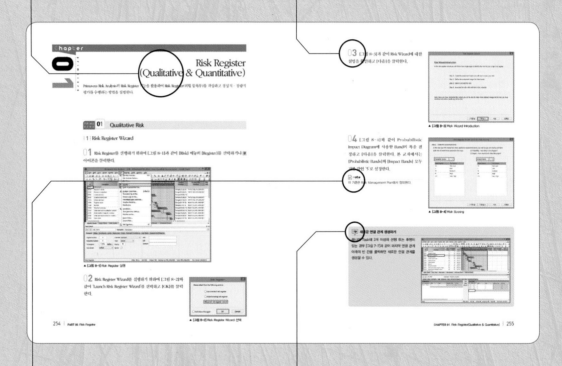

● Note : 프리마베라를 사용함에 있어 작업의 효율을 향상시키고자 할 때 알아 두면 좋을 알짜 노하우를 저자의 풍부한 실전 경험을 바탕으로 정리하였다.

● Tip : 본문에 미처 담지 못한 내용과 꼭 필요한 핵심 내용을 정리했다.

1장, 2장, 그리고 Risk Report, Graph 등을 학습한 후 PMI-RMP 시험에 응시할 경우 필요한 응시가이드를 설명한다.

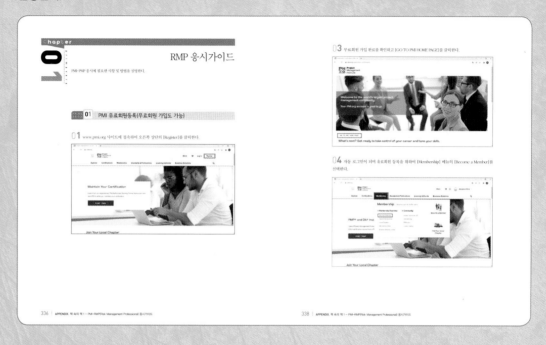

Workshop을 학습하면서 리스크 관리에서 사용되는 정량적 계산 방법을 이해하고, Primavera Risk Analysis 의 기본 사용 방법을 쉽게 습득한다.

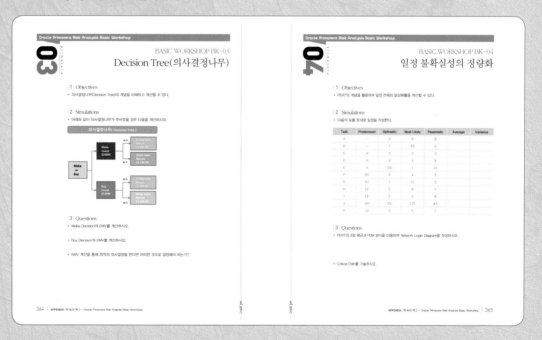

Project Risk Manager를 위한 **Primavera Risk Analysis**

P
R
I
M
A
V
E
R
A

CONTENTS

# 리스크 관리의 이해

이 Part에서는 프로젝트 리스크의 개념, 프로젝트 리스크 관리의 정의, 프로젝트 리스크 관리의 필요성, 리스크(Risk)와 비용 (Cost) 및 품질(Quality)의 관계, 리스크 관리의 성공 요인, 리스크 관리에서의 프로젝트 관리자의 역할, 리스크 관리를 위한 기본 개념, 프로젝트 리스크 관리 프로세스를 설명하고, 프로젝트 리스크 관리에 대한 기본 지식을 습득할 수 있다.

PART

# 리스크의 이해

## PRIMA VERA 01 리스크 개념

현재 프로젝트를 수행하는 대부분 조직과 개인은 프로젝트 수행 시 "리스크" 또는 "위험"이라는 단어를 과거보다 상당히 많이 접하고 있다. 그 이유는 "Change"에 있다. 과거에 비해서 현재의 우리는 급변하는 세상에 있다는 것이다.

"Change is Risk !!"

일반적으로 "리스크" 또는 "위험"을 다음과 같이 생각할 것이다.

- danger : 모든 종류의 리스크를 의미하는 넓은 뜻의 말
- peril : 임박한 큰 리스크
- jeopardy : 극도의 리스크에 처한 상황
- hazard : 예측할 수 있지만 피할 수 없는 리스크
- risk : 자발적으로 부딪치는 리스크
- 리스크(危險) : 위태함. 안전하지 못함
- 위기(危機) : 리스크한 고비
  - 危 : 위태 위(위태롭다. 위태롭게 하다. 두려워하다.)
  - 險 : 험하다 험(험하다. 음흉하다. 높다. 어렵다.)
  - 機 : 틀 기(기계, 재치, 기교, 기회)

대부분 부정적인 의미를 내포하고 있다. 그렇기에 대부분 제거(Avoid)라는 대응전략을 기본으로 한다. 그렇지만 "Risk"만은 그렇지 않다.

"Risk is taking."

그 이유는 리크스(Risk)는 명확하게 우리가 어떻게 준비하느냐에 따라 기회(Opportunity) 또는 위협(Threat)으로 다가오기 때문이다.

"A risk is an opportunity or a threat."

16세기에는 선박 관련 보험회사에서 긍정의 의미로 사용되었다고 한다. 그 이유는 신대륙을 발견하게 된다면 부귀영화를 획득할 수 있는 의미로 다가왔기 때문이라고 한다. 또한 17세기에 불어의 "Risque"는 이득을 볼 것을 예상하고 리스크 속에 뛰어들기의 의미를 내포하고 있다고 한다.

2018년 9월 출간된 PMI의 PMBOK®(A Guide to Project Management Body Of Knowledge) 6th Edition에서는 인도물(Deliverables)을 산출하기 위한 10 Knowledge Area와 5 Process Gourp에 49개 Process 중심으로 프로젝트를 관리하는 관점으로 접근하고 있다.

또한, "프로젝트 리스크는 발생할 경우에 프로젝트의 목적 중 한 가지 이상에 긍정 또는 부정적인 영향을 미치는 불확실한 사건 또는 조건이다."라고 정의하며, 프로젝트 생애주기에 걸쳐서 지속적으로 나타나므로 리스크 관리는 반복적으로 수행해야 한다고 설명하고 있다.

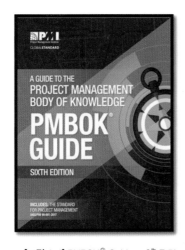

▲ [그림 1-1] PMBOK® Guide - 6th Edition

"Project risk is an uncertain event or condition that, if it occurs, has

a positive or negative effect on one or more project objective."

"Risks will continue to emerge during the lifetime of the project,

so Project Risk Management processes should be conducted iteratively"

2021년 8월 출간된 PMBOK®(A Guide to Project Management Body Of Knowledge) 7th Edition에서는 의도한 결과를 도출에 초점을 맞추어 12가지의 원칙(12 Principle)과 8개의 성과영역(8 Performance Domain)으로 접근하여 단순한 결과물 생산이 아닌 조직 전체에 대한 가치(Value) 체인을 고려한 시스템 관점으로의 접근을 설명하고 있다.

또한, 프로젝트 리스크에 대해서는 "프로젝트 리스크 대응에 대한 최적화"를 강조하고 있다.

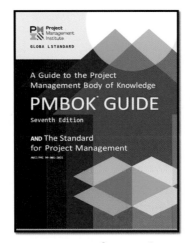 

▲ [그림 1-2] PMBOK® Guide − 7th Edition

프로젝트 리스크는 "프로젝트와 그 성과에 대한 긍정적인 영향을 극대화하고 부정적인 영향을 최소화하기 위해, 리스크에 대한 노출, 즉 기회(Opportunity) 및 위협(Threat)을 지속적으로 평가한다"라고 설명하고 있다. 정리하면 다음과 같다.

- 개별적인 리스크와 전반적인 리스크가 프로젝트에 영향을 줄 수 있다.
- 리스크는 긍정적(기회) 또는 부정적(위협)일 수 있다.
- 리스크는 프로젝트 전반에 걸쳐 지속적으로 처리된다.
- 리스크를 대하는 조직의 태도, 리스크 선호도 및 한계선은 리스크 처리 방식에 영향을 미친다.

영국 OGC(The Office of Government Commerce)에서 주관해왔고 현재는 Axelos(시험 주관 기관)에서 주관하는 PRINCE2®에서는 "리스크란, 발생할 경우 목표 달성에 영향을 미치는 하나 또는 일련의 불확실한 이벤트를 말하며, 현실화될 것으로 예상되는 위협 또는 기회의 발생 가능성과 목표에 미치는 영향의 규모를 통합한 것이다."라고 정의하고 있다.

여기서 위협은 목표에 대해 부정적인 영향을 미칠 수 있는 불확실한 사건을 의미한다. 기회는 목표에 대해 긍정적인 영향을 미칠 수 있는 불확실한 사건을 의미한다.

"A Risk is an uncertain event or set of events that, should it occur, will have an effect on the achievement of objectives. It consists of a combination of the probability of a perceived threat of opportunity occurring, and the magnitude of its impact on objectives."

· Threat is used to describe an uncertain event that could have a negative impact on objectives.

· Opportunity is used to describe an uncertain event that could have a favourable impact on objectives.

> **tip**
>
> PRINCE2®(PRoject IN Controlled Environments)는 1996년(효시는 1075년) 영국 정부에서 제정한 프로젝트 관리에 대한 표준으로 영국 정부의 Best Management Practice 중 핵심이다. 영국 정부 부처인 OCG(The Office of Government Commerce)에 의해 제정되었으며, 현재 OCG와 영국 BPO(Business Process Outsourcing) 전문 컨설팅 회사인 Capia가 만든 합자회사인 AXELOS(www.axelos.com)에 의해 관리되고 있다.
>
> PRINCE2®는 프로젝트 관리자를 위한 표준인 Management Successful Projects with PRINCE2®와 기업, 경영진, 프로그램관리를 위한 표준인 Directing Successful project with PRINCE2®로 구성되어 있다.

## ● 다양한 리스크 정의

### APM(Association for Project Management)

· A risk is the potential of a situation or event to impact on the achievement of specific objectives.

· 리스크는 특정 목표 달성에 영향을 미칠 수 있는 상황이나 사건의 잠재력이다.

### KTH(스웨덴 로양 공과대학)

· Risk has been interpreted as Risk=hazard×exposure

   where Hazard is defined as the way in which a thing or situation can cause harm and exposure as the extent to which the likely recipient of the harm can be influenced by the hazard.

· 리스크=리스크 노출로 해석됨

   여기서 리스크는 어떤 것이나 상황이 해를 끼치고 노출될 수 있는 방법으로 정의된다. 그 피해를 받을 가능성이 있는 사람이 그 피해에 영향을 미칠 수 있는 정도.

### CIMA(The Chartered Institute of Management Accountants)

· Uncertain future events which could influence the achievement of the organization's strategic, operational and financial objectives.

· 리스크는 조직의 전략적, 운영적 및 재정적 목표의 달성에 영향을 미칠 수 있는 불확실한 미래 사건.

● Risk Taking : 생각해보기

"리스크는 감수(甘受)하는 것이다."

The biggest riskis not taking any risk...
In a world that changing really quickly,
the only strategy that is guaranteed to fail is not taking risks.

Mark Zuckerberg (Oct. 2011)

Innovation is taking risks.
혁신은 리스크를 감수하는 것이다.
혁신은 기회에 대한 도전

GE 회장 제프리이멜트

Without giving people permission to take risk, you'll naver take risks.
리스크 감수를 허용하지 않으면 기회가 없다.
불확실한 기회에 대한 도전

포드 자동차 CEO 마크필즈

Take calculated risks. That is quite different from being rash.
계산된 리스크는 감수하라. 그것은 경솔한 것과는 완전 다르다.

2차 대전 패튼 장군(미군)

I know it' risk, but I have to take it

## PRIMAVERA 02 프로젝트 리스크 관리의 정의

프로젝트의 리스크(Risk)를 규명하고 분석하여 대응하는 것과 관련된 프로세스 등을 포함하며, 긍정적 사건의 결과를 극대화하고 부정적인 결과를 최소화하는 것을 의미한다. 다시 이야기하면, 리스크는 아직 발생되지 않은 문제이므로 예방의 관점에서 접근해야 한다. 리스크가 발생된다면 우리는 그것을 문제라고 하기 때문에 어떻게 하든 해결해야 한다. 이러기 위해서는 많은 비용과 노력이 필요하므로 리스크를 발생하지 않게 예방하거나 영향을 최소화할 수 있도록 노력해야 할 것이다. 물론 모든 리스크에 대하여 대응할 수는 없지만 프로젝트 초기에 대응해야만 적은 비용으로 최대의 효과를 만들 수 있기 때문이다.

PMBOK® 6th Edition의 프로젝트 리스크 관리는 "프로젝트에 적용할 리스크 관리 계획을 수립하고 리스크 식별, 분석, 대응계획 수립, 대응 실행 및 감시를 수행하는 것이다."라고 정의하고 있다.

리스크 관리의 목적은 "프로젝트 성공 가능성을 최적화하기 위해 프로젝트에서 긍정적인 사건의 확률 및/또는 영향은 증가시키고, 부정적인 사건의 확률 및/또는 영향을 줄이는 것이다."라고 정의하고 있다.

"Project Risk Management includes the processes concerned with conducting risk management planning, identification, analysis, response planning, response implementation, and monitoring risk on a project"

"The Objective of Project Risk Management are to increase the probability and/or impact of positive risks and to decrease the probability and/or impact of negative risk, in order to optimize the chances of project success. " PMBOK® – 6th Edition

PRINCE2®의 리스크 관리에 대한 정의는 "리스크 식별 및 평가, 리스크 대응 계획 수립 및 대응활동에 대해 체계적인 절차를 적용하는 것을 의미한다. 리스크 관리는 사전 의사결정을 위해 잘 통제된 환경을 제공한다." 효율적이고 효과적인 관리를 위해서는 식별(Identified), 평가(Assessed), 통제(Controlled)의 프로세스가 필요하며, 전략적(Strategic), 프로그램&프로젝트 관점, 운영적(Operation) 관점으로 관리되며 상황에 맞추어 테일러링 되어야 한다.

"The Term risk management refers to the systematic application of procedures to the task of identifying and assessing risks, and then planning and implementing risk responses. This provides a disciplined environment for proactive decision making."

● **다양한 리스크 관리의 정의**
- ISO 30001 : 리스크 관리는 리스크의 식별, 평가 및 우선순위 지정에 이어 불행한 사건의 확률이나 영향을 최소화, 모니터링 및 제어하거나 기회의 실현을 극대화하기 위한 자원의 조정되고 경제적인 적용
- APM(Association for Project Management) : 리스크 분석 및 리스크 관리는 개별 리스크 이벤트와 전체 리스크를 사전에 이해하고 관리할 수 있도록 하여 위협을 최소화하고 기회와 결과를 극대화하여 성공을 최적화하는 프로세스이다.
- UNESCO : 리스크 관리는 리스크를 식별, 평가, 이해, 조치 및 전달함으로써 조직 전체의 리스크를 관리하는 체계적인 접근 방법이다.

> **tip**
> - 암시적 리스크 관리(Implicit Risk Management) : Pre-Project 단계에서 프로젝트의 구조, 범위, 내용 및 상황에 대한 결정을 통해 전체 프로젝트 리스크를 해결
> - 명시적 리스크 관리(Explicit Risk Management) : 리스크 식별 평가, 대응 및 검토의 표준화된 프로세스를 통해 해결

최근에는 우리의 삶에서 "리스크"라는 단어를 빼고는 이야기할 수 없는 시대가 됐다. 그렇다면 우리는 언제부터 리스크 관리를 해왔는가? 생각해보자. 일반적으로 리스크는 갖고 있는 사람이거나 조직, 국가가 이야기하는 것이다. 즉, 리스크 관리는 잃을 것이 많을 때 대두되는 주제이다. 리스크가 문제로 발생된 후에야 사전에 예방을 했었어야지 하는 후회를 하곤 한다. 우리 속담에 "소 잃고 외양간 고친다."라는 속담이 있다. 이것은 리스크가 발생하여 문제가 되고 나서야 사후 보완을 한다는 의미라는 것을 우리는 알 수 있다. 또한, "호미로 막을 일을 쟁기로 막는다."라는 속담은 사전에 미리 예방을 했더라면 적은 비용으로 해결할 수 있었는데 그렇지 못해서 훨씬 많은 비용을 사용한다는 의미라는 것을 알 수 있다.

최근 우리뿐만 아니라, 전 세계적으로 일상생활 리스크 관리에 대한 이야기를 접하고 있다. 예전에는 소가 매우 귀한 자산이었으므로 이것을 잃고 나서 외양간을 고친다면 그 영향력이 매우 클 것이라는 것을 알고 있기 때문에 잃기 전에 사전에 예방하자라는 의미로 생각될 수 있다. 또한, 호미로 할 수 있는 일은 적은 양이지만 쟁기로 할 수 있는 잃은 호미보다는 훨씬 많은 양이기 때문에 적은 힘 또는 비용을 가지고 해결할 수 있는 일을 많은 힘과 많은 비용(비효율적)을 소비할 수 있으니 조심하라는 의미로 해석될 수 있다.

우리는 급격한 발전을 통하여 많은 것을 얻을 수 있었다. 그러기에 "잘 살아 보자"라는 목표를 달성하기 위하여 조금 리스크가 있다 하더라도 그냥 하는 "안전 불감증"을 많이 가지고 있다. 그때에는 우리는 잃을 것보다는 얻을 것이 많았기 때문에 용납되었을지도 모른다.

최근 들어서는 예전보다 경제가 급격히 발전하면서 잃을 것이 더 많아졌기 때문에 리스크에 대한 관리가 중요하다고 이슈화되고 있는 실정이다.

일반적으로 프로젝트 리스크는 모든 프로젝트에 존재하는 불확실성에서 비롯된다. 알려진 리스크(Known Unknown Risk)는 식별되고 분석되어 대응 계획 수립이 가능한 리스크로, 사전에 관리할 수 있다면 우발적 예비비(Contingency Reserve)로 편성되어 관리해야 하고, 리스크 대응 계획을 수립할 수 있다. 하지만 알려지지 않은 리스크(Unknown Unknown Risk)는 사전에 관리할 수 없으므로 관리적 예비비(Management Reserve)를 편성하여 대응한다.

리스크 관리를 한다는 것은 Known Risk에 대한 식별과 분석 그리고 대응 계획을 수립하여 실행하는 것이다. 이때 리스크 관리를 과학적으로 관리하기 위해서는 계량화, 계수화가 필수적이다. 이러기 위해서 식별 후 분석을 통하여 발생 확률을 1 또는 100%가 되지 않도록 사전에 예방하는 것이 가장 중요하다. 만약에 1 또는 100%의 확률을 가지고 있는 리스크가 있다면, 이것은 더 이상 리스크가 아니고 문제가 된다. 문제란 예방이 아니라 꼭 해결해야 되기 때문에 문제로 변화되기 전에 예방하거나 발생되더라도 그 영향력이 약해지도록 관리해야만 된다.

리스크 관리는 "적합성"과 "실효성" 있게 해야 한다. "절차는 적합하였으나 실효하지 않다"라는 말이 있다. 이 이야기는 무엇을 뜻하는 것인가? "겉보기에는 그럴 듯하게 포장하였지만 내부의 내용은 별 내용이 없어 원하는 목적을 달성할 수 없다."라는 의미이다.

우리는 리스크 관리를 할 적합하면서도 실효성 있게 진행해야 할 것이다.

현실적으로 우리가 진행하고 있는 국·내외 프로젝트 수행 시 발생된 클레임 통계에서도 리스크 관리에 대한 필요성을 확인할 수 있다.

다음은 대한상사중재원 2020년 클레임 통계이다. "인도 지연 및 불이행"이 25.7%이고, 이로 인해 발생될 수도 있는 "대금결재"가 가장 많고, 다음은 "계약조건 해석" 순으로 확인된다.

○ 원인별 분류

(단위 : 건, %)

| 구 분 | 2020년 | | | 2019년 | | | 증감률 |
|---|---|---|---|---|---|---|---|
| | 국내 | 국제 | 계 | 국내 | 국제 | 계 | |
| 대 금 결 제 | 174 | 36 | 210 | 181 | 27 | 208 | 1.0 |
| 계 약 조 건 해 석 | 40 | 0 | 40 | 22 | 2 | 24 | 66.8 |
| 인도지연 및 불이행 | 84 | 20 | 104 | 90 | 19 | 109 | △4.6 |
| 품 질 불 량 | 23 | 6 | 29 | 28 | 9 | 37 | △21.6 |
| 기 타 | 15 | 7 | 22 | 52 | 13 | 65 | △66.2 |
| 합 계 | 336 | 69 | 405 | 373 | 70 | 443 | △8.6 |

- 대금결제(210건)가 51.9%, 인도지연 및 불이행(104건)이 25.7%를 차지하여 중재사건의 주요 발생원인을 구성

＊ 대한상사중재원 2020년 클레임 통계자료

▲ [그림 1-3] PMBOK® Guide - 7th Edition

그렇다면 현실에서 접하는 실질적인 프로젝트의 문제는 무엇일까?
우선 프로젝트 수행 시 현실적으로 많이 접하는 프로젝트의 문제는 계약서에 명기된 공기 지연(Delay)/공기 연장(Extension of Time)/원가 초가(Cost Overrun)/자원 제약을 고려한 일정 문제(Resource Constraints Project Schedule Problem)일 것이다.

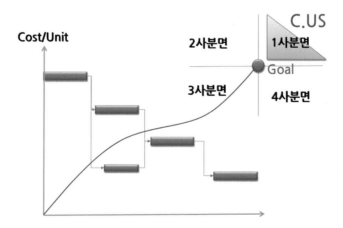

▲ [그림 1-4] 공기 지연(Delay)/공기 연장(Extension of Time)/원가 초가(Cost Overrun)

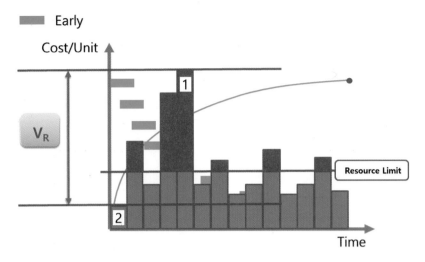

▲ [그림 1-5] 자원 제약을 고려한 일정 문제(Resource Constraints Project Schedule Problem)

프로젝트에 현실적인 문제들을 해결하기 위해서는 프로젝트 관리자(Project Manager)와 프로젝트 팀원 및 이해관계자들과 통합적인 프로젝트관리 관점으로 착수(Initiating)와 계획(Planning)단계부터 프로젝트 성공을 위한 합리적이고 과학적인 면이 필요할 것이다.

이러한 부분을 PMI의 PMBOK 6th Edition에서는 프로젝트에서 관리해야 할 10가지 지식 영역(10 Knowledge Area)의 24 Process를 계획(Planning Group)에 적용하는 것을 아래 그림과 같이 권장하고 있다.

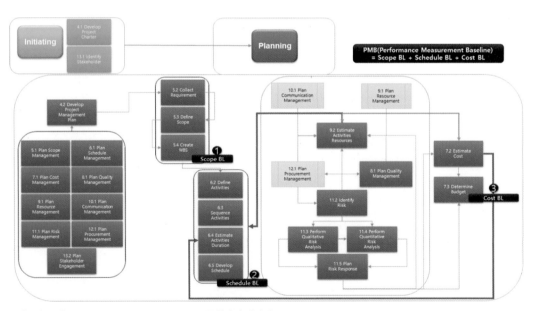

▲ [그림 1-6] Aspect of Project Management – 통합관리 관점의 Planning

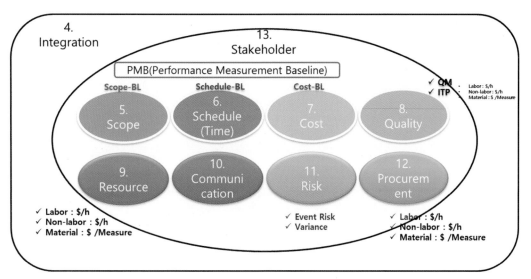

▲ [그림 1-7] Aspect of Project Management – What의 관점

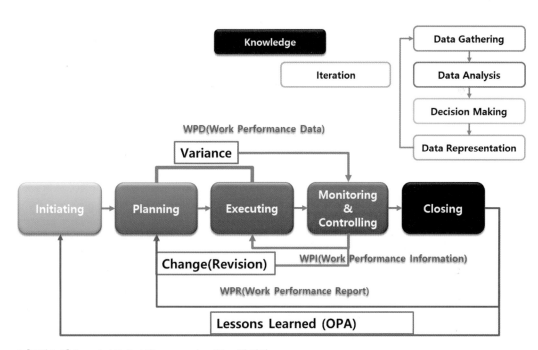

▲ [그림 1-8] Aspect of Project Management – When의 관점

▲ [그림 1-9] Planning Approach for Integration Management

프로젝트 수행 시 통합적인 관리 관점으로 계획을 수립하고 "What"과 "When"의 관점으로 체계적으로 접근한다면 〈그림1-9〉와 같이 "예측과 예방(Anticipate & Avoid Problem" 또는 "깜짝 놀라는 일 방지(Prevent Surprises)" 하는 효과를 볼 수 있을 것이다.

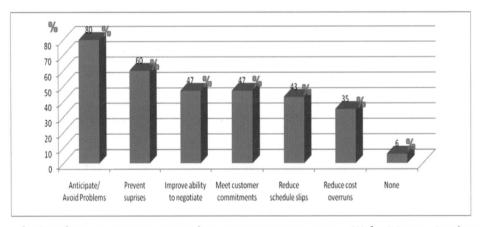

▲ [그림 1-10] Kulik, Peter and Catherine Weber, "Software Risk Management Practices – 2001," KLCI Research Group(August 2001)

리스크(Risk)와 비용(Cost) 및 품질(Quality)의 관계

프로젝트 초기에 리스크는 높지만 이 시점에 리스크를 제거하거나 예방할 수만 있다면 적은 비용으로 많은 효과를 볼 수 있다. 하지만 프로젝트 후반으로 갈수록 리스크는 낮아지고 비용은 많아지는 경향을 볼 수 있

다. 이러한 현상은 일반적인 것이다. 프로젝트 초기에 리스크에 대응하지 못할 경우 심각한 상태에 접할 수 있다는 것은 우리 모두가 인지하고 있을 것이다. 물론 프로젝트의 특징 중 하나인 유일함(Unique)으로 인하여 예측할 수 없기 때문에 대응할 수 없다고 생각할 수 있지만, 여기서 잘 생각해 봐야 할 점은 우리 모두가 접하는 대부분의 프로젝트는 Unique함 속에 Typical함이 숨어 있다는 것이다. 이는 지금 각 분야에서 꾸준하게 품질(Quality)을 높이려는 노력으로 품질관리 수준을 6σ 또는 그 이상으로 관리할 수 있다면 지금의 수준보다는 적은 비용으로 프로젝트를 완료시킬 수 있을 것이다.

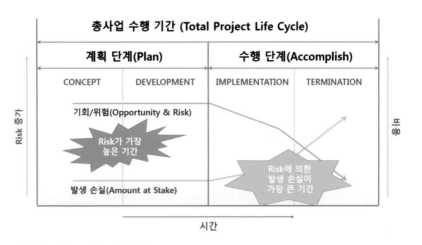

▲ [그림 1-11] Risk와 Cost의 관계

그렇다면, 품질(Quality)이 좋다면 리스크와 비용을 절감할 수 있을까 고민해보자.

"품질(Quality)이란 무엇인가?", "품질관리(Quality Management)란 무엇인가?"

다른 유명한 학자와 연구자들이 여러 가지 품질에 대한 정의를 하였지만 근래에 들어서 이야기 하고 있는 품질(Quality)은 다음과 같다.

품질이란 균일함, 꾸준함을 말하고 있고, 품질관리란 그 균일함, 꾸준함을 유지하기 위한 여러 가지 조건들을 관리하는 것이다. 그러한 조건의 관리를 잘 하여 그 균일함을 누구나 알기 쉽게 숫자와 그림으로 표현할 수만 있다면 쉽게 만들 수 없는 신뢰를 이끌어 낼 수 있을 것이다.

신뢰를 만들 수 있는 품질이 중요하다는 것은 우리 모두가 알고 있다. 그리고 그 품질을 관리하기 위해서 과학적인 방법을 사용해야 된다는 사실도 잘 알고 있다. 우리는 거의 완벽한 관리수준을 6σ관리수준 또는 완벽한 수준을 무결점(Zero Defect)이라 한다. 만약에 프로젝트의 관리 수준이 매우 높아서 완벽하게 일을 처리할 수만 있다면 프로젝트의 실패란 없을 것이다. 또한 예측 가능한 리스크에 대한 대응에도 완벽하게 대처할 수 있을 것이다. 물론 예측 불가능한 리스크에는 완벽하게 대응할 수는 없겠지만 관리수준이 좋다면 관리수준이 좋지 않은 조직이 리스크에 대응하는 것보다는 적은 비용으로 대응할 수 있을 것이다.

프로젝트관리(Project Management)는 과학적으로 관리하는 것이 매우 중요하다. 과학적인 관리란 숫자(Numerical Number)와 그림(Picture)으로 관리하는 것이라고 한다. 즉, 모든 이해관계자들과 의사소통이 잘 될 수 있는 조건을 갖추어야 한다는 것이다.

거의 대부분의 프로젝트에서는 계획과 실적의 편차(Variance)를 관리하고 있다. 또한 어느 업종을 막론하고 편차(Variance) 관리를 하고 있다. 여기서 편차(Variance) 관리에 대해서 이야기해 보자.

$$V_{ALL} = V_1 + V_2 + \cdots + V_{N-1} + V_N \quad\text{------ 1번}$$
$$\sqrt{V} = \sqrt{V1 + V2 + \cdots + V_n} = \sigma \quad\text{------ 2번}$$

상기의 수식 1번에서 각각의 산포의 합은 전체의 합이다. 즉, 프로젝트의 모든 분야의 산포가 전체의 산포를 결정한다는 의미이다. 그리고 전체 산포의 합은 전체의 표준편차($\sigma$)를 의미한다. 이러한 기본적인 내용을 근거로 일정관리 이론인 PERT(Program Evaluation & Review Technique)의 3 Point Estimation을 이용하여 각각의 활동의 평균($\bar{x}$)을 구하고, 평균($\bar{x}$)을 구하면 분산(V)을 구할 수 있고, 표준편차($\sigma$)를 구할 수 있다. 이때 중심극한이론(Central limit theorem)에 의하여 원하는 날짜에 프로젝트가 마무리될 확률을 구할 수 있다.

$$Z = \frac{X - \bar{X}}{\sigma}$$

$Z$ = 표준정규분포의 평균으로 값은 '0'이다.
X = *Expected date*,
X = *Due date*

이 공식에서 생각해 볼 수 있는 것은, 표준정규분포 Z값이 커져야 원하는 날짜에 마무리될 확률이 높아진다. 그렇다면 분자가 고정되어 있다면, 분모 값인 표준편차($\sigma$)가 커져야 된다는 사실도 알 수 있다. 그 의미는 여기서도 표준편차($\sigma$)가 작아야 확률이 높아진다는 사실이다.

리스크 관리 프로세스의 정량적 리스크 분석에서도 몬테-카를로(Monte-Carlo) 시뮬레이션기법 수행 시 기간 불확실성(Duration Uncertainty)과 물량의 불확실성(Unit Uncertainty)이 크지 않아야 한다는 것도 편차가 작아야 한다는 사실과 일맥상통하는 이야기다.

그렇다면 우리가 운영하는 프로젝트에서는 활동하는 모든 구성원 및 조직의 관리능력이 프로젝트의 성공에 직접적, 간접적으로 영향을 미치고 있다는 사실을 우리는 모두 알고 있다. 그래서 항상 품질이 좋은(산포가 작은) 인력, 조직, 업체들과 협업을 하고자 하는 것이다.
조직에서 인력을 선발할 경우 서류심사, 면접을 거쳐 그 인력이 조직에 적합성과 실효하다고 파악한 후 입사 결정이 되는 것과 같이, 조직이 협력업체 선발 시 PQ(Pre_Qualification)와 현장 심사를 통하여 그 업체의 적합성과 실효성을 확보한다는 사실을 알 수 있다. 즉, 품질이 좋다고 판단될 때 합격될 것이다. 그 이유는 아래와 같기 때문이다.

"품질(Quality)이 좋으면 실패(Fail)를 Zero에 가깝게 할 수 있다."
_ Jason, S. Park

GIGO(Garbage In Garbage Out) : 이 용어는"쓰레기가 들어오면 쓰레기가 나온다."라는 의미지만, 반대로 생각해보면 좋은 것을 가지고 시작해도 여러 가지 예측 못했던 리스크들이 발생하여 나쁘게 나올 수 있어 프로젝트 초기부터 좋은 것이 들어올 수 있도록 하여 나쁘게 되지 않을 수 있는 확률(Probability)을 낮추어야 한다는 의미를 담고 있다.

일반적인 상식으로도 모든 부분에서 편차가 크면 좋지 않다는 것을 우리는 다음의 내용에서도 확인할 수 있다.

"개인의 성격 편차가 크면 이것을 조울증이라는 병이라 명한다."

"장모님이 사위에게 자네는 항상 한결 같아서 좋네."

"그 친구는 믿을 만해. 꾸준하니까"

이러한 일반적인 생활 속 이야기에서도 산포가 크지 않아야 좋다는 것을 알고 있다는 것이다.

모든 조직들이 초기에 생각한 계획대로만 된다면 리스크 관리는 필요 없을 수도 있다. 그렇지만 현실적으로 거의 모든 프로젝트가 초기 계획대로 진행되지 않기 때문에 주기적으로 계획과 실적의 차이(Variance)를 확인하고, 그 원인을 분석하여 그 시점에 시정(Correction)하고 예방(Prevention)한다. 이러한 프로세스는 거의 모든 조직에서 적용되고 있다. 이러한 일련의 행위는 계획(Plan)과의 분산(Variance)과 편차(Deviation)를 주기적으로 모니터링(Monitoring)하고 통제(Controlling)를 위한 절차라 할 수 있다. 이러한 절차를 품질 유지 및 개선 기본 프로세스라고 한다.

**tip 품질 유지 및 개선 기본 Step**

품질을 유지 또는 지속적인 개선을 위한 프로세스이다.

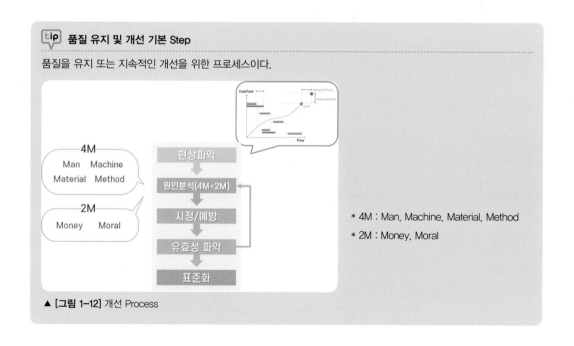

* 4M : Man, Machine, Material, Method
* 2M : Money, Moral

▲ [그림 1-12] 개선 Process

성공적으로 리스크 관리 프로세스를 수행하기 위해서는 프로젝트 구성원과 이해관계자 모두가 리스크 관리의 가치에 대한 공감대 형성이 필요하며, 모든 이해관계자와 조직 모두가 자신의 역할과 조직의 역할에 보다 효과적인 리스크 관리를 지원하는 책임을 수행하기 위해 최선을 다하겠다는 마음가짐이 매우 중요하다. 의사소통은 개방적이고 정직해야 리스크 관리의 효과를 극대화할 수 있다. 이러한 의사소통은 프로젝트의 성공을 위한 필요조건이다.

리스크 관리는 성공을 위해서는 모든 프로젝트 관리 활동을 통합해야 하고, 리스크 관리는 프로젝트 관리의 다른 프로세스 영역과 독립적일 수 없다. 또한 효과적인 리스크 관리에서는 예방하는 것이 중요하다. 따라서 적당한 예비비를 (일반적으로 10%) 사용하여, 예측 가능한 리스크에 대해서는 문제가 발생되지 않게 또는 영향력이 최소화할 수 있도록 예방해야 할 것이다.

다음은 성공적인 리스크 관리를 위한 필수조건들이다.

- 리스크 관리의 가치(Value of risk Management) : 모든 이해관계자는 효과적인 프로젝트 리스크 관리 프로그램의 가치와 노력을 이해한다. 또한 프로젝트 관리자는 이해관계자의 수준에서 투자 수익을 이해하기 위해 노력해야 한다.
- 이해 관계자와 조직 공감대(Stakeholder and Organization Commitment) : 모든 이해관계자가 자신의 역할과 효과적인 리스크 관리를 위한 책임을 수행하기 위해 최선을 다해야 한다. 또한 조직은 전체적으로 리스크 관리를 위해 최선을 다해야 한다.
- 의사소통(Communication) : 개방적이고 정직한 의사소통은 성공의 열쇠이다. 리스크 관리의 효과성을 보장하기 위한 프로젝트 커뮤니케이션 계획의 모든 주요 이해관계자를 포함해야 한다.
- 통합(Integration) : 리스크 관리의 성공을 위해서는 모든 프로젝트 관리 활동을 통합 관리해야 한다. 그러므로 리스크 관리는 다른 모든 활동과 연관될 수밖에 없다.
- 예비비(Reserves) : 리스크 관리에서는 계획단계부터 예비비를 포함하는 것이 매우 중요하다. 효과적인 리스크 관리를 위해서는 예비비를 확인하고 요청하는 기준이 요청되어야 한다.
  예비비에는 다음의 두 가지 종류가 있다.
  − 비상 예비비(Contingency Reserves) : Known Risk 관리를 위한 비용
  − 관리적 예비비(Management Reserves) : Unkonwn Risk 관리를 위한 비용
  이러한 예비비는 일반적으로 확실하지는 않지만 사업금액의 10% 정도를 사용하고, 기대화폐가치(EMV), 가정분석(What if)과 같은 몬테카를로 시뮬레이션(Monte Carlo Simulation)기법 등을 이용하여 산정한다.

- '7가지 제약 모델(The Seven Constraints Model) : PMI에서는 리스크 허용 수준을 결정할 때 일곱 가지의 제약을 이용하면 허용수준을 결정할 때 도움이 된다. 이 모델은 자원, 리스크, 품질, 고객 만족, 범위, 시간, 비용으로 프로젝트의 전통적인 제약을 보완한다. 또한 이해관계자에게 리스크의 허용기준을 설명하는 데 사용된다.

▲ **[그림 1-13]** The Seven Constraints Model

## PRIMA VERA 06 리스크 관리에서의 프로젝트 관리자의 역할

프로젝트의 성공을 보장하기 위해서는 프로젝트 관리자가 프로젝트의 적절한 리스크 관리를 수행하여야 한다. 프로젝트 관리자의 역할은 다음과 같다.

- 시작~종료 프로세스 그룹의 전반적인 리스크 관리 원칙을 준수한다.
- 개발되고 승인된 리스크 관리 계획수립을 확정하고 리스크 관리 프로세스를 보유하고 수행할 수 있도록 촉진시킨다.
- 정기적인 프로젝트 상황회의에 리스크 부문을 포함시키고 모든 주요 이해관계자들에게 리스크의 상태에 대해서 의사소통을 한다.
- 개방적이고 정직한 의사소통의 노력으로 리스크가 효율적으로 전달되고 있는지를 확인하고, 프로젝트 의사소통 관리계획에 리스크가 포함되어 관리될 수 있도록 한다.
- 리스크 관리 프로세스를 지원하기 위한 상위 관리조직의 관심을 유도하고, 리스크 관리 프로세스를 적용하였을 때의 이익을 공유한다.
- 이해관계자의 태도, 허용수준 및 임계값을 이해하고 관리하며, 이것을 기준으로 리스크의 우선순위, 대응전략 및 예비비 요구사항의 영향에 대하여 항상 모니터링한다.
- 리스크 대응(Risk Response)을 승인하고 프로젝트 관리 계획 내에서 통합 관리한다.

## |1| 리스크 태도(Risk Attitude)

프로젝트 이해관계자의 전반적인 리스크에 대한 태도(Attitude)를 이해하는 것은 프로젝트 관리자가 리스크의 허용 오차와 리스크의 임계치를 이해하는 데 많은 도움이 된다. 이러한 태도는 개인의 리스크와 전체 프로젝트의 리스크 모두에 영향력을 발휘한다. 이러한 이해관계자의 태도는 프로젝트가 진행됨에 따라 계속 변화하기 때문에 지속적으로 변화를 관리해야 한다.

리스크 식별 활동을 착수하기 전에 리스크에 대한 이해관계자의 태도를 이해하는 것이 매우 중요하다.

리스크 태도는 리스크의 확률과 영향의 측정에 영향을 줄 수 있다. 또한, 이 태도는 리스크 사건을 해결하기 위한 '비상준비금'을 조달하는 능력에도 영향을 미칠 수 있다. 예를 들어, 이해관계자가 예산 초과에 대한 높은 내성을 가질 경우 예산과 관련된 리스크는 기타 리스크만큼 높은 우선순위가 되어서는 안 된다.

리스크 태도에 대한 사항은 인간의 본성에 내재되어 있을 수도 있다. 어떤 사람들은 그것을 두려워하고, 또 다른 어떤 사람들은 즐길 수 있다. 그것은 진정으로 어떻게 그가 리스크에 대한 태도를 갖느냐에 따라 바뀐다.

> **tip 리스크 태도의 분류**
>
> ① **리스크 회피(Risk Averse)** : 리스크 회피적인 개인이나 조직은 리스크를 편안하게 생각하지 않기 때문에 창조적이거나 새로운 아이디어를 시도하는 것을 원하지 않는다. 이러한 태도를 가지고 있다면, 리스크를 감수했을 때의 보상이 매우 높지 않고서는 일반적으로 리스크를 피한다.
>
> ② **리스크를 찾는 사람이나 받는 사람(Risk Seeker or Taker)** : 리스크를 즐기는 개인이나 조직은 큰 기회를 얻을 수 있는 리스크를 추구한다. 이러한 태도를 가지고 있다면, 리스크를 즐기고 적극적으로 찾으려고 한다. 이러한 과도한 낙관론과 비슷한 태도는 큰 손실의 원인이 되기도 한다.
>
> ③ **중립 리스크(Risk Neutral)** : 이름에서 알 수 있듯이, 리스크에 중립적인 태도의 개인이나 조직은 객관적으로 리스크에 대처한다. 이러한 태도를 가지고 있다면, 기대화폐가치(EMV), 의사결정 트리 방법(Decision Tree Method), 또는 다른 리스크 관리 도구를 통해 리스크에 대한 대응을 한다.
>
> ④ **관대한 리스크(Risk Tolerant)** : 이러한 태도의 사람이나 조직은 리스크를 무시하고 매우 편안하게 생각한다. 그들은 리스크가 Issue로 다가오기 전까지는 절대로 관심을 갖지 않는다.

프로젝트 관리자는 이해관계자의 리스크 태도가 개인과 조직마다 다르고 계속 변화하기 때문에 지속적으로 이해관계자가 어떠한 태도를 취하는지를 확인해야 하고, 그 변화에 따라 프로젝트의 계획을 변경 관리해야 하는 역할을 담당한다.

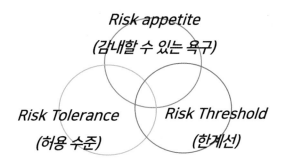

▲ [그림 1-14] 리스크 태도에 영향을 주는 요소

## |2| 허용 오차(Tolerance) / 임계치(Thresholds)

리스크의 허용 오차는 개인과 이해관계자가 감내할 수 있는 허용 정도를 나타낸다. 또한 리스크의 우선순위 (Rank)를 결정할 때 사용된다. 허용 오차는 일반적으로 넓다. 예를 들어, 이해관계자가 일정 지연에 대한 낮은 허용 오차가 있으며, 일반적으로 임계치는 일반적으로 허용 오차 숫자 표시이다. 예를 들어, 스케줄은 3일 이상으로 넘어갈 수 없다.

## |3| 리스크 분류(Risk Category)

리스크를 분류하는 이유는 일반적인 원인을 식별하고 더 좋은 대응을 용이하게 관리하기 위함이다. PMI는 리스크를 두 가지 유형으로 구분한다.

- 비즈니스 리스크(Business Risk) : 이러한 리스크는 항상 하나의 기회 또는 위협이 될 수 있다. 또한 이익 또는 손실도 발생할 수 있다.
- 순수 리스크(Pure Risk) : 이러한 리스크를 "순수 리스크"라고 한다. 순수 리스크는 항상 부정적인 위협이다. 또한, 이러한 순수 리스크는 프로젝트 관리자가 통제할 수 없는 영역에 속해있다. 예를 들면, 자연 재해, 화재, 전쟁 등이 있다.

## |4| PMO(Project Management Office)의 역할

PMO(Project Management Office) 조직은 리스크 관리 역할을 수행할 수 있다. PMO는 정책, 절차, 서식 등을 공유할 수 있는 조직이며, 리스크 관리를 포함하여 전통적으로 조직의 프로젝트관리를 지원한다. 이러한 경우 조직 내에 리스크 관리를 해결하기 위해 특정 리스크 관리부서가 있을 수도 있다.

세계적으로 가장 많이 알려진 리스크 관리 표준은 PMBOK의 리스크 관리 프로세스와 CMMI의 리스크 관리 프로세스, 카네기멜론 대학의 SEI의 리스크 관리 프로세스인 CRM, 영국 정부 OGC(the Office of Government Commerce)의 PRINCE2의 리스크 관리 프로세스 등이 있다.

가장 유명한 PMBOK의 리스크 관리 프로세스는 PIER-C프로세스로서 리스크 관리 계획(Plan Risk Management), 리스크 식별(Identify Risks), 정성적 리스크 분석 수행(Perform Qualitative Risk Analysis), 정량적 리스크 분석 수행(Perform Quantitative Risk Analysis), 리스크 대응 계획(Plan Risk Responses), 리스크 통제(Control Risks)와 같이 구성되어 있다. 이 중에 PIER 부분은 모두 Planning Phase로, 이 단계의 준비가 매우 중요하다는 점을 강조하고 있다.

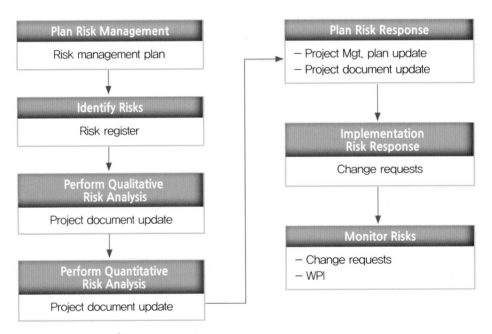

▲ [그림 1-15] PMBOK 6th Edition Chapter 11 Risk Management Process

CMMI의 리스크 관리 프로세스 리스크 유형과 원인 정의, 리스크 요인 정의, 리스크 관리 전략 수립, 리스크 식별, 리스크 유형과 우선순위 정의, 리스크 대응계획 수립, 리스크 대응계획 모니터링의 형태로 구성되어 있다.

CRM의 리스크 관리 프로세스는 리스크 식별, 리스크 분석, 리스크 대응 계획수립, 리스크 모니터링 4단계로 구성되어 있다.

PRINCE2®의 리스크 관리 프로세스는 식별(Identify), 평가(Assess), 계획(Plan), 시행(Implement), 의사소통(Communicate) 5단계로 구성되어 있다.

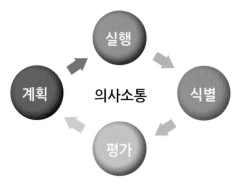

▲ **[그림 1-16]** PRINCE2® 리스크 관리 프로세스

가장 널리 알려진 리스크 관리 프로세스는 PMBOK에서 제안하고 있는 6단계의 프로세스이다. 이 중에서 가장 중요하게 여기지는 프로세스는 수행할 프로젝트에서 리스크 관리 활동에 대한 전반적인 절차 및 기준을 기술하고 있는 리스크 관리계획 수립이라 할 수 있다.

참고로 영국의 APM의 PRAM, 호주/뉴질랜드의 AS/NZ S4360의 리스크 관리 프로세스는 〈그림 1-15〉와 같다. 이 프로세스는 PMBOK에서 제안하는 프로세스와 동일하다.

\* APM PRAM Guide : Association for Project Management Project Risk Analysis and Management Guide 2nd Edition _ UK

\* AS/NZ S4360 : Standards Australia _ AU, Standards New Zealand _ NZ

▲ **[그림 1-17]** APM PRAM, AS/NZ S4360

● 건강관리와 리스크 관리의 비교

◆ 질병 발생 전에는 사전 징후가 나타난다.

◆ 예방관리가 중요하다. 사후관리는 이미 늦은 경우가 많다.

◆ 자각하여 징후를 인식하기도 하지만, 객관적 진단에 의하여 인식하기도 한다.

◆ 질병은 합병증이 있고, 위험은 결합 위험이 있다.

◆ 질병도 원인, 위험(질병), 영향력(수명)으로 구분할 수 있다.

◆ 모든 질병(위험)은 원칙적으로 예방하는 것은 거의 불가능하다.

◆ 질병을 치료하는 과정에서 부작용이 생기기도 한다.

◆ 여러 질병이 있는 경우 치료의 우선순위를 결정한다.

◆ 같은 질병이라도 환자의 상태에 따라 심각한 정도가 달라진다.

◆ 질병(위험)의 상태는 고정되는 것이 아니라 역동적으로 변한다.

1번이 대형사고가 발생했을 경우 그전에 유사한 29번의 경미한 사고가 있었고, 그 주변에서는 300번의 이상 징후가 감지된다.

– 하인리히의 법칙

위험은 아직 발생하지 않은 문제이고, 문제는 이미 현실화된 위험이다.

– 톰 디마르코

부정적인 생각에 대한 허용만이 프로젝트를 진행할 때 위험으로 인해 고통 받는 미래 상황을 피해 갈 유일한 방법이다.

– 톰 디마르코

사람들은 위기에 대하여 두려워하는 경향이 있다. 스트레스를 받고 있는 관리자들은 본인들이 갑작스러운 위기의 희생자라 생각하며, 많은 경우 위기에 대한 인식은 갑자기 하게 된다. 그러나 달리 볼 때, 갑작스러운 위기를 인식하였다는 것은 관리자의 위기관리 능력이 그만큼 낮다는 것을 의미한다. 만일, **사전에 충분히 관리되고 있었다면 관리자들은 실망스러워할지는 모르지만 결코 갑자기 놀라는 일은 발생하지 않을 것이다. 잘 진행되고 있다는 환상의 끝을 위기의 시작으로 착각하지 말자.**

– Weinberg

프로젝트를 진행하는 도중 당황함(surprise)을 줄이기 위한 핵심은 위험관리에 대한 체계적인 방법론을 프로젝트 수행 프로세스와 통합시키는 것이다. 위험을 피할 수는 없다. 그러나 위험관리는 우리로 하여금 불확실한 미래에 대한 효과적인 대응을 할 수 있게 한다. 왜냐하면, **미래를 예측하는 것보다 힘든 것은 지나간 과거를 바꾸는 것이기 때문이다.**

– Loger

Project Risk Manager를 위한 **Primavera Risk Analysis**

P R I M A V E R A

CONTENTS

# PMI PMBOK PROCESS 및 SCL Protocol Basic Knowledge

이 Part에서는 Oracle Primavera Risk Analysis 활용을 위한 PMI PMBOK 6th Edition의 5 Process Group, 10 Knowledge Area와 49 Process와 PMBOK 7th Edition의 12원칙과 8 성과영역에 대해서 알아본다. 또한, 6th Edition의 Risk Management Process 11.1 Plan Risk Management, 11.2 Identify Risks, 11.3 Perform Qualitative Risk Analysis, 11.4 Perform Quantitative Risk Analysis, 11.5 Plan Risk Responses, 11.6 Implement Risk Responses, 11.7 MonITTOr Risks의 각 Process의 핵심 내용과 ITTO의 내용을 파악하고 이에 대한 기본 지식을 습득한다.

마지막으로 국제적으로 활용되고 있는 공기 연장(EoT) 분석기법 관련 SCL(Society of Construction Law)에서 제시하는 Protocol을 이해할 수 있다.

PART

# PMBOK 6th Edition Overview

PMBOK 6th Edition에서는 통합적인 프로젝트 관리를 위하여 10 Knowledge Area 49개의 Process를 5 Process Group을 이용하여 체계적으로 접근하고 있다.

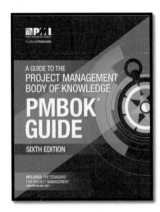

▲ [그림 2-1] PMBOK® Guide – 6th Edition

## PRIMAVERA 01    10 KA & 5PG & 49 Process

PMBOK 6th Edition의 10 Knowledge Areas는 아래의 그림과 같이 표현할 수 있다.

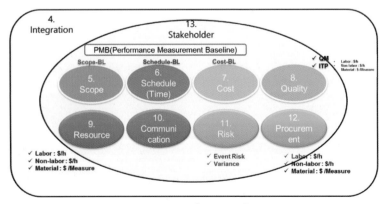

▲ [그림 2-2] 10 Knowledge areas in PMBOK® Guide – 6th Edition

PMBOK 6th Edition의 5 Process Group은 아래의 그림과 같이 표현할 수 있다.

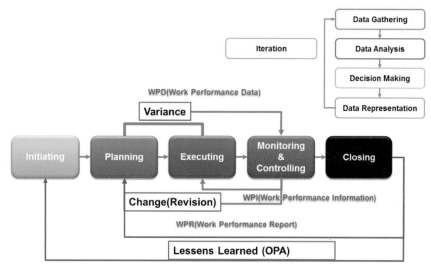

▲ [그림 2-3] 5 Process Group in PMBOK® Guide – 6th Edition

PMBOK 6th Edition의 10Knowledge, 5Process Group, 49Process를 통합하여 표현하면 아래의 그림과 같이 구분할 수 있다.

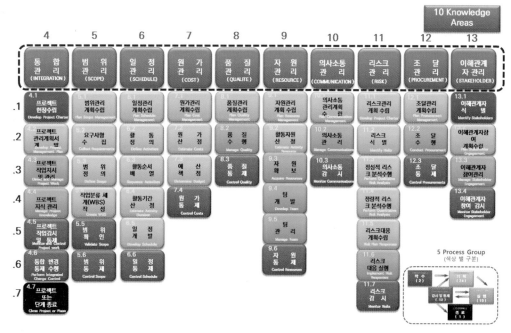

▲ [그림 2-4] 10KA, 49Process & 5 Process Group in PMBOK® Guide – 6th Edition

5 Process Group의 Initiating은 다음 2개의 Process로 구성되어 있다.

| 4.1 Develop Project Charter | 13.1 Identify Stakeholder |
|---|---|
| • Project Charter<br>• Assumption Log | • Stakeholder Register |

▲ **[그림 2-5]** Initiating Process in PMBOK® Guide - 6th Edition

5 Process Group의 Planning은 다음 24개의 Process로 구성되어 있다.

**4.2 Develop Project Management Plan**

• PMP

- Scope Management Plan(5.1)
- Requirement Management Plan(5.1)
- Schedule Management Plan(6.1)
- Cost Management Plan(7.1)
- Quality Management Plan(8.1)
- Resource Management Plan(9.1)
- Communication Management Plan(10.1)
- Risk Management Plan(11.1)
- Procurement Management Plan(12.1)
- Stakeholder Engagement Plan(13.2)
- Configuration Management Plan
- Change Management Plan
- Scope(5.4)/Schedule(6.5)/Cost Baseline(7.3)
- Performance Management Baseline/Develop Approach
- Project Lifecycle Description

| 5.1 Plan Scope Management | • Scope Management Plan<br>• Requirement Management Plan |
|---|---|
| **5.2 Collect Requirement** | • Requirement Documentation<br>• Requirement Traceability Matrix |
| **5.3 Define Scope** | • **Project Scope Statement** |
| **5.4 Create WBS** | • **Scope Baseline** |

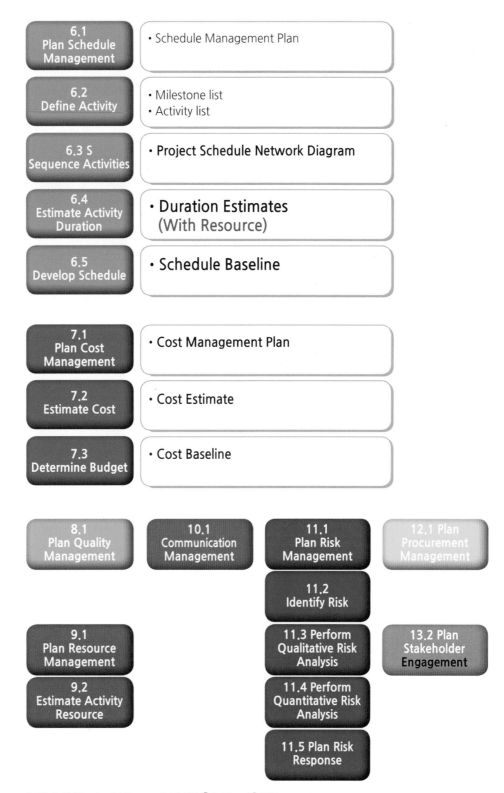

| 6.1 Plan Schedule Management | • Schedule Management Plan |
| 6.2 Define Activity | • Milestone list<br>• Activity list |
| 6.3 S Sequence Activities | • Project Schedule Network Diagram |
| 6.4 Estimate Activity Duration | • **Duration Estimates** (With Resource) |
| 6.5 Develop Schedule | • **Schedule Baseline** |

| 7.1 Plan Cost Management | • Cost Management Plan |
| 7.2 Estimate Cost | • Cost Estimate |
| 7.3 Determine Budget | • Cost Baseline |

| 8.1 Plan Quality Management | 10.1 Communication Management | 11.1 Plan Risk Management | 12.1 Plan Procurement Management |
| | | 11.2 Identify Risk | |
| 9.1 Plan Resource Management | | 11.3 Perform Qualitative Risk Analysis | 13.2 Plan Stakeholder Engagement |
| 9.2 Estimate Activity Resource | | 11.4 Perform Quantitative Risk Analysis | |
| | | 11.5 Plan Risk Response | |

▲ [그림 2-6] Planning 24 Process in PMBOK® Guide – 6th Edition

5 Process Group의 Executing은 다음 10개의 Process로 구성되어 있다.

▲ [그림 2-7] Executing 10 Process in PMBOK® Guide – 6th Edition

5 Process Group의 Monitoring & Controlling은 다음 12개의 Process로 구성되어 있다.

▲ [그림 2-8] Monitoring & Controlling 12 Process in PMBOK® Guide – 6th Edition

5 Process Group의 Closing은 다음 1개의 Process로 구성되어 있다.

**4.7**
**Closed**
**Project or Phase**

▲ [그림 2-9] Closing 1 Process in PMBOK® Guide – 6th Edition

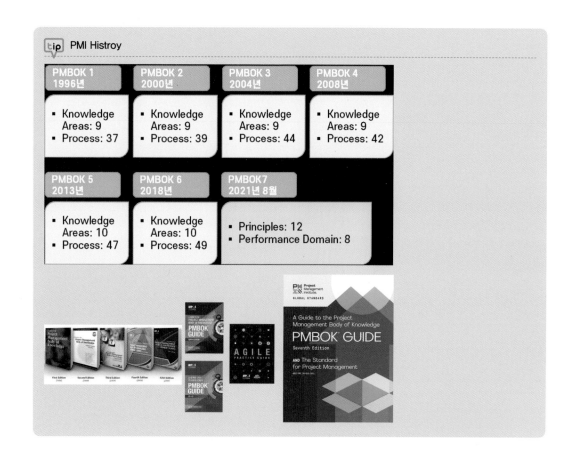

| PMBOK 1 1996년 | PMBOK 2 2000년 | PMBOK 3 2004년 | PMBOK 4 2008년 |
|---|---|---|---|
| • Knowledge Areas: 9<br>• Process: 37 | • Knowledge Areas: 9<br>• Process: 39 | • Knowledge Areas: 9<br>• Process: 44 | • Knowledge Areas: 9<br>• Process: 42 |

| PMBOK 5 2013년 | PMBOK 6 2018년 | PMBOK7 2021년 8월 |
|---|---|---|
| • Knowledge Areas: 10<br>• Process: 47 | • Knowledge Areas: 10<br>• Process: 49 | • Principles: 12<br>• Performance Domain: 8 |

# PMBOK 7$^{th}$ Edition Overview

PMBOK 7$^{th}$ Edition에서는 기존의 인도물 산출을 위한 프로세스 중심의 접근을 벗어나 보다 현실적인 프로젝트 관리를 수행하여 의도한 결과 도출에 초점을 맞추어 원칙 기반 표준서로 전환되어 단순한 인도물 생산이 아닌 조직의 벨류 체인을 고려한 시스템 관점인 12 Principle과 8 Performance Domain으로 접근하고 있다.

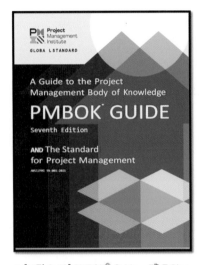

▲ [그림 2-10] PMBOK® Guide – 7$^{th}$ Edition

**01** PMBOK 7$^{th}$ Edition의 주요 변화

PMBOK 7$^{th}$ Edition의 주요 변화는 다음과 같다.

PMBOK® 지침서의 지식영역(10개) ➔ 성과영역(8개)로 전환되었고, 프로젝트관리 표준서의 프로세스(5개)는 ➔ 관리원칙(12개)으로 전환되었다는 점이다.

프로젝트관리지식체계 지침서:
◆ 서론, 프로젝트 환경 및 프로젝트관리자의 역할
◆ 지식영역
  • 통합
  • 범위
  • 일정
  • 원가
  • 품질
  • 자원
  • 의사소통
  • 리스크
  • 조달
  • 이해관계자

*프로젝트관리 표준서*
  • 착수
  • 기획
  • 실행
  • 감시 및 통제
  • 종료

**부록, 용어해설 및 색인**

## PMBOK® Guide - 7판

프로젝트관리 표준서
◆ 서론
◆ 가치 인도 시스템
◆ 프로젝트관리 원칙

| | |
|---|---|
| • 스튜어드십 | • 조정 |
| • 팀 | • 품질 |
| • 이해관계자 | • 복잡성 |
| • 가치 | • 리스크 |
| • 시스템 사고 | • 적용성 및 복원력 |
| • 리더십 | • 변경 |

*프로젝트관리지식체계*
*지침서:*
◆ 프로젝트 성과영역:

| | |
|---|---|
| • 이해관계자 | • 기획 |
| • 팀 | • 프로젝트 작업 |
| • 개발 접근 방식 및 생애주기 | • 인도 |
| | • 측정 |
| • 조정 | • 불확실성 |
| • 모델, 방법 및 가공품 | |

**부록, 용어해설 및 색인**

## PMIstandars+™ 디지털 콘텐츠 플랫폼

• 이 플랫폼은 해당 콘텐츠를 더욱 확장하면서 모델, 방법 및 가공품을 통해 PMBOK® Guide에 연결된다.
• 플랫폼에는 특별히 플랫폼을 위해 개발한 콘텐츠뿐 아니라 모든 PMI 표준 콘텐츠도 포함되어 있다.
• 콘텐츠는 최근 실무사례를 비롯한 실제 실무사례의 "방법(how to...)"을 반영한다.

| 프로젝트관리 표준서 ▶ | | 프로젝트관리 지식체계 지침서 ▶ | |
|---|---|---|---|
| **6판** | **7판** | **6판** | **7판** |
| ◆ 착수 | ◆ 서론 | ◆ 지식영역 | ◆ 성과영역 |
| ◆ 기획 | ◆ 가치 인도 시스템 | • 통합 | • 이해관계자 |
| ◆ 실행 | ◆ 프로젝트관리 원칙 | • 범위 | • 팀 |
| ◆ 감시 및 통제 | • 스튜어드십 | • 일정 | • 개발 접근 방식 및 생애주기 |
| ◆ 종료 | • 팀 | • 원가 | • 기획 |
| | • 이해관계자 | • 품질 | • 프로젝트 작업 |
| | • 가치 | • 자원 | • 인도 |
| | • 시스템 사고 | • 의사소통 | • 측정 |
| | • 리더십 | • 리스크 | • 불확실성 |
| | • 조정 | • 조달 | |
| | • 품질 | • 이해관계자 | |
| | • 복잡성 | | |
| | • 리스크 | | |
| | • 적용성 및 복원력 | | |
| | • 변경 | | |

▲ **[그림 2-11]** PMBOK® Guide 6th Edition VS. PMBOK® Guide 7th Edition

## PRIMA VERA 02 PMBOK 7th Edition 프로젝트 관리 12원칙

PMBOK 7th Edition의 프로젝트 관리 12원칙은 다음과 같다.

PMI의 전문가 윤리 및 행동강령을 기반으로 12개의 원칙을 기반으로 한 관리를 제시하고 있다.

1. 스튜어트십
2. 팀
3. 이해관계자
4. 가치
5. 시스템사고
6. 리더십
7. 조정
8. 품질
9. 복잡성
10. 리스크
11. 적응성 및 복원력
12. 변경

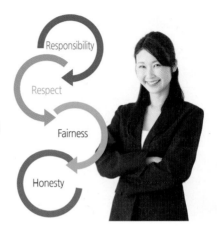

PMI
Code of
Ethics
and
Professional
Conduct
Responsibility
Respect
Fairness
Honesty

▲ **[그림 2-12]** 12 Principle in PMBOK® Guide 7th Edition

### | 1 | 프로젝트 원칙 - 스튜어드 십

**성실하고 존경할 만한 배려심 있는 관리자 되기**

**스튜어드십**

관리자는 내부 및 외부지침을 준수하면서 청렴성, 관심 및 신뢰성을 가지고 활동을 수행하기 위해 책임감 있게 행동한다. 관리자는 자신이 지원하는 프로젝트의 재무적, 사회적, 환경적 영향에 대한 광범위한 헌신을 보여준다.

▶ 스튜어드십은 조직 내부 및 외부에 대한 책임을 포괄한다.

▶ 스튜어드십에는 다음이 포함된다.
- 청렴성
- 관심
- 신뢰성
- 규정 준수

▶ 스튜어드십의 전체적인 관점에서는 재무적, 사회적, 기술적 및 지속 가능한 환경 인식을 고려한다.

▲ **[그림 2-13]** Stewardship in 12 Principle

## |2| 프로젝트 원칙 - 팀

**협력적인 프로젝트 팀 환경 형성**

### 팀

프로젝트팀은 다양한 기술, 지식 및 경험을 갖춘 개인으로 구성되어 있다. 협력적으로 작업하는 프로젝트팀은 독자적으로 작업하는 개인보다 공유 목표를 더 효과적이고 효율적으로 달성할 수 있다.

▶ 프로젝트는 프로젝트팀에서 인도한다.
▶ 프로젝트팀은 조직적, 전문적 문화와 지침 내에서 업무를 수행하며, 종종 자체적인 "현지" 문화를 구축한다.
▶ 협력적 프로젝트팀 환경은 아래와 같은 것을 촉진한다.
 • 다른 조직 문화 및 지침과 연계
 • 개인 및 팀의 학습 및 개발
 • 원하는 성과를 인도하기 위한 최적의 기여

▲ [그림 2-14] Team in 12 Principle

## |3| 프로젝트 원칙 - 이해관계자

**이해관계자와 효과적으로 교류**

### 이해관계자

프로젝트 성공 및 고객 만족도에 기여하는 데 필요한 수준으로 선제적으로 이해관계자를 참여시킨다.

▶ 이해관계자는 프로젝트, 성과 및 결과에 영향을 미친다.
▶ 프로젝트팀은 참여를 통해 다른 이해관계자에게 서비스를 제공한다.
▶ 이해관계자 참여는 가치 인도를 선제적으로 발전시킨다.

▲ [그림 2-15] Stakeholder in 12 Principle

## |4| 프로젝트 원칙 - 가치

**프로젝트 가치 중심**

### 가치

비즈니스 목표 및 의도한 편익과 가치에 맞게 프로젝트 연계를 지속적으로 평가 및 조정한다.

▶ 가치는 프로젝트 성공의 궁극적인 지표이다.
▶ 가치는 프로젝트 전반에 걸쳐, 프로젝트 종료 시 또는 프로젝트 완료 후에 실현될 수 있다.
▶ 가치와 가치에 기여하는 편익은 정량적 및/또는 정성적 용어로 정의될 수 있다.
▶ 성과에 집중하면 프로젝트팀이 가치 창출로 이어지는 의도한 편익을 지원하도록 할 수 있다.
▶ 프로젝트팀은 진행 상황을 평가하고 예상 가치를 극대화하도록 조정한다.

▲ [그림 2-16] Value in 12 Principle

## |5| 프로젝트 원칙 − 시스템 사고

**시스템 상호작용에 대한 인식, 평가 및 대응**

### 시스템 사고

| 프로젝트 성과에 긍정적인 영향을 미치기 위해 총체적인 방법으로 프로젝트 내부 및 주변의 동적 상황을 인식하고 평가하고 대응한다. | ▶ 프로젝트는 상호 의존적이고 상호 작용하는 활동 영역의 시스템이다. |
| --- | --- |
| | ▶ 시스템 사고는 프로젝트 각 부분이 서로 간에 그리고 외부 시스템과 어떻게 상호 작용하는지에 대한 전체적인 관점을 수반한다. |
| | ▶ 시스템은 계속해서 변하므로 내부 및 외부 조건에 지속적으로 주의를 기울여야 한다. |
| | ▶ 시스템 상호 작용에 반응함으로써 프로젝트팀은 긍정적인 성과를 활용할 수 있다. |

▲ [그림 2-17] System Thinking in 12 Principle

## |6| 프로젝트 원칙 − 리더십

**리더십 행동 보여주기**

### 리더십

| 개인 및 팀의 요구를 지원하기 위해 리더십 행동을 보여주고 조정한다. | ▶ 효과적인 리더십은 프로젝트 성공을 촉진하고 긍정적인 프로젝트 성과에 기여한다. |
| --- | --- |
| | ▶ 어떤 프로젝트팀 구성원이라도 리더십 행동을 보여줄 수 있다. |
| | ▶ 리더십은 권위와 다르다. |
| | ▶ 효과적인 리더는 상황에 맞게 자신의 스타일을 조정한다. |
| | ▶ 효과적인 리더는 프로젝트팀원 간의 동기부여의 차이를 인식한다. |
| | ▶ 리더들은 정직성, 청렴성 및 윤리적 행동 영역에서 바람직한 행동을 보인다. |

▲ [그림 2-18] Leadership in 12 Principle

## |7| 프로젝트 원칙 − 조정

**상황에 따른 조정**

### 조정

| 가치를 극대화하고, 비용을 관리하고 속도를 개선하는 동시에 추구하는 성과를 달성하기에 "충분한" 프로세스를 사용하여 프로젝트, 목표, 이해관계자, 거버넌스 및 환경의 맥락에 기반하여 프로젝트 개발방식을 설계한다. | ▶ 각 프로젝트는 고유하다. |
| --- | --- |
| | ▶ 프로젝트의 성공은 프로젝트의 고유한 맥락에 적응하여, 원하는 성과를 내기에 가장 적절한 방법을 결정하는 데 달려 있다. |
| | ▶ 접근방식 조정은 반복적이므로 프로젝트 전반에 걸쳐 지속되는 프로세스이다. |

▲ [그림 2-19] Tailoring in 12 Principle

## |8| 프로젝트 원칙 - 품질

**프로세스 및 인도물의 품질 체계 구축**

### 품질

프로젝트 목표를 충족하고 관련 이해관계자가 제시하는 니즈, 사용 및 인수 요구사항에 부합하는 인도물을 생산하는 품질에 계속해서 초점을 맞춘다.

▶ 프로젝트 품질에는 이해관계자의 기대를 충족하고 프로젝트 및 제품 요구사항을 충족하는 것이 수반된다.
▶ 품질은 인도물의 인수기준을 충족하는 데 중점을 둔다.
▶ 프로젝트 품질에는 프로젝트 프로세스가 적절하고 최대한 효과적인지 확인하는 작업이 수반된다.

▲ [그림 2-20] Quality in 12 Principle

## |9| 프로젝트 원칙 - 복잡성

**복잡성을 지속적으로 평가 및 탐색**

### 복잡성

접근방식 및 계획에 따라 프로젝트 팀이 프로젝트 생애주기를 성공적으로 탐색할 수 있도록 프로젝트 복잡성을 지속적으로 평가하고 탐색한다.

▶ 복잡성은 인간의 행동, 시스템 상호작용, 불확실성 및 모호성으로 인해 발생한다.
▶ 복잡성은 프로젝트 진행 중 어떤 지점에서든 발생할 수 있다.
▶ 복잡성은 가치, 범위, 의사소통, 이해관계자, 리스크 및 기술 혁신에 영향을 미치는 이벤트 또는 조건에 의해 발생할 수 있다.
▶ 프로젝트팀은 복잡성의 요소를 파악하는 데 주의를 기울이고, 복잡성의 규모나 영향을 줄이기 위해 다양한 방법을 사용할 수 있다.

▲ [그림 2-21] Complexity in 12 Principle

## |10| 프로젝트 원칙 - 리스크

**리스크 대응 최적화**

### 리스크

프로젝트와 그 성과에 대한 긍정적인 영향을 극대화하고 부정적인 영향을 최소화하기 위해, 리스크에 대한 노출 즉, 기회 및 위협을 지속적으로 평가한다.

▶ 개별적인 리스크와 전반적인 리스크가 프로젝트에 영향을 줄 수 있다.
▶ 리스크는 긍정적(기회) 또는 부정적(위협)일 수 있다.
▶ 리스크는 프로젝트 전반에 걸쳐 지속적으로 처리된다.
▶ 리스크를 대하는 조직의 태도, 리스크 선호도 및 한계선은 리스크 처리 방식에 영향을 미친다.
▶ 리스크 대응은 다음과 같아야 한다.
  • 리스크 심각성에 적합해야 함
  • 비용 대비 효과적이어야 함
  • 프로젝트 맥락 내에서 현실적이어야 함
  • 관련 이해관계자가 동의해야 함
  • 담당자가 결정되어야 함

▲ [그림 2-22] Risk in 12 Principle

## | 11 | 프로젝트 원칙 – 적응성과 복원력

**적응성과 복원력 구축**

### 적응성과 복원력

조직의 및 프로젝트팀의 접근방식에 적응성과 복원력을 구축하여, 프로젝트가 변경을 수용하고, 좌절에서 회복하며, 프로젝트 작업을 발전시킬 수 있도록 지원할 수 있다.

▶ 적응성은 변화하는 조건에 대응할 수 있는 능력이다.

▶ 복원력은 충격을 흡수하고 좌절 또는 실패로부터 신속하게 회복하는 능력이다.

▶ 산출물보다는 성과에 중점을 두면 적응성을 촉진할 수 있다.

▲ [그림 2-23] Adaptability and Resiliency in 12 Principle

## | 12 | 프로젝트 원칙 – 변경

**계획된 미래 상태 달성을 위한 변화**

### 변화

현재 상태에서 프로젝트 성과에 의해 생성되는 의도된 미래 상태로 전환하는 데 필요한, 새롭고 다른 행동과 프로세스의 채택 및 지속에 대비해 영향을 받는 사람들을 준비시킨다.

▶ 변화에 대한 구조적인 접근방식은 개인, 그룹 및 조직이 현재 상태에서 미래 지향적 상태로 전환하는 데 도움이 된다.

▶ 변화는 내부 영향 또는 외부 요인에서 비롯될 수 있다.

▶ 모든 이해관계자가 변화를 수용하는 것은 아니므로 변화를 가능하게 하는 것은 어려울 수 있다.

▶ 짧은 시간 내에 너무 많은 변화를 시도하면 변화에 대한 피로감 및/또는 저항으로 이어질 수 있다.

▶ 이해관계자 참여와 동기부여식 접근방식은 변화를 채택하는 데 도움이 된다.

▲ [그림 2-24] Change in 12 Principle

## PRIMA VERA 03 PMBOK 7th Edition의 주요 변화

PMBOK 7th Edition의 프로젝트 관리에 필요한 8 성과영역은 프로젝트 관리 12개 원칙과 다음 같은 관계를 갖는다.

◆ 프로젝트관리 원칙

| 스튜어드십 | 성실하고 존경할 만하며 배려심 있는 관리자 되기 |
|---|---|
| 팀 | 협력하는 팀 환경 형성 |
| 이해관계자 | 이해관계자와 효과적인 교류 |
| 가치 | 가치 중심 |
| 시스템 사고 | 시스템 상호 작용에 대한 인식, 평가 및 대응 |
| 리더십 | 리더십 행동 보여주기 |
| 조정 | 상황에 따른 조정하기 |
| 품질 | 프로세스 및 인도물의 품질 체계 구축 |
| 복잡성 | 복잡성 탐색 |
| 리스크 | 리스트 대응 최적화 |
| 적응성 및 복원력 | 적응성과 복원력 수용 |
| 변경 | 계획된 미래 목표 달성을 위한 변화 |

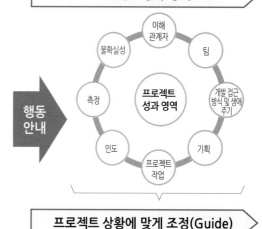

행동 안내

프로젝트 상황에 맞게 조정(Guide)

▲ [그림 2-25] Relation for 12 Principle and 8 Performance domain

## |1| 프로젝트 성과영역 – 이해관계자

**이해관계자 성과영역**

이해관계자 성과영역은 이해관계자와 관련된 활동 및 기능을 다룬다.

이 성과영역을 효과적으로 실행하면 다음과 같은 원하는 성과를 얻을 수 있다.

▶ 프로젝트 전반에 걸쳐 이해관계자와의 생산적인 업무 관계

▶ 프로젝트 목표에 대해 이해관계자와 합의

▶ 프로젝트 수혜자인 이해관계자가 지지하고 만족하며, 프로젝트나 그 인도물에 반대할 수 있는 이해관계자는 프로젝트 성과에 부정적인 영향을 미치지 않는다.

▲ [그림 2-26] Stakeholders in 8 Performance Domains

## |2| 프로젝트 성과영역 – 팀

팀 성과영역은 비즈니스 성과를 실현하기 위한 관련된 활동 및 기능

**팀 성과영역**

팀 성과영역은 비즈니스 성과를 실현하는 프로젝트 인도물 생산 담당자와 관련 있는 활동 및 기능을 다룬다.

이 성과영역을 효과적으로 실행하면 다음과 같은 원하는 성과를 얻을 수 있다.

▶ 공유된 오너십

▶ 높은 성과를 올리는 팀

▶ 모든 구성원이 보여주는 적절한 리더십과 기타 대인관계 기술

▲ [그림 2-27] Team in 8 Performance Domains

## |3| 프로젝트 성과영역 – 개발 방식 및 생애주기 성과영역

프로젝트 개발 방식 및 생애주기와 관련된 활동 및 기능

### 개발방식 및 생애주기 성과영역

개발방식 및 생애주기 성과영역은 프로젝트의 개발방식, 케이던스 및 생애주기 단계와 관련된 활동 및 기능을 다룬다.

이 성과영역을 효과적으로 실행하면 다음과 같은 원하는 성과를 얻을 수 있다.

▶ 프로젝트 인도물과 일치하는 개발방식

▶ 프로젝트 생애주기는 프로젝트 시작부터 마지막까지 비즈니스 인도 및 이해관계자 가치를 연결하는 단계로 구성된다.

▶ 프로젝트 생애주기는 프로젝트 인도물을 생산하는 데 필요한 인도 케이던스 및 개발방식을 원활하게 하는 단계로 구성된다.

▲ [그림 2-28] Development Approach and Life Cycle in 8 Performance Domains


## |4| 프로젝트 성과영역 – 기획

프로젝트 인도물과 성과 인도에 필요한 초기, 진행 및 진화하는 조직 및 협동과 관련된 활동 및 기능

### 기획 성과영역

기획 성과영역은 프로젝트 인도물과 성과 인도에 필요한 초기, 진행 및 진화하는 조직 및 협동과 관련된 활동과 기능을 다룬다.

이 성과영역을 효과적으로 실행하면 다음과 같은 원하는 성과를 얻을 수 있다.

▶ 프로젝트가 조직적이고, 통합적이며, 의도적인 방식으로 진행된다.

▶ 총체적인 접근 방식으로 프로젝트 성과를 제공한다.

▶ 진화하는 정보가 프로젝트 착수의 인도물과 성과를 산출할 수 있도록 정교하게 구성된다.

▶ 계획에 소요된 시간이 상황에 적절하다.

▶ 기획 정보가 이해관계자 기대치를 관리하기에 충분하다.

▶ 새롭게 부상하고 변화하는 요구나 조건을 근거로 프로젝트 전반에서 계획을 조정하는 프로세스가 있다.

▲ [그림 2-29] Planning in 8 Performance Domains

## |5| 프로젝트 성과영역 – 프로젝트 작업

프로젝트 작업 성과영역은 프로젝트 프로세스 확립, 물적 자원관리, 학습환경 조성 등과 관련된 활동과 기능

### 프로젝트 작업 성과영역

| | |
|---|---|
| 프로젝트 작업 성과영역은 프로젝트 프로세스 확립, 물적 자원관리, 학습환경 조성 등과 관련된 활동과 기능을 다룬다. | 이 성과영역을 효과적으로 실행하면 다음과 같은 원하는 성과를 얻을 수 있다.<br>▶ 효율적이고 효과적인 프로젝트 성과<br>▶ 프로젝트와 환경에 적합한 프로젝트 프로세스<br>▶ 이해관계자와의 적절한 커뮤니케이션<br>▶ 물적 자원의 효율적 관리<br>▶ 조달의 효과적 관리<br>▶ 지속적인 학습과 프로세스 개선으로 팀 역량 개선 |

▲ [그림 2-30] Project Work in 8 Performance Domains

## |6| 프로젝트 성과영역 – 인도

인도 성과영역은 프로젝트에 부여된 범위 및 품질 이행의 제공과 관련된 활동과 기능

### 인도 성과영역

| | |
|---|---|
| 인도 성과영역은 프로젝트에 부여된 범위 및 품질 이행의 제공과 관련된 활동 및 기능을 다룬다. | 이 성과영역을 효과적으로 실행하면 다음과 같은 원하는 성과를 얻을 수 있다.<br>▶ 프로젝트가 비즈니스 목표 및 전략 발전에 기여<br>▶ 프로젝트가 인도에 착수한 성과를 실현<br>▶ 프로젝트 편익이 계획된 기간에 실현<br>▶ 프로젝트팀이 요구사항을 명확하게 이해<br>▶ 이해관계자 프로젝트 인도물을 수락하고 만족 |

▲ [그림 2-31] Delivery in 8 Performance Domains

## |7| 프로젝트 성과영역 – 성과 측정

성과 측정 영역은 프로젝트 성과 및 수용 가능한 성과 유지를 위한 활동과 기능

| 성과측정 영역 | |
| --- | --- |
| 성과측정 영역은 프로젝트 성과 측정 및 수용 가능한 성과 유지를 위한 적절한 조치 이행과 관련된 활동 및 기능을 다룬다. | 이 성과영역을 효과적으로 실행하면 다음과 같은 원하는 성과를 얻을 수 있다. ▸ 프로젝트 상태에 대한 신뢰할 수 있는 이해 ▸ 의사결정을 촉진하는 실행 가능한 데이터 ▸ 프로젝트 성과를 추적하기 위한 적절한 조치의 적시 실행 ▸ 신뢰할 수 있는 예측 및 평가를 기반으로 적시에 정보에 입각한 의사결정을 내림으로써 목표를 달성하고 비즈니스 가치를 창출 |

▲ [그림 2–32] Measurement in 8 Performance Domains

## |8| 프로젝트 성과영역 – 불확실성

불확실성 성과영역은 리스크 및 불확실성과 관련된 활동과 기능

| 불확실성 성과영역 | |
| --- | --- |
| 불확실성 성과영역은 리스크 및 불확실성과 관련된 활동과 기능을 다룬다. | 이 성과영역을 효과적으로 실행하면 다음과 같은 원하는 성과를 얻을 수 있다. ▸ 기술, 사회, 정치, 시장 및 경제 환경을 포함하여 (이에 국한되지 않음) 프로젝트가 발생하는 환경을 인식 ▸ 불확실성에 대한 사전 예방적 탐구 및 대응 ▸ 프로젝트에서 여러 변수의 상호의존성 인식 ▸ 위협과 기회를 예측하고 문제의 결과를 이해하는 능력 ▸ 예상치 못한 이벤트나 조건으로 인한 부정적인 영향이 거의 없거나 전혀 없는 프로젝트 인도 ▸ 프로젝트 성과 및 결과를 개선할 수 있는 기회가 실현됨 ▸ 프로젝트 목표에 맞춰 여분의 비용 및 일정을 효과적으로 활용 |

▲ [그림 2–33] Uncertainty in 8 Performance Domains

# Chapter 03

*primavera*

# Project Risk Management in PMBOK 6<sup>th</sup> Edition

PMBOK 7<sup>th</sup> Edition에서는 프로젝트 관리에서 12 원칙 중 하나인 리스크 원칙을 기반으로 8가지 성과영역 중 하나인 불확실성의 성과영역을 관리하여 "프로젝트와 그 성과에 대한 긍정적인 영향을 극대화하고 부정적인 영향을 최소화하기 위해 리스크에 대한 노출, 즉 기회 및 위협을 지속적으로 평가 한다"라고 제시하고 있다. 이러한 관리를 위해서는 PMBOK 6<sup>th</sup> Edition 11장의 프로젝트 리스크 관리 프로세스에 대한 이해가 필요하다. 이러한 원칙과 프로세스 기반의 접근을 통하여 리스크 대응 최적화를 이끌어 내야 한다.

- **리스크 대응**
  - ✓ 리스크 심각성에 적합하고 시의적절해야 함
  - ✓ 비용 대비 효과적이어야 함
  - ✓ 프로젝트 맥락 안에서 현실적이어야 함
  - ✓ 관련 이해관계자가 동의해야 함
  - ✓ 담당자가 결정되어야 함

> 리스크는 기업, 포트폴리오, 프로그램, 프로젝트 및 제품 내에 존재할 수 있다. 프로젝트는 리스크가 편익 실현, 즉 가치를 잠재적으로 개선 또는 감소시킬 수 있는 프로그램의 구성요소가 될 수 있다.

PMBOK 6<sup>th</sup> Edition 11장의 프로젝트 리스크 관리 프로세스의 기본 개념은 다음과 같다.

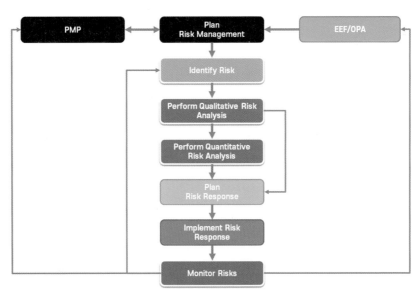

▲ [그림 2-34] Risk Management Process in PMBOK 6<sup>th</sup> Edition

11장 프로젝트 리스크 관리는 11.1 Plan Risk Management, 11.2 Identify Risks, 11.3 Perform Qualitative Risk Analysis, 11.4 Perform Quantitative Risk Analysis, 11.5 Plan Risk Responses, 11.6 Implement Risk Responses, 11.7 Monitor Risks의 7개 Process로 구성되어 있다.

| | 프로세스 | 프로세스 설명 | key Outputs |
|---|---|---|---|
| 11.1 | Plan Risk Management | 프로젝트 리스크 관리 활동을 수행하는 방법을 정의 | ✓ Risk Management Plan |
| 11.2 | Identify Risks | 포괄적 프로젝트 리스크의 원인과 개별 프로젝트 리스크를 식별하고 각 리스크의 특성을 문서화 | ✓ Risk Register<br>✓ Risk Report<br>✓ PD Updates |
| 11.3 | Perform Qualitative Risk Analysis | 리스크의 발생 확률과 영향, 그 밖의 특성을 평가하여 추가 분석 또는 조치를 위한 개별 리스크들의 우선순위를 결정 | ✓ Project Document Updates |
| 11.4 | Perform Quantitative Risk Analysis | 식별된 개별 프로젝트 리스크와 그 밖의 전체 프로젝트 목표에 영향을 미치는 불확실성의 원인을 수치로 분석 | ✓ Project Document Updates |
| 11.5 | Plan Risk Responses | 개별 프로젝트 리스크를 다룰 뿐만 아니라, 포괄적 프로젝트 리스크 노출도를 낮추기 위해 옵션을 마련하고, 전략을 선정하고, 대응조치에 대한 합의를 도출하는 프로세스이다. | ✓ Change Requests<br>✓ Project Document Updates |
| 11.6 | Implement Risk Responses | 개별 프로젝트 리스크에 대한 대응 및 포괄적 프로젝트 리스크 노출도를 낮추는 전략을 개발 및 선정하고, 대응 조치에 대한 합의를 도출 | ✓ Change Updates<br>✓ PMP Updates |
| 11.7 | Monitor Risks | 합의된 리스크 대응 현황을 모니터링하고, 기존 리스크를 추적 및 새로운 리스크를 식별하며, 리스크 관리 프로세스의 효율성을 평가 | ✓ WPI<br>✓ Change Requests<br>✓ PMP Updates/PD Updates<br>✓ OPA Updates |

▲ [표 2-1] Risk Management Process Overview in PMBOK 6th Edition

이번 챕터에서는 프로젝트 리스크 관리 7개 Process의 ITTO(Input - Tool & Technique - Output)와 Data Flow를 통해 그 이해를 돕고 Process별 핵심 성공요인을 알아본다.

## PRIMAVERA 01 리스크 관리 계획 수립(Plan Risk Management)

PMBOK 6th Edition의 11.1 리스크 관리 계획 수립은 Planning Group에 속하며, 프로젝트에 대한 리스크 관리 활동을 수행하는 방법을 정의하는 프로세스이다.

리스크 관리 계획 수립의 ITTO와 Data Flow는 다음과 같다.

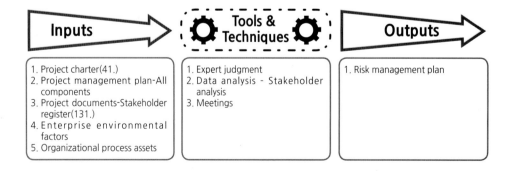

**Inputs**
1. Project charter(41.)
2. Project management plan-All components
3. Project documents-Stakeholder register(131.)
4. Enterprise environmental factors
5. Organizational process assets

**Tools & Techniques**
1. Expert judgment
2. Data analysis - Stakeholder analysis
3. Meetings

**Outputs**
1. Risk management plan

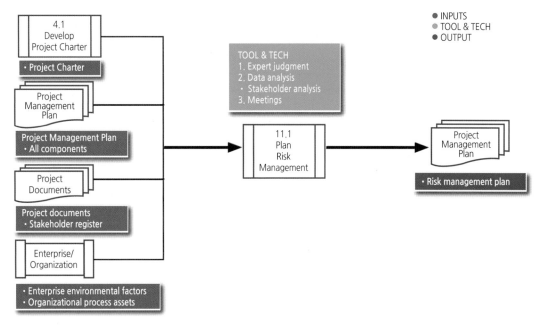

▲ **[그림 2-35]** 11.1 Plan Risk Management ITTO & DFD in PMBOK 6<sup>th</sup> Edition

리스크 관리 계획 수립의 핵심 성공 요인은 다음과 같다.

● **유효한 리스크 관리 계획 수립**

  – 이해관계자의 수용

  – 편견의 식별 및 수정

  – 내부/외부의 제약 및 우선순위에 맞는 조정 활동

  – 비용 및 노력 대비 이익의 균형

  – 리스크 관리 프로세스의 요구사항에 대한 완성도

## PRIMAVERA 02 리스크 식별(Identify Risks)

PMBOK 6<sup>th</sup> Edition의 11.2 리스크 식별은 Planning Group에 속하며, 포괄적 프로젝트 리스크의 원인과 개별 프로젝트 리스크를 식별하고, 각 리스크의 특성을 문서화하는 프로세스이다.

리스크 식별의 ITTO와 Data Flow는 다음과 같다.

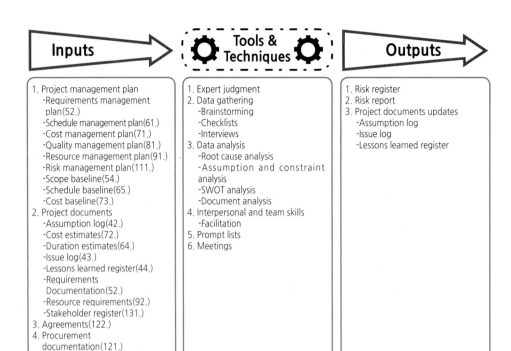

| Inputs | Tools & Techniques | Outputs |
|---|---|---|
| 1. Project management plan<br>　-Requirements management plan(52.)<br>　-Schedule management plan(61.)<br>　-Cost management plan(71.)<br>　-Quality management plan(81.)<br>　-Resource management plan(91.)<br>　-Risk management plan(111.)<br>　-Scope baseline(54.)<br>　-Schedule baseline(65.)<br>　-Cost baseline(73.)<br>2. Project documents<br>　-Assumption log(42.)<br>　-Cost estimates(72.)<br>　-Duration estimates(64.)<br>　-Issue log(43.)<br>　-Lessons learned register(44.)<br>　-Requirements Documentation(52.)<br>　-Resource requirements(92.)<br>　-Stakeholder register(131.)<br>3. Agreements(122.)<br>4. Procurement documentation(121.)<br>5. Enterprise environmental factors<br>6. Organizational process assets | 1. Expert judgment<br>2. Data gathering<br>　-Brainstorming<br>　-Checklists<br>　-Interviews<br>3. Data analysis<br>　-Root cause analysis<br>　-Assumption and constraint analysis<br>　-SWOT analysis<br>　-Document analysis<br>4. Interpersonal and team skills<br>　-Facilitation<br>5. Prompt lists<br>6. Meetings | 1. Risk register<br>2. Risk report<br>3. Project documents updates<br>　-Assumption log<br>　-Issue log<br>　-Lessons learned register |

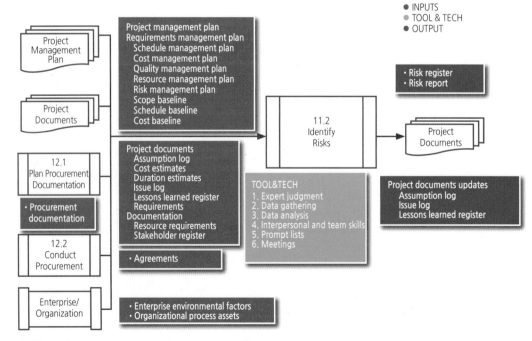

▲ [그림 2-36] 11.2 Identify Risks ITTO & DFD in PMBOK 6th Edition

리스크 식별의 핵심 성공 요인은 다음과 같다.

- 조기 식별
- 반복적 식별
- 명확한 식별
- 포괄적인 식별
- 기회의 명시적 식별
- 다중 관점
- 프로젝트 목표와 관련된 리스크
- 완전한 리스크 선언문
- 소유권 및 상세 수준
- 효과적인 의사소통
- 편견을 최소화하기 위한 객관성

리스크 식별를 위한 Tools and Techniques는 다음과 같다.

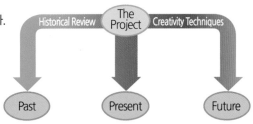

▲ [그림 2-37] Tools and Techniques for 11.2 Identify Risks

리스크 Meta-Language는 다음과 같다.

▲ [그림 2-38] Meta-Language for 11.2 Identify Risks

## PRIMA VERA 03 정성적 리스크 분석 수행(Perform Qualitative Risk Analysis)

PMBOK 6th Edition의 11.3 정성적 리스크 분석 수행은 Planning Group에 속하며 리스크의 발생 확률과 영향, 그 밖의 특성을 평가하여 추가 분석 또는 조치를 위한 개별 리스크들의 우선순위를 결정하는 프로세스이다. 정성적 리스크 분석 수행의 ITTO와 Data Flow는 다음과 같다.

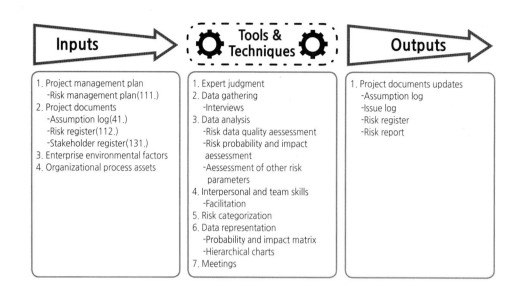

| Inputs | Tools & Techniques | Outputs |
|---|---|---|
| 1. Project management plan<br>　-Risk management plan(111.)<br>2. Project documents<br>　-Assumption log(41.)<br>　-Risk register(112.)<br>　-Stakeholder register(131.)<br>3. Enterprise environmental factors<br>4. Organizational process assets | 1. Expert judgment<br>2. Data gathering<br>　-Interviews<br>3. Data analysis<br>　-Risk data quality aessessment<br>　-Risk probability and impact<br>　 aessessment<br>　-Aessessment of other risk<br>　 parameters<br>4. Interpersonal and team skills<br>　-Facilitation<br>5. Risk categorization<br>6. Data representation<br>　-Probability and impact matrix<br>　-Hierarchical charts<br>7. Meetings | 1. Project documents updates<br>　-Assumption log<br>　-Issue log<br>　-Risk register<br>　-Risk report |

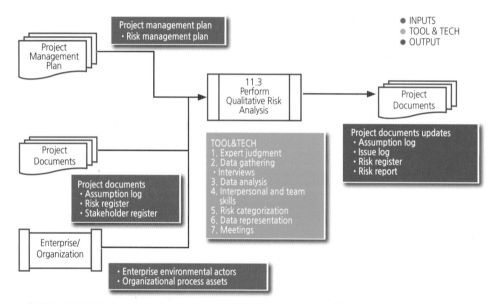

▲ [그림 2-39] 11.3 Perform Qualitative Risk Analysis ITTO & DFD in PMBOK 6th Edition

정성적 리스크 분석 수행의 핵심 성공 요인은 다음과 같다.

- 합의된 접근 방식 사용
- 리스크 용어에 대해 합의된 정의를 사용
- 리스크에 대한 신뢰할 수 있는 정보를 수집
- 정성적 리스크 분석을 반복적 수행

Iteration

High-Quality Information

Agreed-Upon Definitions

Agreed-Upon Approach

▲ [그림 2-40] 정성적 리스크 분석 수행의 핵심 성공 요인

리스크 정성적 분석 수행을 위한 Tools and Techniques는 다음과 같다.

▲ [그림 2-41] Tools and Techniques for 11.3 Perform Qualitative Risk Analysis

**정량적 리스크 분석 수행(Perform Quantitative Risk Analysis)**

PMBOK 6th Edition의 11.4 정량적 리스크 분석 수행은 Planning Group에 속하며, 식별된 개별 프로젝트 리스크와 그 밖의 전체 프로젝트 목표에 영향을 미치는 불확실성의 원인을 수치로 분석하는 프로세스이다.

정량적 리스크 분석 수행의 ITTO와 Data Flow는 다음과 같다.

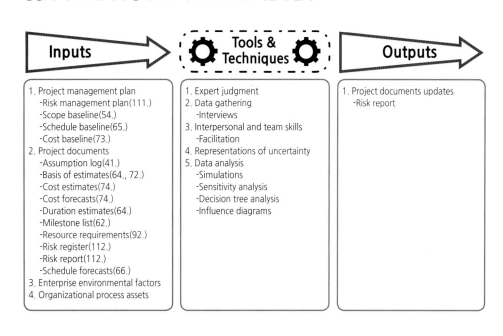

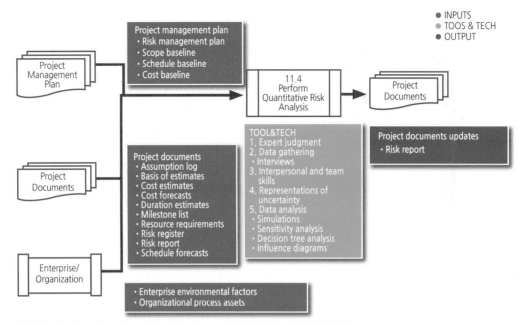

▲ [그림 2-42] 11.4 Perform Quantitative Risk Analysis ITTO & DFD in PMBOK 6th Edition

정량적 리스크 분석 수행의 핵심 성공 요인은 다음과 같다.

· 사전 리스크 식별 및 정성적 리스크 분석 선행

· 적합한 리스크 모델

· 분석 도구 및 기술에 대한 역량

· 신뢰할 수 있는 리스크 데이터 수집

· 편향되지 않은 데이터

· 정량적 리스크 분석에서 리스크 간의 상호 관계

리스크 정량적 분석 수행을 위한 Tools and Techniques는 다음과 같다.

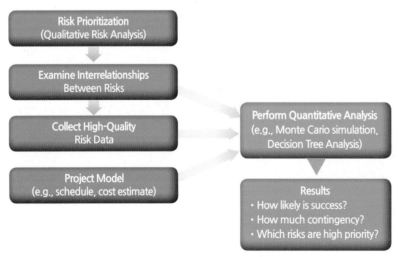

▲ [그림 2-43] Tools and Techniques for 11.4 Perform Quantitative Risk Analysis

PMBOK 6th Edition의 11.5 리스크 대응계획 수립은 Planning Group에 속하며, 개별 프로젝트 리스크와 포괄적 프로젝트 리스크 노출도를 낮추기 위해 옵션을 마련하고, 전략을 선정하고, 대응조치에 대한 합의를 도출하는 프로세스이다.

리스크 대응계획 수립의 ITTO와 Data Flow는 다음과 같다.

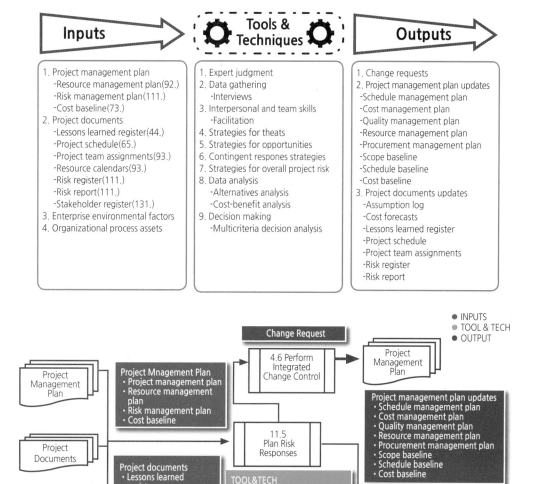

▲ [그림 2-44] 11.5 Plan Risk Responses ITTO & DFD in PMBOK 6th Edition

리스크 대응계획 수립의 핵심 성공 요인은 다음과 같다.

- 의사소통
- 리스크 관련 역할과 책임을 명확하게 정의
- 리스크 대응 시기를 지정
- 대응을 위한 리소스, 예산 및 일정을 제공
- 2차 및 잔여 리스크를 고려하여 리스크와 대응의 상호 작용을 처리
- 적절하고 시기적절하며 효과적이며 합의된 대응
- 위협과 기회를 모두 해결
- 전술적 대응 이전의 전략 개발

리스크 대응계획 수립을 위한 Tools and Techniques는 다음과 같다.

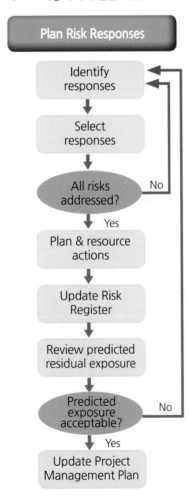

▲ [그림 2-45] Tools and Techniques for 11.5 Plan Risk Responses

PMBOK 6th Edition의 11.6 리스크 대응 실행은 Executing Group에 속하며, 합의된 리스크 대응계획을 실행하는 프로세스이다.

리스크 대응 실행의 ITTO와 Data Flow는 다음과 같다.

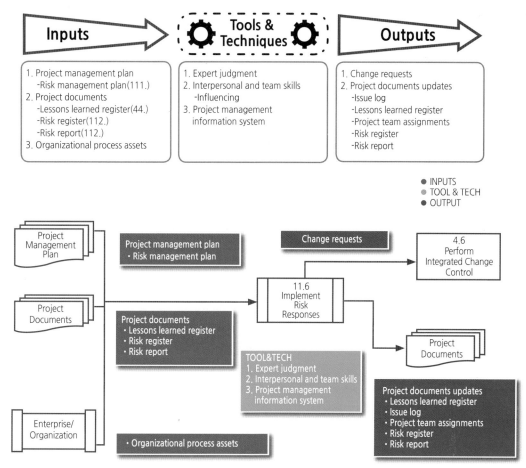

▲ [그림 2-46] 11.5 Implement Risk Responses ITTO & DFD in PMBOK 6th Edition

리스크 대응 수행의 핵심 성공 요인은 다음과 같다.

- 리스크 소유자는 각 리스크에 대해 책임
- 이해 관계자는 계획에 따라 리스크 대응을 이행
- 효과적인 커뮤니케이션 관리
- 리스크 대응 비용은 계획의 일부로 결정 및 계산
- 사용 가능한 우발사태 및 관리 예비비

PMBOK 6th Edition의 11.7 리스크 감시는 Monitorring & Controlling Group에 속하며, 프로젝트 전반에 걸쳐 합의된 리스크 대응계획이 실행되는지 모니터링하며, 식별된 리스크를 추적하고, 새로운 리스크를 식별 및 분석하고, 리스크 관리 프로세스의 효율성을 평가하는 프로세스이다.

리스크 감시의 ITTO와 Data Flow는 다음과 같다.

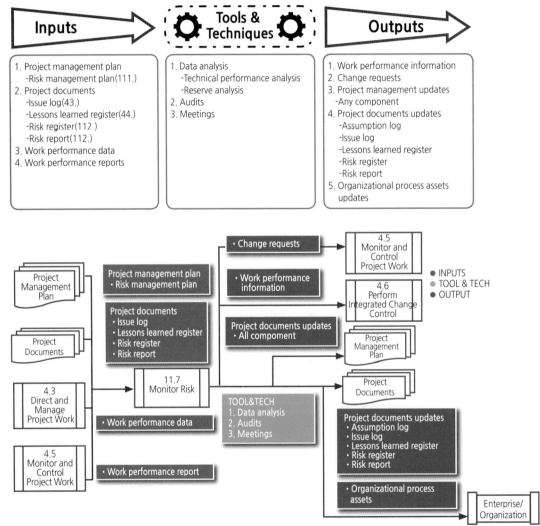

**Inputs**

1. Project management plan
   -Risk management plan(111.)
2. Project documents
   -Issue log(43.)
   -Lessons learned register(44.)
   -Risk register(112 )
   -Risk report(112.)
3. Work performance data
4. Work performance reports

**Tools & Techniques**

1. Data analysis
   -Technical performance analysis
   -Reserve analysis
2. Audits
3. Meetings

**Outputs**

1. Work performance information
2. Change requests
3. Project management updates
   -Any component
4. Project documents updates
   -Assumption log
   -Issue log
   -Lessons learned register
   -Risk register
   -Risk report
5. Organizational process assets updates

▲ [그림 2-47] 11.7 Monitor Risks ITTO & DFD in PMBOK 6th Edition

리스크 감시의 핵심 성공 요인은 다음과 같다.

- 통합적인 리스크 모니터링
- 리스크 유발 조건의 지속적인 모니터링
- 리스크 인식 유지

리스크 감시 프로세스의 개략도는 다음과 같다.

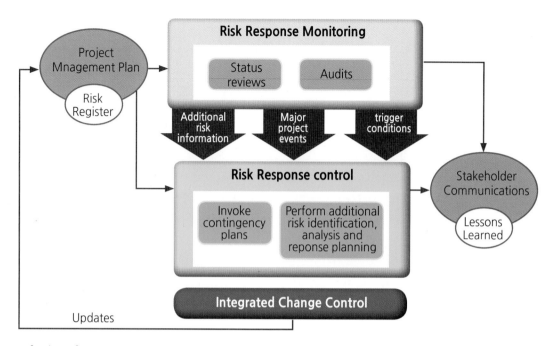

▲ [그림 2-48] Tools and Techniques for 11.7 Monitor Risks

# Chapter

## 공기 연장 분석 방법

이번 Chapter에서는 프로젝트 수행 중 발생한 여러 가지 예측 가능한 리스크(Known Unknown Risks)와 예측 불가능한 리스크(Unknown Unknown Risks)로 인하여 발생하는 프로젝트 일정 지연 관련 영국건설법협회(SCL)에서 제시하고 있는 분석방법에 대해서 알아본다.

### PRIMA VERA 01 공기 연장(EoT : Extension of Time) 지침서

국제적으로 많이 사용되고 있는 공기 연장 지침서로는 SCL(영국)의 Delay and Disruption Protocol, 2nd edition, February 2017과 AACEI(미국)의 Recommended Practice No. 29R-03 Forensic Schedule Analysis, April25, 2011이 있다.

- **SCL(영국)**
  - ✓ Delay and Disruption Protocol, 2nd edition, February 2017

- **AACEI(미국)**
  - ✓ Recommended Practice No. 29R-03 Forensic Schedule Analysis, April25, 2011

▲ [그림 2-49] SCL and AACE – International

SCL Protocol은 다음과 같다.

- 1983년 창설
- 건설법 분야의 공익 교육, 연구 및 연구를 촉진
- 3000명 회원 보유(개인회원만 가능)
- 건설 관련 문제들을 쉽게 해결할 수 있도록 지원
- 판례 및 건설법률 관련 많은 DB 보유/공유

- 공기 연장(EoT)/지연(Delay)/방해(Disruption)에 대한 보상 결정을 위한 영국건설업법에 의거하여 작성
- 지연 및 방해 문제를 처리할 때 시공 과정의 모든 당사자에게 지침을 제공
- 정보와 방법론의 투명성 제공
- 분쟁 예방(Dispute Prevention)과 분쟁 해결

RP No. 29R-03 FSA는 다음과 같다.

- 1956년 창설
- Association for the Advancement of CostEngineering(비용공학의 발전을 위한 협회) 59명 Cost Estimator와 Engineers
- 비영리 전문협회
- 공인인증 운영 : PSP(Planning&Scheduling Professional)CCT, CCP, CEP, CFC, EVP 등

- 법의학 일정분석(Forensic Schedule Analysis)에 CPM(Critical Path Method) Scheduling을 적용하기 위한 기본 기술 원칙 및 지침의 통합
- RP는 유능한 일정 분석을 활성화하고 업계 전체에 다양한 법의학 일정 분석 방법을 분류하고 평가하는 데 필요한 기술 정보를 제공

## PRIMAVERA 02 주체별 지연(Delay) 유형

주체별 지연(Delay) 유형은 다음과 같다.

- 발주자 귀책사유 (Owner-Caused Delay)
- 시공자 귀책사유(Contractor-Caused Delay)
- 설계자 귀책사유(Architect/Engineer-Caused Delay)
- 3자 귀책사유(Third Party)
- Force Majeure(불가항력 - Act of God)

면책 및 보상에 따른 지연(Delay) 유형은 다음과 같다.

### ① 면책 가능 공기 지연(Excusable Delay)

- 면책 가능/보상 지연(Excusable－Compensable Delay)
- 면책 가능 보상 불가능 지연(Excusable－Non compensableDelay)

### ② 면책 불가능 공기 지연(Non Excusable－Non Compensable Delay)

---

**tip**

① Excusable － Compensable Delay
- LD 적용 없이 공기 연장 가능
- 추가 공사비 보상 가능
- 계약자는 LD 면책과 추가 비용 발생 청구
- 발주처 통제 내에 있는 사유로 인한 지연

② Excusable － Non Compensable Delay
- LD 적용 없이 공기 연장 가능
- 공기 지연 중 귀책사유가 불가항력 등 제3자에 있는 공기 지연
- 계약자는 공기 연장 청구 가능(파업 등)
- 추가 발생 비용 보상 불가

③ Non Excusable － Non Compensable Delay
- LD 보상
- 공기 연장 불가
- 발주자 LD청구 가능 및 본래 공사 목적 달성 불가능 시 계약 해제 가능

④ Concurrent Delay
- 공사 지연 귀책사유가 계약자/발주자 모두
- CPM Schedule Analysis 분석 및 결정
- 건설공사 대부분의 공기 지연에 해당함
- 배분 가능한 공기 지연과 구분됨. 일반적 Malmaison 접근 방식

Type of Delay는 다음과 같다.

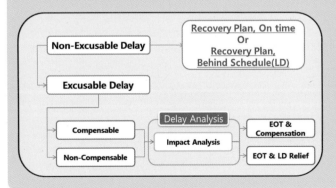

---

## PRIMA VERA 04 분석방법 결정 요소

Delay 분석방법 결정 요소는 다음과 같다.

### ① 인과관계

- Cause & Effect : 지연 사건(원인)을 식별한 후 그 영향 평가
- Effect & Cause : Critical Delay(영향)를 식별한 후 지연 원인

### ② Critical Path 결정

- Prospective : 실적과 진도 감안하지 않음.
- Contemporaneous : 분석 시점에 실적 입력과 일정 변경 반영
- Retrospective : 프로젝트 실적기준으로 분석(또는 Window 내에서 분석)

### ③ 지연영향 분석 시점(Timing)

- Prospective : 지연 사건 발생 이전 또는 지연 사건 발생 시점에서 실시간으로 분석하며 공정 진도나 지연 사건이 종료일에 미칠 영향을 분석
- Retrospective : 지연 사건이 발생하고 그 영향을 알고 분석하며, 기술적으로 판명된 As-built Critical Path에서 지연 사건이 실제로 미친 영향을 분석

## PRIMA VERA 04 EoT(Extension of Time) Procedure In SCL

SCL에서 제시하는 EoT(Extension of Time) Procedure는 다음과 같다.

### ① 프로젝트의 이해

- EOT에 대한 권리(Entitlement)는 계약(contract)에 기초한다.
- 계약조건들과 가정들은 cause & effect의 좋은 근거를 제공한다.

### ② Baseline 검토

- EOT에 대한 권리(Entitlement)는 계약(contract)에 기초한다.
- Delay Analysis를 위한 baseline을 선정하고 검토하는 작업이 필요하다.
- Feasibility of Schedule(일정 타당성)
- CPM 분석 등
  - Open-End
  - Out of Sequence
  - Negative Lags
  - Start to Finish Relationship

### ③ Delay Event list 수집

- Delay Event lists는 팀으로부터 확보
- 면밀한 검토와 광범위한 Data 수집 필요

④ **Delay Event 선정**

- 계약적 근거 확보가 중요

⑤ **Delay Event History**

- 선정된 Delay event는 시간순서로 정리

⑥ **Fragnet 작성**

- Impact 분석을 위한 Delay Event Fragnet으로 생성
  - Fragnet 생성 후 기존 activity와 연결
  - 기존 activity의 duration 조정
  - 기존 activity를 묶거나 세분화
  - Constraints 제거 혹은 부여
  - 연결관계를 수정 · Calendar 수정

⑦ **Choosing a Method**

- 자료의 확보가 가능한지 여부를 파악하고 적용이 가능한 분석기법을 선정
  - Projet 초기 : TIA(Time Impact Analyais)
  - Project 말기 : As-Built 권장

⑧ **Progress 정리**

- IAP 기법은 Process를 고려하지 않음.
- 다른 기법들은 Progress를 고려함으로 Data 정리가 필요함.

⑨ **Impact Analysis**

- 공기 지연일수 산정 작업 시
  - "Gross"와 "Net"로 구분
  - Gross : 시간의 흐름 고려 X, 중복합산
  - Net : 시간의 흐름을 고려 O, 중복 배제

⑩ **Report**

| Expedition(촉진) | Mitigation(완화) | Acceleration(가속) |
|---|---|---|
| Contractor | | 발주자 또는 엔지니어 |
| 완공일 또는 연장일 충족 | 지연의 영향을 줄이기 위함 | 조기 완공을 위함 |
| 시공자<br>복구비용 발생 | 시공자<br>완화비용 발생(최소, 경미) | 발주자가 상환할 비용 |
| 모든 비용 | 합리적이고 대개는 최소 또는<br>경미한 비용 | 대개 추가 발생 비용 |
| 거절은 계약위반 | 공기 연장 권한의 선행조건 | 계약상 없으면 시공자는 돌관<br>요구를 거절/무시 가능 |

▲ [표 2-2] Report Sample : Expedition, Mitigation, Acceeration

SCL에서 제시하는 Protocol은 다음과 같다.

1. Impacted As-Planned Analysis

2. Time ImpactAnalysis

3. Time Slice Windows Analysis

4. As-Planned versus As-Built Windows Analysis

5. Retrospective Longest Path Analysis

6. Collapsed As-Built Analysis

| 분석<br>방법 | 인과<br>관계 | CP<br>결정 | 지연영향<br>결정 | 요구<br>사항 |
|---|---|---|---|---|
| Impacted As-Planned<br>(IAP) | Cause &<br>Effect | Prospectively | Prospectively | • 논리 연결 기준 스케줄<br>• 모델링 할 지연 이벤트의 선택 |
| Time Impact Analysis<br>(TIA) | Cause &<br>Effect | Contemporaneously | Prospectively | • 논리 연결 기준 스케줄<br>• 기준 예약을 업데이트할 예약<br>  또는 진행률 정보를 업데이트<br>• 모델링 할 지연 이벤트의 선택 |
| Time Slice Windows<br>Analysis<br>(Snapshot) | Effect &<br>Cause | Contemporaneously | Retrospectively | • 논리 연결 기준 스케줄<br>• 기준 예약을 업데이트할 예약<br>  또는 진행률 정보를 업데이트 |
| As-Planned versus<br>As-Built<br>Windows Analysis | Effect &<br>Cause | Contemporaneously | Retrospectively | • 기준 스케줄<br>• As-Built 데이터 |
| Longest Path Analysis | Effect &<br>Cause | Retrospectively | Retrospectively | • 기준 스케줄<br>• As-Built 스케줄 |
| Collapsed As-Built<br>Analysis<br>(CAB) | Cause &<br>Effect | Retrospectively | Retrospectively | • 논리 연결 As-Built 스케줄<br>• 모델링 할 지연 이벤트의 선택 |

▲ [표 2-3] SCL Protocal Overview

## | 1 | Impacted As-Planned Analysis

• Delay나 Change와 관련된 Activity들을 Baseline Schedule에 추가나 삽입하여 해당 Activity들이 전체 Schedule에 미치는 영향을 파악하는 방식

• 실적이 들어있지 않는 기본 Baseline Schedule 활용

• 참고로, 실제 진척 상황이 무시되기에 Delay Event 때문에 작업 지연이 발생할 가능성이 있다는 것을 증명하지 못한다는 단점이 있다. 따라서, EOT의 자료로써 충분하지 못할 수 있다.

## [Sample] Impacted As-Planned Analysis(BL Duration : 40 d)

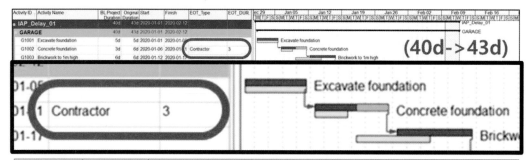

| DELAY NO. | ACTIVITY ID | DELAY | | |
| --- | --- | --- | --- | --- |
| | | TYPE | DURATION | IMPACT |
| 1 | G1002 | NONEXECUSABLE & NONCOMPENSABLE | 3 | 3 |
| 2 | | | | |
| 3 | | | | |
| 4 | | | | |
| 5 | | | | |
| 6 | | | | |
| 7 | | | | |
| 8 | | | | |
| 9 | | | | |
| 10 | | | | |

▲ [그림 2-50] Delay No. 1 : Impacted As-Planned Analysis

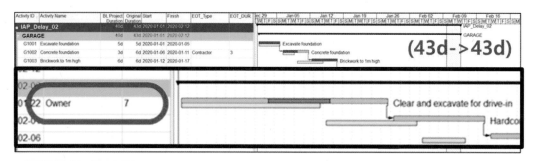

| DELAY NO. | ACTIVITY ID | DELAY | | |
| --- | --- | --- | --- | --- |
| | | TYPE | DURATION | IMPACT |
| 1 | G1002 | NONEXECUSABLE & NONCOMPENSABLE | 3 | 3 |
| 2 | D1001 | EXECUSABLE & COMPENSABLE | 7 | 0 |
| 3 | | | | |
| 4 | | | | |
| 5 | | | | |
| 6 | | | | |
| 7 | | | | |
| 8 | | | | |
| 9 | | | | |
| 10 | | | | |

▲ [그림 2-51] Delay No. 2 : Impacted As-Planned Analysis

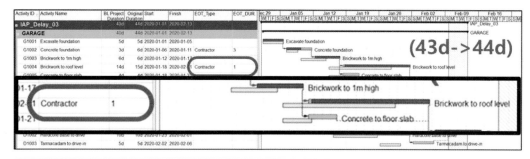

| DELAY NO. | ACTIVITY ID | DELAY | | |
|---|---|---|---|---|
| | | TYPE | DURATION | IMPACT |
| 1 | G1002 | NONEXECUSABLE & NONCOMPENSABLE | 3 | 3 |
| 2 | D1001 | EXECUSABLE & COMPENSABLE | 7 | 0 |
| 3 | G1004 | NONEXECUSABLE & NONCOMPENSABLE | 1 | 1 |
| 4 | | | | |
| 5 | | | | |
| 6 | | | | |
| 7 | | | | |
| 8 | | | | |
| 9 | | | | |
| 10 | | | | |

▲ [그림 2-52] Delay No. 3 : Impacted As-Planned Analysis

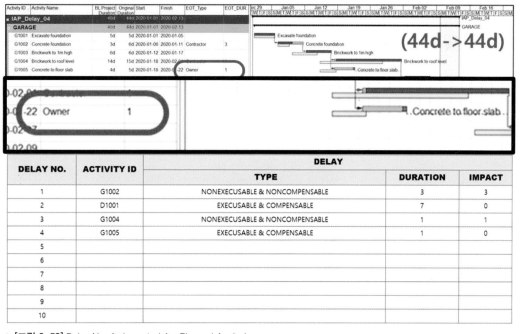

| DELAY NO. | ACTIVITY ID | DELAY | | |
|---|---|---|---|---|
| | | TYPE | DURATION | IMPACT |
| 1 | G1002 | NONEXECUSABLE & NONCOMPENSABLE | 3 | 3 |
| 2 | D1001 | EXECUSABLE & COMPENSABLE | 7 | 0 |
| 3 | G1004 | NONEXECUSABLE & NONCOMPENSABLE | 1 | 1 |
| 4 | G1005 | EXECUSABLE & COMPENSABLE | 1 | 0 |
| 5 | | | | |
| 6 | | | | |
| 7 | | | | |
| 8 | | | | |
| 9 | | | | |
| 10 | | | | |

▲ [그림 2-53] Delay No. 4 : Impacted As-Planned Analysis

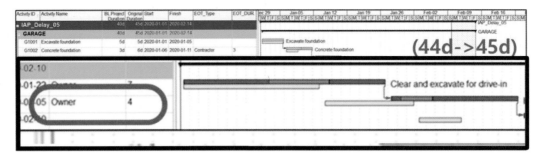

| DELAY NO. | ACTIVITY ID | DELAY | | |
| --- | --- | --- | --- | --- |
| | | TYPE | DURATION | IMPACT |
| 1 | G1002 | NONEXECUSABLE & NONCOMPENSABLE | 3 | 3 |
| 2 | D1001 | EXECUSABLE & COMPENSABLE | 7 | 0 |
| 3 | G1004 | NONEXECUSABLE & NONCOMPENSABLE | 1 | 1 |
| 4 | G1005 | EXECUSABLE & COMPENSABLE | 1 | 0 |
| 5 | D1002 | EXECUSABLE & COMPENSABLE | 4 | 1 |
| 6 | | | | |
| 7 | | | | |
| 8 | | | | |
| 9 | | | | |
| 10 | | | | |

▲ [그림 2-54] Delay No. 5 : Impacted As-Planned Analysis

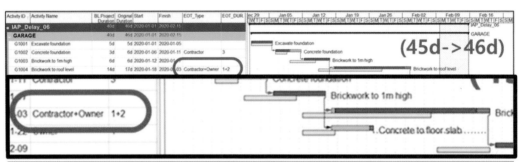

| DELAY NO. | ACTIVITY ID | DELAY | | |
| --- | --- | --- | --- | --- |
| | | TYPE | DURATION | IMPACT |
| 1 | G1002 | NONEXECUSABLE & NONCOMPENSABLE | 3 | 3 |
| 2 | D1001 | EXECUSABLE & COMPENSABLE | 7 | 0 |
| 3 | G1004 | NONEXECUSABLE & NONCOMPENSABLE | 1 | 1 |
| 4 | G1005 | EXECUSABLE & COMPENSABLE | 1 | 0 |
| 5 | D1002 | EXECUSABLE & COMPENSABLE | 4 | 1 |
| 6 | G1004 | EXECUSABLE & COMPENSABLE | 2 | 1 |
| 7 | | | | |
| 8 | | | | |
| 9 | | | | |
| 10 | | | | |

▲ [그림 2-55] Delay No. 6 : Impacted As-Planned Analysis

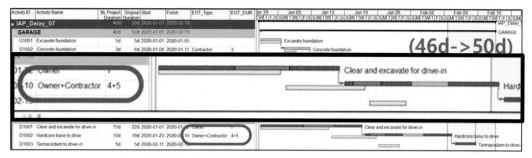

| DELAY NO. | ACTIVITY ID | DELAY | | |
| --- | --- | --- | --- | --- |
| | | TYPE | DURATION | IMPACT |
| 1 | G1002 | NONEXECUSABLE & NONCOMPENSABLE | 3 | 3 |
| 2 | D1001 | EXECUSABLE & COMPENSABLE | 7 | 0 |
| 3 | G1004 | NONEXECUSABLE & NONCOMPENSABLE | 1 | 1 |
| 4 | G1005 | EXECUSABLE & COMPENSABLE | 1 | 0 |
| 5 | D1002 | EXECUSABLE & COMPENSABLE | 4 | 1 |
| 6 | G1004 | EXECUSABLE & COMPENSABLE | 2 | 1 |
| 7 | D1002 | NONEXECUSABLE & NONCOMPENSABLE | 5 | 4 |
| 8 | | | | |
| 9 | | | | |
| 10 | | | | |

▲ [그림 2-56] Delay No. 7 : Impacted As-Planned Analysis

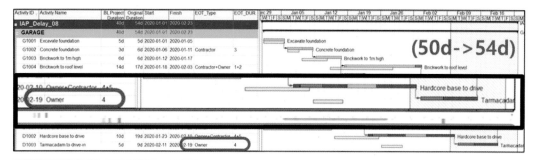

| DELAY NO. | ACTIVITY ID | DELAY | | |
| --- | --- | --- | --- | --- |
| | | TYPE | DURATION | IMPACT |
| 1 | G1002 | NONEXECUSABLE & NONCOMPENSABLE | 3 | 3 |
| 2 | D1001 | EXECUSABLE & COMPENSABLE | 7 | 0 |
| 3 | G1004 | NONEXECUSABLE & NONCOMPENSABLE | 1 | 1 |
| 4 | G1005 | EXECUSABLE & COMPENSABLE | 1 | 0 |
| 5 | D1002 | EXECUSABLE & COMPENSABLE | 4 | 1 |
| 6 | G1004 | EXECUSABLE & COMPENSABLE | 2 | 1 |
| 7 | D1002 | NONEXECUSABLE & NONCOMPENSABLE | 5 | 4 |
| 8 | D1003 | EXECUSABLE & COMPENSABLE | 4 | 4 |
| 9 | | | | |
| 10 | | | | |

▲ [그림 2-57] Delay No. 8 : Impacted As-Planned Analysis

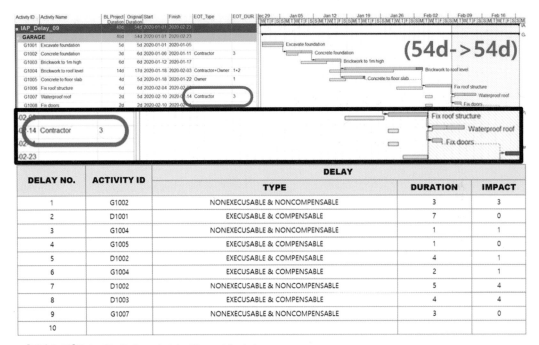

| DELAY NO. | ACTIVITY ID | DELAY | | |
|---|---|---|---|---|
| | | TYPE | DURATION | IMPACT |
| 1 | G1002 | NONEXECUSABLE & NONCOMPENSABLE | 3 | 3 |
| 2 | D1001 | EXECUSABLE & COMPENSABLE | 7 | 0 |
| 3 | G1004 | NONEXECUSABLE & NONCOMPENSABLE | 1 | 1 |
| 4 | G1005 | EXECUSABLE & COMPENSABLE | 1 | 0 |
| 5 | D1002 | EXECUSABLE & COMPENSABLE | 4 | 1 |
| 6 | G1004 | EXECUSABLE & COMPENSABLE | 2 | 1 |
| 7 | D1002 | NONEXECUSABLE & NONCOMPENSABLE | 5 | 4 |
| 8 | D1003 | EXECUSABLE & COMPENSABLE | 4 | 4 |
| 9 | G1007 | NONEXECUSABLE & NONCOMPENSABLE | 3 | 0 |
| 10 | | | | |

▲ [그림 2-58] Delay No. 9 : Impacted As-Planned Analysis

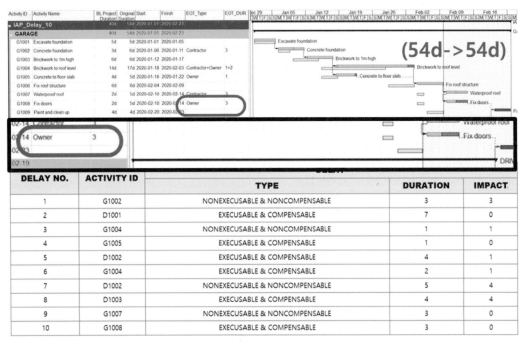

| DELAY NO. | ACTIVITY ID | DELAY | | |
|---|---|---|---|---|
| | | TYPE | DURATION | IMPACT |
| 1 | G1002 | NONEXECUSABLE & NONCOMPENSABLE | 3 | 3 |
| 2 | D1001 | EXECUSABLE & COMPENSABLE | 7 | 0 |
| 3 | G1004 | NONEXECUSABLE & NONCOMPENSABLE | 1 | 1 |
| 4 | G1005 | EXECUSABLE & COMPENSABLE | 1 | 0 |
| 5 | D1002 | EXECUSABLE & COMPENSABLE | 4 | 1 |
| 6 | G1004 | EXECUSABLE & COMPENSABLE | 2 | 1 |
| 7 | D1002 | NONEXECUSABLE & NONCOMPENSABLE | 5 | 4 |
| 8 | D1003 | EXECUSABLE & COMPENSABLE | 4 | 4 |
| 9 | G1007 | NONEXECUSABLE & NONCOMPENSABLE | 3 | 0 |
| 10 | G1008 | EXECUSABLE & COMPENSABLE | 3 | 0 |

▲ [그림 2-59] Delay No. 10 : Impacted As-Planned Analysis

## | 2 | Time Impact Analysis

- 프로젝트 진행 중 발생할 수 있는 잠재적인 Delay Impact 영향을 산정하는 방법이다.
- Impact가 발생하기 전 업데이트된 Schedule에 Delay나 Change와 관련된 액티비티들을 추가나 삽입하여 전체 Schedule의 영향력을 파악한다.
- Schedule은 Delay에 대한 Mitigation이 되어 있지 않아야 그 영향력을 판단할 수 있다.
- 내부 또는 외부적인 환경에 의하여 Delay가 발생할 것이 예견된 경우 주로 사용한다.
- 프로젝트가 단순하거나 액티비티의 개수가 많지 않은 경우에 사용한다.

### [Sample] Time Impact Analysis(BL Duration : 40 d)

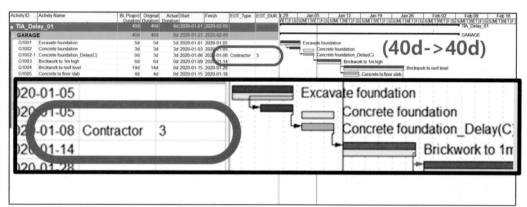

| PERIOD NO. | PROJECT DURATION | DURATION VARIANCE | NO IMPACT | IMPACT | |
|---|---|---|---|---|---|
| | | | | NONEXCUSABLE NONCOMPENSABLE | EXCUSABLE COMPENSABLE |
| 1 | 40 | – | 3 | – | – |
| | | | | | |
| | | | | | |
| | | | | | |
| | | | | | |
| | | | | | |

▲ [그림 2–60] Delay No. 1 : Time Impact Analysis

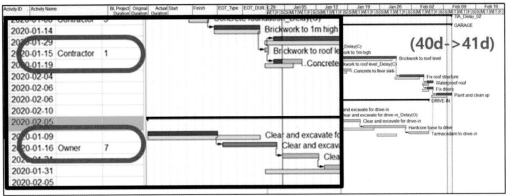

| PERIOD NO. | PROJECT DURATION | DURATION VARIANCE | NO IMPACT | IMPACT | |
|---|---|---|---|---|---|
| | | | | NONEXCUSABLE NONCOMPENSABLE | EXCUSABLE COMPENSABLE |
| 1 | 40 | - | 3 | - | - |
| 2 | 41 | 1 | 7 | 1 | - |
| | | | | | |
| | | | | | |
| | | | | | |
| | | | | | |

▲ [그림 2-61] Delay No. 2 : Time Impact Analysis

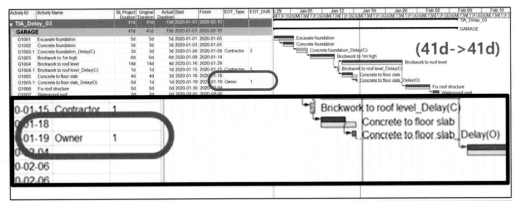

| PERIOD NO. | PROJECT DURATION | DURATION VARIANCE | NO IMPACT | IMPACT | |
|---|---|---|---|---|---|
| | | | | NONEXCUSABLE NONCOMPENSABLE | EXCUSABLE COMPENSABLE |
| 1 | 40 | - | 3 | - | - |
| 2 | 41 | 1 | 7 | 1 | - |
| 3 | 41 | 1 | 1 | - | - |
| | | | | | |
| | | | | | |
| | | | | | |

▲ [그림 2-62] Delay No. 3 : Time Impact Analysis

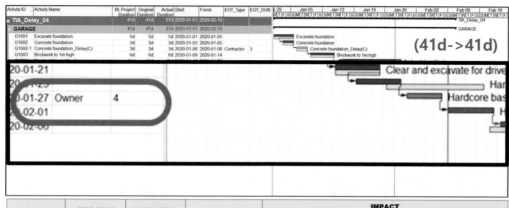

| PERIOD NO. | PROJECT DURATION | DURATION VARIANCE | NO IMPACT | IMPACT | |
|---|---|---|---|---|---|
| | | | | NONEXCUSABLE NONCOMPENSABLE | EXCUSABLE COMPENSABLE |
| 1 | 40 | – | 3 | – | – |
| 2 | 41 | 1 | 7 | 1 | – |
| 3 | 41 | 1 | 1 | – | – |
| 4 | 41 | 1 | 4 | – | – |
| | | | | | |
| | | | | | |

▲ [그림 2–63] Delay No. 5 : Time Impact Analysis

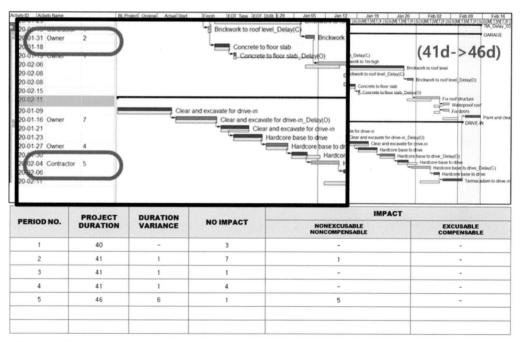

| PERIOD NO. | PROJECT DURATION | DURATION VARIANCE | NO IMPACT | IMPACT | |
|---|---|---|---|---|---|
| | | | | NONEXCUSABLE NONCOMPENSABLE | EXCUSABLE COMPENSABLE |
| 1 | 40 | – | 3 | – | – |
| 2 | 41 | 1 | 7 | 1 | – |
| 3 | 41 | 1 | 1 | – | – |
| 4 | 41 | 1 | 4 | – | – |
| 5 | 46 | 6 | 1 | 5 | – |
| | | | | | |
| | | | | | |

▲ [그림 2–64] Delay No. 5 : Time Impact Analysis

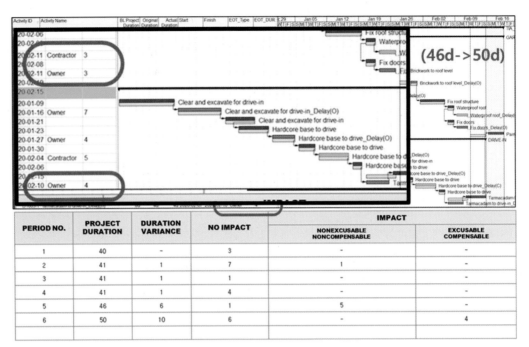

| PERIOD NO. | PROJECT DURATION | DURATION VARIANCE | NO IMPACT | IMPACT | |
|---|---|---|---|---|---|
| | | | | NONEXCUSABLE NONCOMPENSABLE | EXCUSABLE COMPENSABLE |
| 1 | 40 | – | 3 | – | – |
| 2 | 41 | 1 | 7 | 1 | – |
| 3 | 41 | 1 | 1 | – | – |
| 4 | 41 | 1 | 4 | – | – |
| 5 | 46 | 6 | 1 | 5 | – |
| 6 | 50 | 10 | 6 | – | 4 |

▲ [그림 2–65] Delay No. 6 : Time Impact Analysis

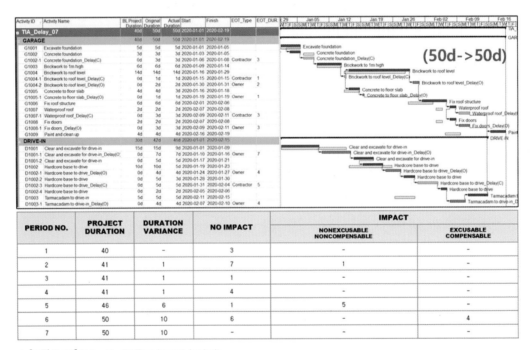

| PERIOD NO. | PROJECT DURATION | DURATION VARIANCE | NO IMPACT | IMPACT | |
|---|---|---|---|---|---|
| | | | | NONEXCUSABLE NONCOMPENSABLE | EXCUSABLE COMPENSABLE |
| 1 | 40 | – | 3 | – | – |
| 2 | 41 | 1 | 7 | 1 | – |
| 3 | 41 | 1 | 1 | – | – |
| 4 | 41 | 1 | 4 | – | – |
| 5 | 46 | 6 | 1 | 5 | – |
| 6 | 50 | 10 | 6 | – | 4 |
| 7 | 50 | 10 | – | – | – |

▲ [그림 2–66] Delay No. 7 : Time Impact Analysis

## | 3 | Time Slice Windows Analysis

- 기간(Window)별로 프로젝트를 나누어 Schedule을 업데이트하면서 지연 요소를 평가하는 방법이다.
- 기간(Window)은 주간, 월간과 같이 일정한 기간으로 나누거나 프로젝트의 주요 마일스톤으로 나눌 수 있다.
- 진행상황을 업데이트하면서 각 Window에는 Actual과 Delay Event를 반영하고, 나머지 잔여 작업에 대해서는 As-Planned를 사용하면서 종료 일자의 변경 상황을 확인한다.
- 이 기법은 시간과 노력이 많이 필요하다는 단점이 있다. Widows Analysis 중 가장 정밀도와 신뢰도가 높다.
- Retrospective 분석이며, Dynamic Logic 분석이다. 분석과정이 복잡하고 많은 노력이 소요된다.
- Window별 데이터가 실제 작업을 정확히 반영해야만 효용성이 보장된다.

**[Sample] Time Slice Windows Analysis(BL Duration : 40 d)**

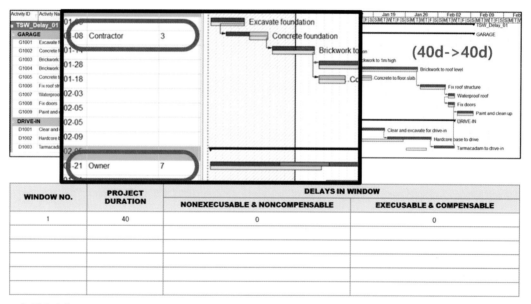

| WINDOW NO. | PROJECT DURATION | DELAYS IN WINDOW | |
| --- | --- | --- | --- |
| | | NONEXECUSABLE & NONCOMPENSABLE | EXECUSABLE & COMPENSABLE |
| 1 | 40 | 0 | 0 |
| | | | |
| | | | |
| | | | |
| | | | |

▲ [그림 2-67] Delay No. 1 : Time Slice Windows Analysis

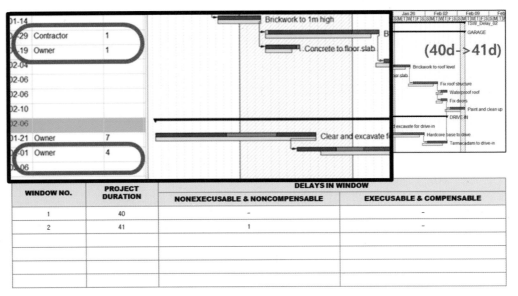

| WINDOW NO. | PROJECT DURATION | DELAYS IN WINDOW | |
|---|---|---|---|
| | | NONEXECUSABLE & NONCOMPENSABLE | EXECUSABLE & COMPENSABLE |
| 1 | 40 | - | - |
| 2 | 41 | 1 | - |
| | | | |
| | | | |
| | | | |

▲ [그림 2-68] Delay No. 2 : Time Slice Windows Analysis

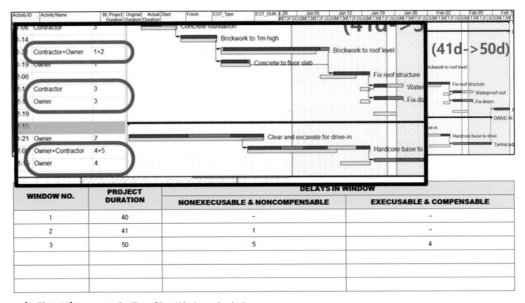

| WINDOW NO. | PROJECT DURATION | DELAYS IN WINDOW | |
|---|---|---|---|
| | | NONEXECUSABLE & NONCOMPENSABLE | EXECUSABLE & COMPENSABLE |
| 1 | 40 | - | - |
| 2 | 41 | 1 | - |
| 3 | 50 | 5 | 4 |
| | | | |
| | | | |

▲ [그림 2-69] Delay No. 3 : Time Slice Windows Analysis

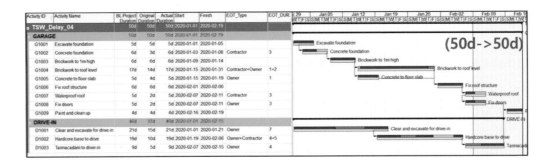

| WINDOW NO. | PROJECT DURATION | DELAYS IN WINDOW | |
|:---:|:---:|:---:|:---:|
| | | NONEXECUSABLE & NONCOMPENSABLE | EXECUSABLE & COMPENSABLE |
| 1 | 40 | - | - |
| 2 | 41 | 1 | - |
| 3 | 50 | 5 | 4 |
| 4 | 50 | - | - |
| | | | |
| | | | |

▲ [그림 2-70] Delay No. 4 : Time Slice Windows Analysis

## | 4 | As-Planned versus As-Built Windows Analysis

- As-Built를 기준으로 프로젝트의 지연 사유와 영향력을 파악하는 방법이다.
- 상세한 Baseline Schedule이 반드시 필요하다.
- 각 Window는 마일스톤이나 주요 이벤트와 같은 Key Date를 기준으로 정한다.
- 이 방식은 각 Window별로 기간을 산정하기 때문에 Software에 대한 의존도가 매우 낮다.
- 각 Window별 Actual Critical Path를 정의한다.
- Key Date를 As-Planned와 비교 Delay Event의 영향력 판별. 이때 각 Window에는 지연이 발생한 기간, Mitigation, Acceleration을 한 기간들을 모두 표시하고 이를 합산하여 전체 지연된 기간을 산정한다.
- Critical Path의 판별과 Delay Event가 Contractor에 미친 영향을 판단하는 과정 중에 주관적인 결정이 개입될 수 있다.

[Sample] As-Planned versus As-Built Windows Analysis(BL Duration : 40 d)

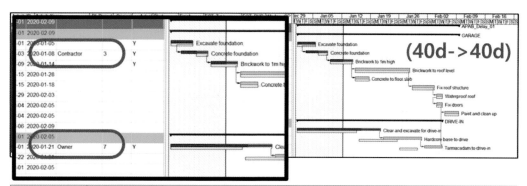

| WINDOW NO. | PROJECT DURATION | DELAYS IN WINDOW | |
|:---:|:---:|:---:|:---:|
| | | NONEXECUSABLE & NONCOMPENSABLE | EXECUSABLE & COMPENSABLE |
| 1 | 40 | 3 | 7 |
| | | | |
| | | | |
| | | | |
| | | | |
| | | | |

▲ [그림 2-71] Delay No. 1 : As-Planned versus As-Built Windows Analysis

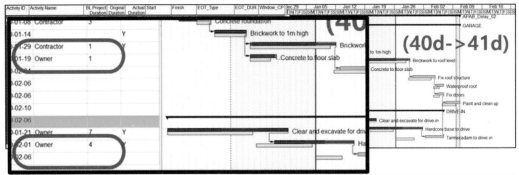

| WINDOW NO. | PROJECT DURATION | DELAYS IN WINDOW | |
|---|---|---|---|
| | | NONEXECUSABLE & NONCOMPENSABLE | EXECUSABLE & COMPENSABLE |
| 1 | 40 | 3 | 7 |
| 2 | 41 | 1 | 5 |
| | | | |
| | | | |
| | | | |

▲ [그림 2-72] Delay No. 2 : As-Planned versus As-Built Windows Analysis

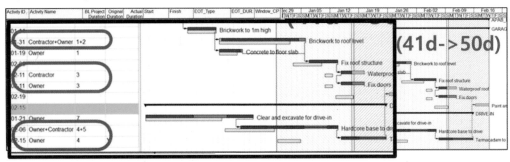

| WINDOW NO. | PROJECT DURATION | DELAYS IN WINDOW | |
|---|---|---|---|
| | | NONEXECUSABLE & NONCOMPENSABLE | EXECUSABLE & COMPENSABLE |
| 1 | 40 | 3 | 7 |
| 2 | 41 | 1 | 5 |
| 3 | 50 | 8 | 9 |
| | | | |
| | | | |

▲ [그림 2-73] Delay No. 3 : As-Planned versus As-Built Windows Analysis

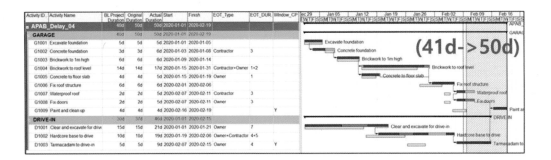

| WINDOW NO. | PROJECT DURATION | DELAYS IN WINDOW | |
|:---:|:---:|:---:|:---:|
| | | NONEXECUSABLE & NONCOMPENSABLE | EXECUSABLE & COMPENSABLE |
| 1 | 40 | 3 | 7 |
| 2 | 41 | 1 | 5 |
| 3 | 50 | 8 | 9 |
| 4 | 50 | - | - |
| | | | |
| | | | |

▲ [그림 2-74] Delay No. 4 : As-Planned versus As-Built Windows Analysis

| WINDOW NO. | PROJECT DURATION | DELAYS IN WINDOW | |
|:---:|:---:|:---:|:---:|
| | | NONEXECUSABLE & NONCOMPENSABLE | EXECUSABLE & COMPENSABLE |
| 1 | 40 | 3 | 7 |
| 2 | 41 | 1 | 5 |
| 3 | 50 | 8 | 9 |
| 4 | 50 | - | - |

▲ [표 2-4] Delay Result : As-Planned versus As-Built Windows Analysis

**Contractor's Delay : 3+1+8=12**

**Owner's Delay : 7+5+9=21**

Project Total Delay=50-40=10

Owner's Responsible=21 - 12=9

Contractor's Responsible=10 - 9=1

## | 5 | Retrospective Longest Path Analysis

• 상세하게 작성된 As-Built Schedule을 이용하여 As-Built Critical Path 경로를 찾는다.

• 이때 As-Built Critical Path는 As-Built Schedule에 있는 Actual Completion Date로부터 역산한 가장 긴 경로(Longest Path)를 의미한다.

• 왜(Why) 특정 Longest Path를 As-Built Critical Path로 결정했는지에 대한 논의가 필요할 수 있다.

• Key Milestone 등을 Baseline과 비교하여 지연의 규모나 영향력을 판별한다.

• 어떤 Delay Event가 원인인지를 분석하는 데 Resource Curve Analysis, Earned Value Analysis 등의 기법을 보조로 사용 가능하다.

[Sample] Retrospective Longest Path Analysis(BL Duration : 40 d)

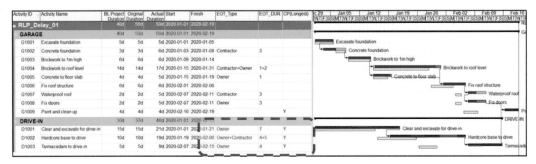

As-Built Longest Path : D1001 – D1002 – D1003 – G1009

## 40d -> 50d

▲ [그림 2-75] Delay No. 1 : Retrospective Longest Path Analysis

| ACTIVITY ID | DELAYS IN AS-BUILT CRITICAL PATH | |
| --- | --- | --- |
| | NONEXECUSABLE & NONCOMPENSABLE | EXECUSABLE & COMPENSABLE |
| D1001 | 0 | 7 |
| D1002 | 5 | 4 |
| D1003 | 0 | 4 |
| G1009 | 0 | 0 |

| | | |
| --- | --- | --- |
| Owner | 7 | Y |
| Owner+Contractor | 4+5 | Y |
| Owner | 7 | Y |

40d → 50d

▲ [ 표 2-5] Delay Result : Retrospective Longest Path Analysis

## | 6 | Collapsed As-Built Analysis

• '~이 아니라면' 방식의 분석 기법이다.

• As-Built Schedule만 사용하여 'As-Built But For'라고도 불린다.

• As-Built Schedule에서 각 관계자들에 의하여 발생하는 지연 사유를 제거하여 해당 지연 이벤트가 발생 하지 않았다면 언제 종료할 수 있었는지에 대한 가정을 가지고 다른 관계자들의 지연 영향을 분석하는 기 법이다.

[Sample] Collapsed As–Built Analysis(BL Duration : 40 d)

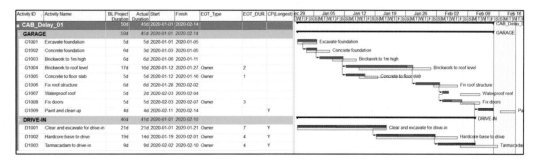

## Duration but for(Without) Contractor's Delay

## Project Delay = Actual Completion – Adjusted Completion
## = 50 – 45 = 5

▲ [그림 2–76] Delay Result 1 : Collapsed As–Built Analysis(Contractor's Dealy)

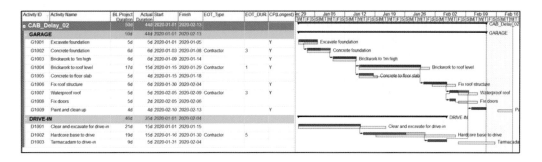

## Duration but for(Without) Owner's Delay

## Project Delay = Actual Completion – Adjusted Completion
## = 50 – 44 = 6

▲ [그림 2–77] Delay Result 2 : Collapsed As–Built Analysis(Owners's Delay)

· Duration but for Contractor's Delay

· Duration but for Owner's Delay §Delay Responsible

  =50－45=5

  =50－44=6

  Delay but for Contractor's Delay

  － Delay but for Owner's Delay

  =5－6=－1

  (1day delay is caused by Owner)

Project Risk Manager를 위한 **Primavera Risk Analysis**

P R I M A V E R A

CONTENTS

# Oracle Primavera Risk Analysis 개요

이 Part에서는 Oracle Primavera Risk Analysis란 무엇이며 무엇을 할 수 있는지, 어떻게 적용할 수 있는지 등을 설명한다. 또한 PMBOK에 근거한 접근 방법에 대해서도 알아본다.

# Oracle Primavera Risk Analysis 개요

Primavera Risk Analysis가 무엇이고, 어떠한 목적을 가지고 있는 Tool인지를 이해할 수 있다.

## PRIMAVERA 01 Oracle Primavera Risk Analysis란?

Oracle Primavera Risk Analysis는 PMBOK에 근거한 방법론을 가지고 있는 포괄적인 리스크 관리 Tool로서 프로젝트의 일정과 비용에 대한 신뢰도 높은 계획을 수립할 수 있다. 리스크에 대한 영향 분석 및 시뮬레이션을 통하여 Broken Logic, Open-end Task, 잠재적 리스크 등을 발견하여 개선 대책을 수립하는 데 도움이 될 수 있는 기능들을 보유하고 있다. 또한 일정, 비용, 자원에 대한 종합적인 리스크 관리 분석 Tool로서 PERT(Program Evaluation and Review Technique), 몬테-카를로 시뮬레이션(Monte-Carlo Simulation), Latin Hypercube Simulation 등의 이론을 적용한 리스크 분석을 수행할 수 있다. 초기 영국의 Pertmaster Ltd.사(社)의 Pertmaster라는 제품으로 출시되어 상용화되다가 Primavera Systems를 거쳐 현재는 Oracle Primavera Risk Analysis라는 제품으로 출시되고 있으며, 현재 최신 버전은 8.7이다.

Oracle Primavera Risk Analysis는 앞에서 이야기했듯이 프로젝트의 리스크를 식별하고, 정성적, 정량적으로 평가하여 해당 리스크로 인한 영향이 얼마나 되는지를 예측함으로써 일정과 비용에 어떤 예방 활동 또는 얼마의 예방 비용을 준비해야 하는지에 대한 내용을 제공하는 Tool이다. 이 Tool을 이용하기 위해서는 리스크 시나리오의 적합성, 즉, 리스크를 예측하기 위해 적용하는 리스크 모델이 타당하면서 현실적이어야 한다.

Oracle Primavera Risk Analysis는 단순하게 프로젝트의 각 활동(Activity)에 기간과 자원의 불확실성(Uncertainty)을 적용하여 프로젝트의 전체 일정과 원가에 미치는 영향을 모델링 할 수 있을 뿐만 아니라, 식별된 리스크(Risk)를 등록하고 등록된 리스크를 정성적(Qualitative)으로 평가하여 관리할 수 있으며, 그 리스크에 대한 완화(Mitigation) 대책을 적용하여 식별된 리스크를 지속적으로 관리할 수 있다. 또한, 프로젝트에 기간과 일정의 불확실성은 물론, 식별된 리스크를 해당 활동(Activity)에 적용시켜 기간, 자원의 불확실성(Uncertainty)과 사건 리스크(Event Risk)에 대한 영향이 해당 프로젝트에 어떻게 영향을 미치는지 확인할 수도 있고, 이 Tool에서는 리스크에 대한 다양한 형태의 분석 결과를 제공한다.

Oracle Primavera Risk Analysis는 주로 일정(Schedule)에 근거한 리스크 관리를 진행하는 Tool이다. 이는 일반적으로 공정관리이론(PERT/CPM)으로 작성된 일정(Schedule)에 활동의 불확실성(Uncertainty)과 사건 리스크(Event Risk)를 적용하여 분석한다는 의미라고 할 수 있다. 따라서, Primavera P6에서 작성된 XER 파일, Microsoft에서 작성된 MP* 파일, Deltek과 UN/CEFACT의 XML 파일을 Import하여 활용할 수도 있고, 직접 Tool에서 Plan을 작성할 수도 있다. 더불어 전 세계적으로 많이 사용되고 있는 Primavera P6와 Microsoft Project의 DB(Data Base)를 직접 연결하여 사용할 수도 있다.

## PRIMAVERA 02 Oracle Primavera Risk Analysis 사용의 장점

Oracle Primavera Risk Analysis는 프로젝트 생애 주기 전반에 걸쳐 리스크를 식별하고, 평가 및 완화하여 관리하는 표준화된 접근 방법을 제공한다. 통합된 리스크 식별 프로세스를 통하여 조직 전체에 리스크에 대한 인식을 확산시킬 수 있고 프로젝트의 잠재적 지연과 비용 초과에 대한 가정을 시각적으로 보여 줄 수 있어 프로젝트 관리의 효율성을 높일 수 있다.

프로젝트 관리에서 중요하게 생각되는 최적의 리스크 완화 대책을 개발하는 데 필요한 선택적인 대응의 비교가 수월하므로 효율적으로 프로젝트를 관리할 수 있고, 이로 인해 프로젝트를 정해진 시간(On-Time)과 한정된 예산(Within Budget) 내에 완료할 수 있는 가능성을 높일 수 있다. 또한 이 과정에서 얻은 리스크 분석에 대한 교훈은 추후 미래에 진행될 새로운 프로젝트에 아주 유용하게 활용할 수 있다.

Oracle Primavera Risk Analysis는 PERT/CPM의 공정관리이론에 근거한 최신 일정 관리 기능을 제공하고 Oracle Enterprise Project Portfolio Management와 통합 관리가 가능하다.

## PRIMAVERA 03 Oracle Primavera Risk Analysis의 사용 고객

### |1| 국내 기업

그 외 중공업, 건설, 조선, 플랜트 분야 다수 고객사에서 Primavera Risk Analysis 도입을 필요로 함.

▲ [그림 3-1] 국내 기업

## |2| 국외 기업

▲ [그림 3-2] 국외 기업

## PRIMAVERA 04 Oracle Primavera Risk Analysis의 방법론

Primavera Risk Analysis의 방법론은 PMI PMBOK의 리스크 관리 프로세스를 기반으로 하며, 기본적으로 일정(Schedule)에 대한 검증(Validation), 리스크 모델 개발(Develop Risk Model), 리스크 분석(Risk Analysis), 결과 검토(Review Results)의 단계로 구성되어 있다.

① **Schedule Validation** : 작성된 일정(Schedule)이 몬테-카를로 시뮬레이션(Monte-Carlo Simulation)을 이용한 리스크 분석에 적합한지 검증하기 위하여 사전 분석(Pre-Analysis Check)를 수행한다.

② **Develop Risk Model** : 검증된 일정(Schedule)의 각 활동(Task)에 대한 기간(Duration)과 자원(Resource)의 불확실성(Uncertainty)만 가지고 리스크 모델을 개발하거나, 사건 리스크(Event Risk)를 적용하여 각 시나리오별로 리스크 모델(Risk Model)을 개발한다.

③ **Run Risk Analysis** : 시나리오별로 반복하여 리스크 분석을 진행한다.

④ **Review Results** : 결과로 나온 그래프(Graph), 민감도 분석(Sensitive Analysis) 등의 자료를 검토(Review)하여 효율적인 리스크 관리(Risk Management)를 수행할 수 있는 대응(Response) 방법을 도출한다. 또한, 결과가 만족스럽지 못할 경우에는 리스크 모델(Risk Model)을 다시 개발하고 리스크 분석(Risk Analysis)을 반복하여 효율적인 리스크 관리를 위한 결과를 도출할 수 있다.

▲ [그림 3-3] PRA에서의 위험 관리 Process

## | 1 | Asta Power Project Risk Module

www.astapowerproject.com

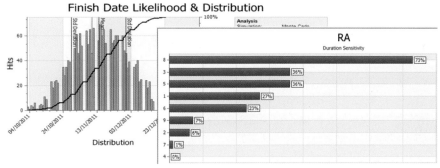

▲ [그림 3-4] Asta Power Project Risk Module

## | 2 | Crystal Ball

www.oracle.com/us/products/applications/crystalball

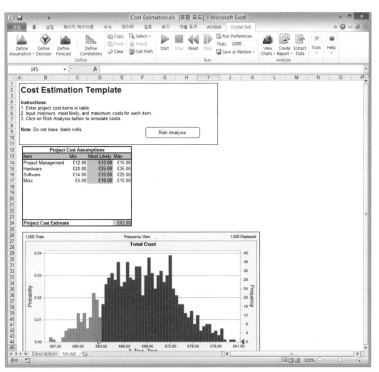

▲ [그림 3-5] Crystal Ball

## | 3 | @ Risk

www.palisade.com/risk

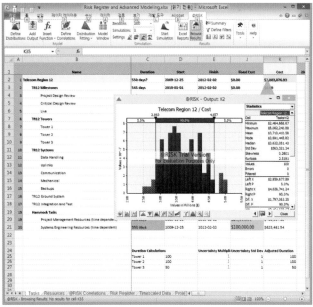

▲ [그림 3-6] @ Risk

## | 4 | 기타

### ● ITEM QRAS (Quantitative Risk Assessment System)

www.itemsoft.com

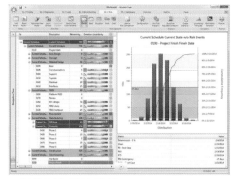

▲ [그림 3-7] ITEM QRAS

### ● Deltek Acumen Risk

www.projectacumen.com

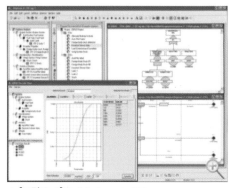

▲ [그림 3-8] Deltek Acumen Risk

- **Enterprise Risk**

www.noweco.com

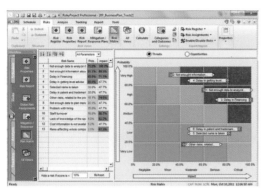

▲ [그림 3-9] Enterprise Risk

- **Risk Project Professional**

www.intaver.com

▲ [그림 3-10] Risk Project Professional

- **Project Risk Analysis 2.1**

www.brothersoft.com

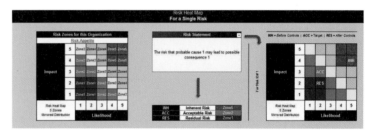

▲ [그림 3-11] Project Risk Analysis 2.1

- **Enterprise Risk Management Tools**

www.managenable.com

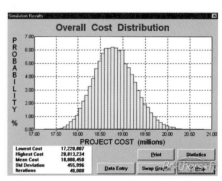

▲ [그림 3-12] Enterprise Risk Management Tools

- ERM : www.ucop.edu/enterprise-risk-management/index.html
- **Risk Managenable® Spreadsheet Software Solutions** : www.managenable.com
- **Enterprise Risk Manager™** : www.noweco.com/riskrege.htm
- **BlueRisk** : www.oxial.com/solutions/bluerisk
- **RiskyProject** : www.intaver.com/riskyprojectprof.html

Project Risk Manager를 위한 **Primavera Risk Analysis**

P
R
I
M
A
V
E
R
A

CONTENTS

# Risk Analysis
# 기본 Interface

이 장에서는 Primavera Risk Analysis를 구성하고 있는 화면, Menu, Icon들에 대하여 간략하게 설명한다. 각 Menu의 하위에 있는 모든 기능들에 대한 간략하지만 명쾌한 설명을 통해 각 항목의 기능 및 역할을 이해하고 Primavera Risk Analysis 활용 능력을 향상시킬 수 있다.

P A R T

4

# Primavera Risk Analysis 실행

Primavera Risk Analysis 실행 방법을 설명한다.

Primavera P6는 Oracle이나 MS-Sql 등과 같은 관계형 데이터베이스 프로그램에 PMDB라고 부르는 데이터베이스를 생성하여 데이터를 저장하고 다른 사용자들과 공유할 수 있는 형태이다. 하지만 Primavera Risk Analysis는 기본적으로 데이터베이스가 아닌 파일을 기반으로 한다. 이 Tool은 사용자가 직접 계획을 작성하거나 P3(.P3), Primavera P6(.XER), Microsoft Project(.MPP, .MPX) 등의 프로그램에서 저장한 프로젝트 파일을 직접 사용할 수 있다. 물론 API를 통하여 Primavera P6가 사용하는 PMDB에 직접 접속하여 사용할 수도 있다.

Primavera Risk Analysis 프로그램을 실행하려면 컴퓨터 바탕화면 좌측 하단에 있는 [시작]을 클릭하고 [모든 프로그램]을 선택하여 사용자의 컴퓨터에 설치되어 있는 모든 프로그램을 활성화한 후, [그림 4-1]과 같이 [Oracle – Primavera Risk Analysis] 폴더의 하위에 있는 [Primavera Risk Analysis] 바로가기를 클릭한다.

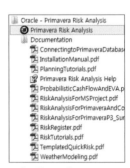

▲ [그림 4-1] Primavera
Risk Analysis 실행

Primavera Risk Analysis 프로그램을 실행하면 [그림 4-2]와 같은 기본 화면이 열린다.

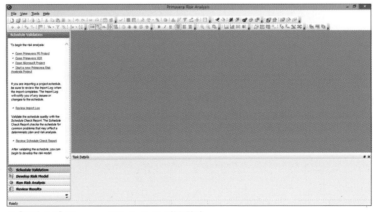

▲ [그림 4-2] Primavera Risk Analysis 기본 화면

# 기본 화면 소개

Primavera Risk Analysis 기본 화면 구성을 알아본다.

Primavera Risk Analysis의 기본 화면은 크게 [그림 4-3]과 같이 크게 네 부분으로 나눌 수 있다. 각 부분은 메뉴와 아이콘들이 있는 부분, 기능별로 구분하여 주요 기능들을 바로 실행할 수 있는 부분. 사용자가 작성하거나 가지고 온 계획을 볼 수 있는 부분, 선택한 Task들의 상세를 보여주는 부분으로 구분할 수 있다. 이번 장에서는 이 화면들을 조금 더 세부적으로 나누어 간략하게 알아보도록 한다.

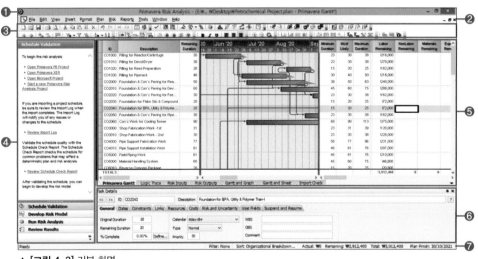

▲ [그림 4-3] 기본 화면

❶ **Title Bar** : 현재 열려있는 플랜이 저장되어 있는 위치를 표시

❷ **Menu Bar** : Primavera Risk Analysis의 각 기능들을 모아 Menu로 표시

❸ **Tool Bar** : Primavera Risk Analysis의 각 기능을 단축 아이콘으로 표시

❹ **Side Bar** : Navigation Pane으로 Primavera Risk Analysis를 이용하여 작성하는 계획부터 결과까지 일련의 과정 중에 자주 사용되는 명령을 표시

❺ **Plan** : 작성하거나 열려있는 프로젝트의 계획을 표시

❻ **Task Detail** : 선택된 Task의 상세 정보를 표시

❼ **Status Bar** : 열려있는 프로젝트 계획에 대한 Filter, Sort, Actual Cost, Remaining Cost, Total Cost, Plan Finish의 내용을 표시

# 메뉴 및 아이콘 소개

Primavera Risk Analysis의 메뉴와 아이콘을 설명한다.

메뉴 및 아이콘은 Primavera Risk Analysis의 모든 기능을 특성별로 분류하여 모아 놓은 것이다. 프로젝트가 열려있지 않은 상태에서는 File, View, Tools, Help 메뉴 및 일부 아이콘만 사용할 수 있고, 프로젝트가 열려 있는 상태에서는 File, Edit, View, Insert, Format, Plan, Risk, Reports, Tools, Window, Help의 11가지 메뉴 항목과 다수의 아이콘을 사용할 수 있다.

## PRIMAVERA 01 메뉴

Primavera Risk Analysis는 11개의 메뉴로 구성되어 있다.

### | 1 | File

▲ [그림 4-4] File 메뉴

❶ **New** : 신규 Project Plan 생성

❷ **Open** : 파일 열기(Ctrl+O)

❸ **Open Recent** : 최근 작업한 .plan 파일 열기

❹ **Close** : 작업 중인 .plan 파일 닫기

❺ **Save** : .plan 파일로 저장하기(Ctrl+S)

❻ **Save As...** : 새로운 .plan 파일로 저장하기

❼ **Primavera** : Primavera P3, P6 파일 열기, 데이터베이스 연결하기, 내보내기 (Expert To '.P3' '.xer')

❽ **Microsoft Project** : MSP 파일 열기, 서버 연결하기, 내보내기(Expert to '.inpp')

❾ **Deltek** : Open Plan, 연결하기

❿ **UN/CEFACT** : UN/CEFACT 형식의 XML 파일 열기 및 내보내기

⓫ **Review Import Log...** : XER 등 파일 가져오기 완료 세부 내용 보기

⓬ **Export...** : XER, MPP, XML, PLNX 파일로 내보내기

⓭ **Print...** : 인쇄하기(Ctrl+P)

⓮ **Print Preview** : 인쇄 미리보기

⓯ **Page Setup...** : 인쇄 페이지 설정

⓰ **Exit** : 프로그램 종료

## | 2 | Edit

▲ [그림 4-5] Edit 메뉴

❶ **Undo** : 되돌리기

❷ **Redo** : 다시 실행

❸ **Cut** : 잘라내기($\boxed{Ctrl}$+$\boxed{X}$)

❹ **Copy** : 복사하기($\boxed{Ctrl}$+$\boxed{C}$)

❺ **Paste** : 붙여넣기($\boxed{Ctrl}$+$\boxed{V}$)

❻ **Fill Down** : 일괄 입력하기

❼ **Delete** : 삭제하기($\boxed{Ctrl}$+$\boxed{D}$)

❽ **Dissove Task** : 선후행 Task를 연결하면서 해당 Task 삭제하기($\boxed{Alt}$+$\boxed{Delete}$)

❾ **Link Tasks...** : Task 연결하기($\boxed{Ctrl}$+$\boxed{L}$)

❿ **Unlink Tasks** : Task 연결 끊기($\boxed{Ctrl}$+$\boxed{U}$)

⓫ **Split Task** : Task 분할하기

⓬ **Rename Task IDs...** : Task ID 수정하기

⓭ **Task** : Task 상세 수정 및 Summary Task 생성 및 제거

⓮ **Bookmarks** : 북마크 설정 및 삭제

⓯ **Find in Columns...** : 지정된 내용 찾기($\boxed{Ctrl}$+$\boxed{F}$)

⓰ **Go to Task...** : Task로 이동하기($\boxed{F5}$)

⓱ **List Pictures and Text Boxes...** : Gantt Chart의 그림 및 글상자 보기

⓲ **Copy Gantt Chart Picture...** : Gantt Chart 저장하기

## | 3 | View

▲ [그림 4-6] View 메뉴

❶ **Workspace** : Workspace 선택 열기 및 저장

❷ **Sheet** : Sheet 삽입, 삭제, 저장, 위치 조정

❸ **View** : View 삽입, 삭제, 저장, 위치 조정

❹ **Recent Views** : 최근 실행한 View 열기

❺ **Logic View Settings...** : Logic View 설정

❻ **Synchronize Timescales** : Timescale 연동 설정

❼ **Filter...** : Filter 생성, 제거, 수정, 적용

❽ **Sort...** : 정렬 조건 생성, 제거, 수정, 적용($\boxed{F4}$)

❾ **Filter Task Predecessors** : 선택된 Task의 선행만 보이기

❿ **Filter Task Successors** : 선택된 Task의 후행만 보이기

⓫ **Sidebar** : Navigation Pane 보이기 설정

⓬ **Task Details** : Task Details 보이기 설정

⓭ **Status Bar** : Status Bar 보이기 설정

⓮ **Toolbars** : Tool Bar 보이기 설정

⓯ **Export View Contents...** : 현재 View의 내용을 CSV나 TXT 파일로 내보내기

## | 4 | Insert

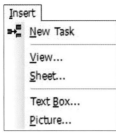

▲ [그림 4-7] Insert 메뉴

❶ **New Task** : 새로운 Task 생성

❷ **View...** : View 추가 삽입

❸ **Sheet...** : Sheet 추가 삽입

❹ **Text Box...** : Gantt Chart에 글상자 삽입

❺ **Picture...** : Gantt Chart에 그림 삽입

## | 5 | Format

▲ [그림 4-8] Format 메뉴

❶ **Timescale...** : Timescale 설정

❷ **Columns...** : Column 설정

❸ **Lines...** : View 화면 가로선 설정

❹ **Gantt Chart...** : Gantt Chart 설정

❺ **Bars...** : Bar 설정

❻ **Custom Task Bars...** : 전체 Task Bar 설정

❼ **Individual Task Styles...** : 개별 Task Bar 설정

❽ **Outline Colors...** : Summary Task 색상 설정

❾ **Resource Graph...** : Resource Graph View 설정

❿ **Resource Sheet...** : Resource Sheet View 설정

⓫ **Graph & Sheet Attributes...** : Resource Graph 및 Sheet 속성 설정

⓬ **Precedence Network Style...** : PERT Network 양식 설정

⓭ **Precedence Network Fonts...** : PERT Network 글꼴 설정

⓮ **Layout Now** : Task 및 연결 관계 변경 시 PERT Network 화면 갱신($\boxed{\text{Shift}}$ + $\boxed{\text{F4}}$)

## | 6 | Plan

▲ [그림 4-9] Plan 메뉴

❶ **Plan Information...** : 작성 또는 불러온 Plan 정보

❷ **Planning Unit...** : 물량의 기간에 대한 계산 단위 설정

❸ **Task User Fields...** : 사용자 정의 필드 설정

❹ **Organize...** : 그룹 설정

❺ **Level Resources...** : Resource Leveling 설정($\boxed{\text{Shift}}$ + $\boxed{\text{F9}}$)

❻ **Save Scenario** : 현재 상태를 Scenario로 저장

❼ **Reset...** : 저장된 Scenario 또는 기준 시점으로 전체 또는 특정 Task의 Plan 되돌리기

❽ **Set Data Date...** : Data Date 설정

❾ **Baseline...** : Baseline 설정

⑩ **Calendars...** : Calendar 생성 및 설정

⑪ **Resources...** : Resource 설정 및 Cost 증가 설정

⑫ **Resource Tree...** : Resource Tree 보기

⑬ **Plan Options...** : 생성한 Plan에 대한 기본 설정

⑭ **Plan Utilities** : Lag, Duration 변경 및 엑셀을 이용한 Cost 입력

## | 7 | Risk

▲ [그림 4-10] Risk 메뉴

❶ **Run Risk Analysis...** : Risk Analysis 실행(F10)

❷ **Risk Analysis Options...** : Risk Analysis 설정

❸ **Test Run...** : Test Risk Analysis 실행

❹ **Register...** : Risk Register 설정

❺ **Build Impacted Risk Plan...** : Register에 등록된 영향에 따른 Risk Plan 생성

❻ **Duration Quick Risk...** : Duration 불확실성 일괄 입력(Shift + F10)

❼ **Templated Quick Risk...** : 불확실성 일괄 입력용 Template 생성

❽ **Resource Quick Risk...** : Resource 불확실성 일괄 입력

❾ **Percentage Lags Quick Risk...** : 고정된 기간의 Lag와 Percent 형식의 Lag 일괄 설정

❿ **Weather Modeling...** : 날씨 관련 불확실성 설정

⓫ **Risk Factors** : Risk Factor 입력, 지정, 저장 및 설정

⓬ **Correlation...** : Task 간의 상관관계 설정

⓭ **Task Sensitivity Settings...** : Task 민감도 설정

⓮ **Risk Percentiles...** : Start, Finish, Duration, Float, Cost에 대한 Risk Percentile 설정

⓯ **Export Risks...** : 입력된 Risk 내용 요약 내보내기

⓰ **Import Risks...** : 입력된 Risk 내용 요약 가져오기

⓱ **Risk Summary...** : 입력된 Risk 내용 요약(F7)

## | 8 | Reports

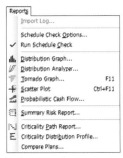

▲ [그림 4-11] Reports 메뉴

❶ **Import Log...** : 외부 파일 가져오기 결과 보고서 보기

❷ **Schedule Check Options...** : Schedule Check 설정

❸ **Run Schedule Check** : Risk Analysis에 영향을 주는 Schedule 문제점 분석

❹ **Distribution Graph...** : Distribution Graph 보기

❺ **Distribution Analyzer...** : Risk 관리 전후 비교 및 Task 사이의 비교 그래프 보기

❻ **Tornado Graph...** : Task의 기간 및 비용 관련 민감도, Critical 확률, 위험성, Schedule 영향력 분석 보고서 보기(F11)

**❼ Scatter Plot** : 산점도 보기(Ctrl+F11)

**❽ Probabilistic Cash Flow...** : Cash Flow 불확실성 분석 보고서 보기

**❾ Summary Risk Report...** : 전체 Risk 요약 보고서 생성

**❿ Criticality Path Report...** : 개별 Task의 선후행 간 위험성 보고서 생성

**⓫ Criticality Distribution Profile** : 전체 Schedule 위험성 분석 보고서 생성

**⓬ Compare Plans...** : Plan 비교 보고서 생성

## | 9 | Tools

▲ [그림 4-12] Tools 메뉴

**❶ Customize...** : Tool Bar, Menu Bar 설정 및 단축키 지정

**❷ Show Custom Data...** : 사용자에 의해 Update된 데이터 저장 내용 보기

**❸ System Options...** : Primavera Risk Analysis 프로그램 관련 설정

## | 10 | Window

▲ [그림 4-13] Window 메뉴

**❶ Cascade** : 열려있는 Plan들을 직렬로 보기

**❷ Tile Horizontally** : 열려있는 Plan들을 가로 형태의 병렬로 보기

**❸ Tile Vertically** : 열려있는 Plan들을 세로 형태의 병렬로 보기

## | 11 | Help

▲ [그림 4-14] Help 메뉴

**❶ Contents...** : Primavera Risk Analysis Help 전체 보기

**❷ Tutorials...** : Primavera Risk Analysis Tutorial 보기

**❸ Open Samples...** : Primavera Risk Analysis 기본 제공 샘플 열기

**❹ Support Logging** : Primavera Risk Analysis 운용 기록 저장

**❺ Support Files** : Primavera Risk Analysis 프로그램 관련 폴더 및 파일 열기

**❻ About...** : Primavera Risk Analysis 프로그램 정보 보기

---

**PRIMAVERA 02  아이콘(Icon)**

Primavera Risk Analysis에서 사용되는 각 기능(Toolbar)의 단축 아이콘을 설명한다.

## | 1 | Standard Toolbar

**❶ New** : 신규 Project Plan 생성

**❷ Open** : 파일 열기

**❸ Save** : .plan 파일로 저장하기

❹ 🖨 **Print** : 인쇄하기

❺ 🔍 **Print Preview** : 인쇄 미리보기

❻ ✂ **Cut** : 잘라내기

❼ 📋 **Copy** : 복사하기

❽ 📋 **Paste** : 붙여넣기

❾ 📥 **Fill Down** : 일괄 입력하기

❿ ✖ **Delete Task** : Task 삭제

⓫ ↩ **Undo** : 되돌리기

⓬ ↪ **Redo** : 다시 실행

⓭ 🔗 **Link Tasks** : Task 연결하기

⓮ 🔗 **Unlink Tasks** : Task 연결 끊기

⓯ 📅 **Calendars** : Calendar 생성 및 설정

⓰ 💲 **Resources** : Resource 설정 및 Cost 증가 설정


## | 2 | Risk Toolbar

❶ ✅ **Run Schedule Check** : Risk Analysis에 영향을 주는 Schedule 문제점 분석

❷ 🗒 **Register** : Risk Register 설정

❸ 🗂 **Build Impact Risk Plan** : Register에 등록된 영향에 따른 Risk Plan 생성

❹ 📊 **Duration Quick Risk** : Duration 불확실성 일괄 입력

❺ 📊 **Templated Quick Risk** : 불확실성 일괄 입력용 Template 생성

❻ 📊 **Correlation** : Task 간의 상관관계 설정

❼ 🔴 **Run Risk Analysis** : Risk Analysis 실행

❽ 📊 **Distribution Graph** : Distribution Graph 보기

❾ 📈 **Distribution Analyzer** : Risk 관리 전후 비교 및 Task 사이의 비교 그래프 보기

❿ 🌪 **Tornado Graph** : Task의 기간 및 비용 관련 민감도, Critical 확률, 위험성, Schedule 영향력 분석 보고서 보기

⓫ 📈 **Probabilistic Cash Flow** : Cash Flow 불확실성 분석 보고서 보기

⓬ ➕ **Scatter Plot** : 산포도 보기

⓭ 📋 **Summary Risk Report** : 전체 Risk 요약 보고서 생성


## | 3 | Primavera Toolbar

❶ 📂 **Open Primavera P6 Project** : Primavera P6 Database에 있는 프로젝트 열기

❷ 📥 **Update Primavera P6 Project** : Risk Analysis 결과를 Primavera P6 Database에 업데이트

❸ 📂 **Open Primavera XER File** : Primavera XER 파일 열기

❹ 💾 **Save as XER P6** : Primavera XER 파일로 저장

⑤ 🖼 **Open Primavera P3 Project** : Primavera P3 파일 열기

⑥ 🖼 **Update Primavera P3 Project** : Risk Analysis 결과를 Primavera P3 파일에 업데이트

⑦ 🖼 **Export to P3 Project** : Primavera P3 파일로 저장

## | 4 | Microsoft Project Toolbar

❶ 🖼 **Open Server Project** : MSP 서버에 있는 프로젝트 열기

❷ 🖼 **Update Server Project** : Risk Analysis 결과를 MSP 서버에 업데이트

❸ 🖼 **Open Project** : MSP 파일 열기

❹ 🖼 **Update Project** : Risk Analysis 결과를 MSP 파일에 업데이트

❺ 🖼 **Export to MPP** : MSP 파일로 저장

## | 5 | Planning Toolbar

❶ 🔲 **Demote Task** : Summary Task 생성

❷ 🔲 **Promote Task** : Summary Task 제거

❸ 🔲 **Expand 1 Level** : 한 단계 확장

❹ 🔲 **Contract to Top Level** : 최고 단계로 접기

❺ 🔲 **Organize** : 그룹 설정

❻ 🔲 **Filter** : Filter 생성, 제거, 수정, 적용

❼ 🔲 **Re-apply Filter** : Filter 재적용

❽ 🔲 **Ignore Filter** : Filter 무시

❾ 🔲 **Define Sort** : 정렬 조건 생성, 제거, 수정, 적용

❿ 🔲 **Apply Sort** : 조건에 맞게 정렬

## | 6 | Gantt Chart Toolbar

❶ 🔲 **Show Risks** : Gantt Chart에 Risk 보이기

❷ 🔲 **Show Links** : Task 사이 연결 관계선 보이기

❸ 🔲 **Show Float** : Gantt Chart에 Float 보이기

❹ 🔲 **Show Downtime** : Gantt Chart에 Downtime 보이기

❺ 🔲 **Show Baselines** : Gantt Chart에 Baseline 보이기

❻ 🔲 **Toggle Bookmark** : Task에 Bookmark 설정

❼ 🔲 **Next Bookmark** : 다음 Bookmark Task로 가기

❽ 🔲 **Previous Bookmark** : 이전 Bookmark Task로 가기

❾ 🔲 **Clear All** : 모든 Bookmark 삭제

❿ 🔲 **Show Only Bookmark Tasks** : Bookmark된 Task만 보이기

## | 7 | Format Toolbar

❶ 🅱 **Bold** : 굵은 글씨체 적용

❷ 𝐼 **Italic** : 기울임 글씨체 적용

❸ 🆄 **Underline** : 밑줄 적용

❹ ▤ **Left Justify** : 좌측 정렬

❺ ▤ **Center Justify** : 중앙 정렬

❻ ▤ **Right Justify** : 우측 정렬

## | 8 | Timescale Toolbar

❶ 🔍 **Zoom In** : Timescale 자세히 보기

❷ 🔍 **Zoom Out** : Timescale 간략히 보기

❸ 🔍 **Synchronize Timescales** : Timescale 맞추기

## | 9 | Resources Toolbar

❶ 📊 **Do Not Accumulate Resources** : 당기 Resource 보기

❷ 📈 **Accumulate Resources** : 누적 Resource 보기

❸ 📊 **Display Resource Units** : Resource 물량 보기

❹ 📊 **Display Resource Costs** : Resource 비용 보기

## | 10 | Logic View Toolbar

❶ 📇 **Track Self** : 선택된 Task의 선후행 관계 자동 찾기

❷ 🖥 **Show Parent** : 선택된 Task의 Group까지 보기

❸ 🔘 **Logic View Settings** : Logic View 설정

## | 11 | PERT Chart Toolbar

❶ 📦 **Box Size** : Task Box 크기 설정

❷ 📦 **Custom Box** : Task Box 설정

❸ 📦 **Layout Now** : Task 및 연결 관계 변경 시 PERT Network 화면 갱신

❹ 📦 **Expand/Contract** : Summary Task 확장/접기

❺ 📦 **Increase Font** : Task Box 글씨체 키우기

❻ 📦 **Reduce Font** : Task Box 글씨체 줄이기

❼ 📦 **Increase Spacing** : Task Box 간격 늘리기

❽ 📦 **Reduce Spacing** : Task Box 간격 줄이기

# Menu, Icon, 단축키의 사용자 정의

Primavera Risk Analysis는 Menu Bar와 Tool Bar에 사용자가 자주 사용하는 메뉴 및 아이콘을 생성하거나 수정하여 쉽게 사용할 수 있고, Side Bar는 자주 사용하는 묶음만 꺼내어 볼 수 있도록 지정할 수도 있다.

## PRIMAVERA 01 Menu Bar 및 Tool Bar의 수정

Menu Bar와 Tool Bar를 사용하기 편리한 위치로 이동시키거나, 자주 사용하는 기능을 새로운 Tool Bar나 Menu Bar에 추가하여 사용할 수 있디. 또한 각 Tool Bar를 화면에 표시할 것인지 표시하지 않을 것인지도 지정할 수 있다.

### |1| Tool Bar Icon의 화면 표시

[그림 4-15]와 같이 각 Tool Bar 끝에 있는 ▾ 아이콘을 클릭하여 [Add or Remove Buttons]를 선택하면 화면에 보이는 아이콘을 수정할 수 있는 Tool Bar들의 종류를 볼 수 있다. [Standard Toolbar]를 선택하고 [Can't Redo]를 선택하면 Can't Redo 메뉴 좌측의 ☑ 표시가 지워지면서 해당 아이콘이 화면상에서 사라진다. 또한 해당 팝업 창의 하단에 있는 [Reset Toolbar]를 클릭하면 Tool Bar의 설정이 초기 상태로 돌아간다.

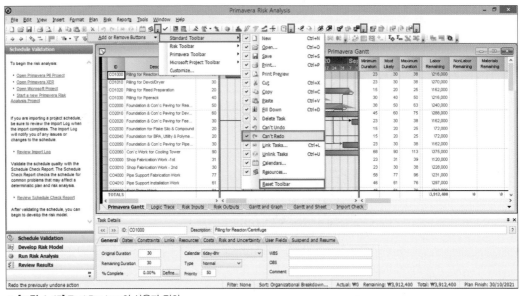

▲ [그림 4-15] Tool Bar Icon의 사용자 정의

## | 2 | Tool Bar의 사용자 정의

[그림 4-16]과 같이 Menu Bar 또는 Tool Bar를 마우스 오른쪽 버튼으로 클릭하여 각 Tool Bar를 화면상에 표시할 것인지 표시하지 않을 것인지 지정할 수 있다. [Standard Toolbar]를 클릭하면 Standard Toolbar 메뉴 좌측의 ☑ 표시가 지워지면서 해당 Tool Bar 전체가 화면상에서 사라진다.

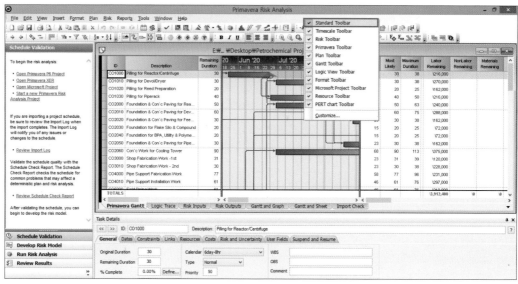

▲ [그림 4-16] Tool Bar의 사용자 정의

## | 3 | 새로운 Tool Bar의 생성

**01** 새로운 Tool Bar를 생성하기 위하여 [그림 4-17]과 같이 Menu Bar 또는 Tool Bar를 마우스 오른쪽 버튼으로 클릭하여 [Customize]를 선택한다. Menu Bar의 [Tools] - [Customize]를 선택하거나, 각 Tool Bar 끝에 있는 █ 아이콘을 클릭하고 [Add or Remove Buttons] - [Customize]를 선택하여도 된다.

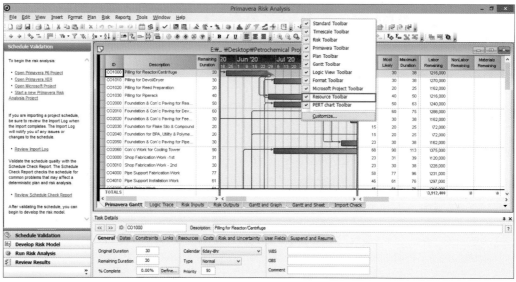

▲ [그림 4-17] Tool Bar의 Customize

02 [Customize] 창에서 [그림 4-18]과 같이 [Toolbars] 탭으로 이동하여 우측의 [New]를 클릭한다. 'SAMPLE'이라는 이름의 새로운 Tool Bar를 생성하면 화면 중간에 비어있는 새로운 Tool Bar가 나타나는 것을 확인할 수 있다.

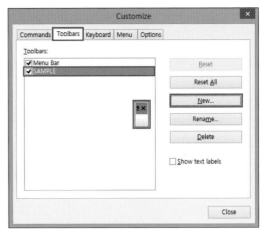

▲ [그림 4-18] SAMPLE Tool Bar 생성

03 [그림 4-19]와 같이 SAMPLE Tool Bar를 Customize 창과 겹치지 않게 이동시킨다. [Customize] 창의 [Commands] 탭으로 이동하여 사용자가 자주 사용하거나 필요한 명령을 선택한 후 SAMPLE Tool Bar로 끌어 놓는다.(여기서는 Save, Open, Cut, Delete 명령을 선택하였다.) 새로 생성한 Tool Bar뿐만 아니라 기존의 Tool Bar에도 명령들을 끌어 놓아 추가할 수 있다.

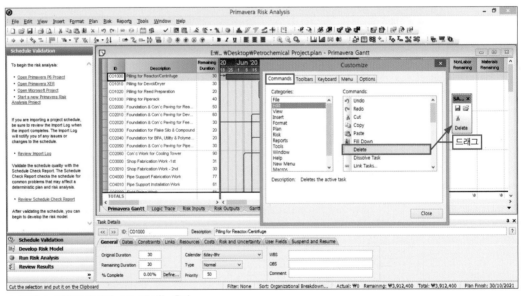

▲ [그림 4-19] SAMPLE Tool Bar에 기능 추가

04 사용자 정의를 마친 SAMPLE Tool Bar를 [그림 4-20]과 같이 Tool Bar들이 있는 화면 상단으로 끌어 이동시킨다.

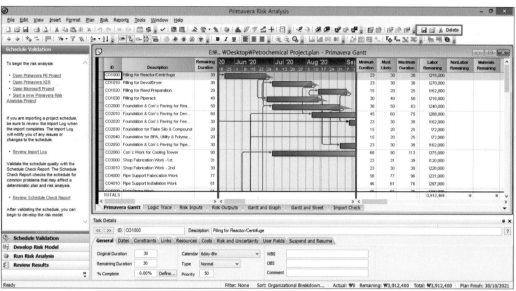

▲ [그림 4-20] SAMPLE Tool Bar의 이동

05 Menu Bar의 [Tools] - [Customize]를 선택하여 Customize 창을 연다.

06 Customize 창이 열려있는 상태에서 SAMPLE Tool Bar에 추가한 [Delete] 아이콘을 마우스 오른쪽 버튼으로 클릭하고 [그림 4-21]과 같이 [Image]를 선택한다.

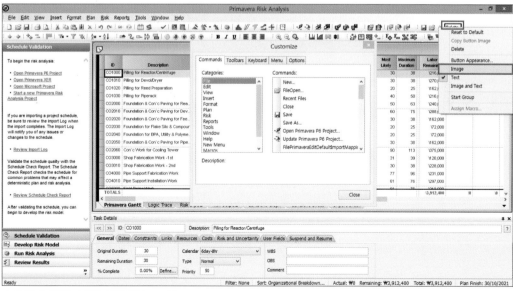

▲ [그림 4-21] Text 형태 아이콘의 Image화

**07** [그림 4-22]와 같이 [Button Appearance] 창에서 [Image only]를 선택하고 Delete 명령의 아이콘으로 쓰기에 적당한 그림을 선택한다. 원하는 그림이 없을 경우 [New]를 클릭한다.

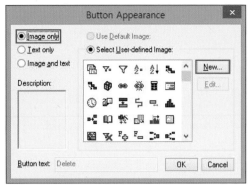

▲ **[그림 4-22]** Button Appearance의 Image 선택

**08** [Edit Button Image] 창에서 [그림 4-23]과 같이 아이콘 그림을 생성 및 편집할 수 있다.

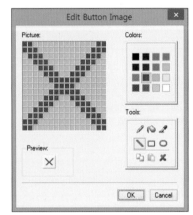

▲ **[그림 4-23]** Edit Button Image

**09** 아이콘 그림을 편집하여 적용하면 [그림 4-24]와 같이 Text 형태의 명령이 그림 아이콘으로 바뀐다.

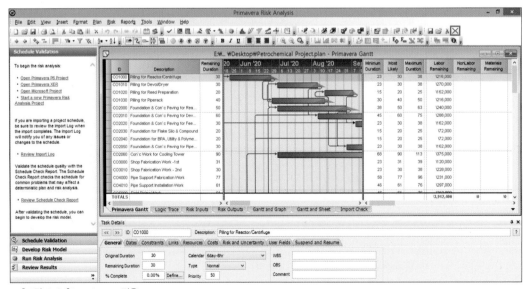

▲ **[그림 4-24]** Icon Image 적용

## |4| Start Group 설정

01 Menu Bar의 [Tools] - [Customize]를 클릭하여 Customize 창을 연 상태에서 [그림 4-25]와 같이 Menu Bar 또는 Tool Bar의 아이콘들 중 하나를 마우스 오른쪽 버튼으로 클릭하고 [Start Group]을 선택한다.

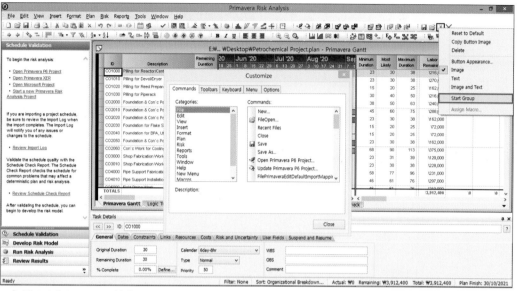

▲ [그림 4-25] Start Group 설정

02 텍스트 또는 이미지 형태의 아이콘들을 해당 Bar 내에서 [그림 4-26]과 같이 그룹 형태로 표시할 수 있다.

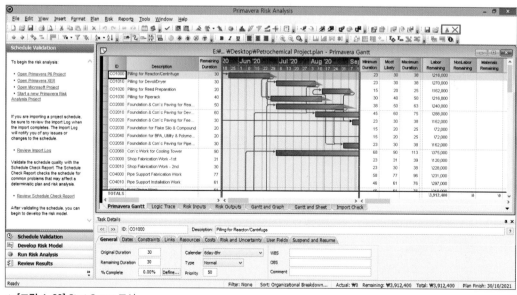

▲ [그림 4-26] Start Group 표시

## |5| Menu Bar 수정

Menu Bar를 새로 만드는 방법은 앞서 설명한 Tool Bar를 새로 만들어 명령을 추가하는 방법과 거의 동일하다.

**01** Menu Bar의 [Tools] - [Customize]를 클릭하여 Customize 창을 연다.

**02** [그림 4-27]과 같이 [Customize] 창의 [Commands] 탭에서 Categories의 [Risk]를 선택한 후 Commands의 [Run Risk Analysis]를 선택하여 Menu Bar로 드래그한다.

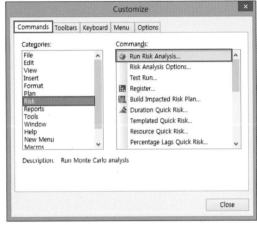

▲ **[그림 4-27]** Menu Bar Customize Command

**03** Menu Bar의 맨 뒤에 주사위 모양 아이콘이 추가된다. Customize 창이 열려있는 상태에서 [그림 4-28]과 같이 Menu Bar에 추가된 주사위 모양 아이콘을 마우스 오른쪽 버튼으로 클릭하고 [Image and Text]를 선택한다. [그림 4-29]와 같이 아이콘에 이미지와 텍스트가 함께 표기되어 Run Risk Analysis 명령임을 쉽게 알아볼 수 있다.

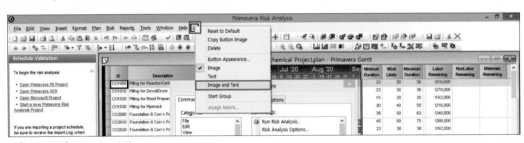

▲ **[그림 4-28]** Menu Bar 수정

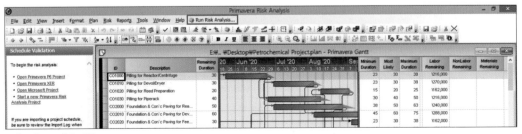

▲ **[그림 4-29]** 수정된 Menu Bar

Primavera Risk Analysis 화면의 좌측을 구성하고 있는 Side Bar는 Navigation Pane이라고도 하며 Plan을 분석하는 일련의 Step을 설명하는 화면이다.

## |1| Side Bar 보기 설정

Menu Bar의 [View] – [Sidebar]를 클릭하면 [그림 4-30]과 같이 화면 좌측에 보이는 Navigation Pane을 보이거나 숨기도록 설정할 수 있다.

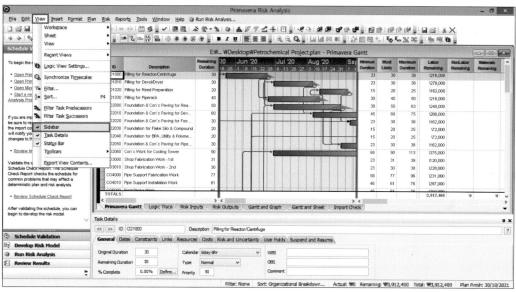

▲ [그림 4-30] Side Bar 보기 설정

## |2| Navigation Pane 설정

**01** Side Bar 하단 우측에 있는 아이콘을 클릭하여 [그림 4-31]과 같이 [Show Fewer Buttons]를 선택하면 [그림 4-32]와 같이 가장 하단의 Navigation Pane 목록이 아이콘 형태로 변경된다. 반대로 [Show More Buttons]를 선택하면 아이콘 형태로 변경된 목록이 다시 Navigation Pane에 목록 형태로 변경된다.

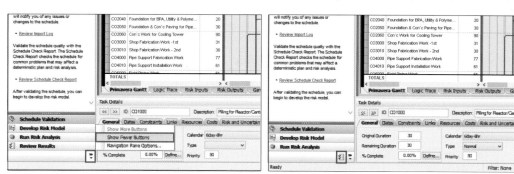

▲ [그림 4-31] Navigation Pane 목록 줄이기      ▲ [그림 4-32] Navigation Pane 목록의 아이콘화

02 [그림 4-33]과 같이 [Navigation Pane Options]를 선택하면 [그림 4-34]와 같이 Navigation Pane에 나타낼 목록 및 목록의 순서를 지정할 수 있다.

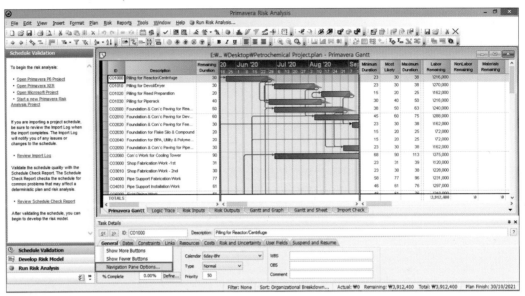

▲ [그림 4-33] Navigation Pane Option

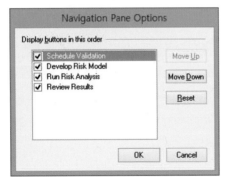

▲ [그림 4-34] Navigation Pane 설정

03 단축키 설정

Primavera Risk Analysis는 Primavera P6와는 달리 각 기능들에 사용자가 단축키를 지정하여 사용할 수 있는 편의 기능을 제공한다.

## |1| 단축키 설정

**01** Menu Bar의 [Tools] - [Customize]를 클릭하여 Customize 창을 열고 [그림 4-35]와 같이 [Keyboard] 탭을 선택한다.

▲ [그림 4-35] Customize의 Keyboard

**02** [그림 4-36]과 같이 Category는 [File]을, Commands는 [Close]를 선택하고 Press New Shortcut Key에 마우스 커서를 놓은 후 키보드에서 F10을 누르면 하단의 Assigned to에 'Run Risk Analysis...'라는 메시지가 나타난다. 이는 [Close]에 할당하려고 한 F10이라는 단축키가 이미 Run Risk Analysis에 할당되어 있으니 다른 단축키를 설정하라는 의미이다.

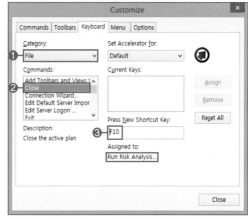

▲ [그림 4-36] 중복되는 단축키

**03** Press New Shortcut Key에 마우스 커서를 놓은 후 키보드에서 Ctrl+W를 눌러 새로운 단축키를 설정하고 [Assign] 버튼을 클릭하면 [그림 4-37]과 같이 단축키가 Current Keys에 지정된다.

**04** 설정한 Ctrl+W를 누르면 현재 열려있는 Plan 화면이 닫히는 것을 확인할 수 있다.

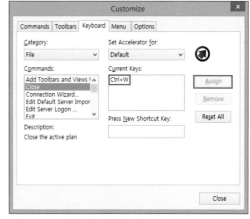

▲ [그림 4-37] 새로운 단축키 설정

Project Risk Manager를 위한 **Primavera Risk Analysis**

P
R
I
M
A
V
E
R
A

CONTENTS

# Primavera Risk Analysis
## 화면의 이해

이 장에서는 Primavera Risk Analysis의 기본 화면 구성과 주요 화면인 Workspace, Sheet, View 화면을 각각 설명한다.

Chapter

p r i m a v e r a

# 기본 화면 구성

Primavera Risk Analysis의 기본 화면 구성을 설명하고 Workspace, Sheet, View 화면을 살펴본다.

---

### PRIMA VERA 01  Primavera Risk Analysis 기본 화면

Primavera Risk Analysis의 화면은 [그림 5-1]과 같이 크게 Workspace, Side Bar, Task Details로 나뉘고, 상단과 하단에 Tool Bar와 Status Bar가 위치하고 있다. 이 중 사용자가 작업을 하는 공간을 Workspace라고 하는데, 이 Workspace는 [그림 5-2]와 같이 Sheet와 View라는 부분으로 나뉘어 Primavera Risk Analysis의 작업 공간을 구성하고 있다. Workspace, Sheet, View는 사용자에 필요에 맞게 각각 수정한 후 저장하여 사용할 수 있다.

### |1| 기본 화면

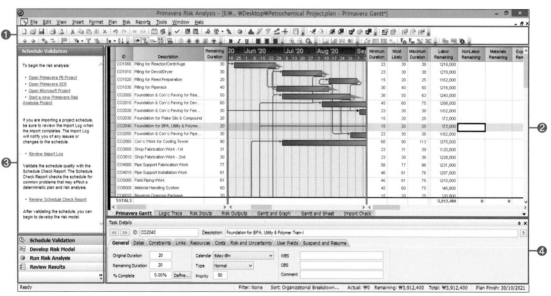

▲ [그림 5-1] Primavera Risk Analysis 기본 화면

❶ **Tool Bar** : Primavera Risk Analysis의 기능을 Icon으로 표시한 그룹별 모임

❷ **Workspace** : Primavera Risk Analysis의 직접적인 작업 공간

❸ **Side Bar** : Navigation Pane이라고도 하며, Primavera Risk Analysis를 이용한 작업 과정을 4가지로 분류

하고 각 과정별로 자주 사용되는 기능을 모아 놓은 화면

❹ **Task Details** : Workspace에서 선택된 Task에 대한 기본 정보 및 Task별 Risk 적용 설정 화면

## | 2 | Workspace

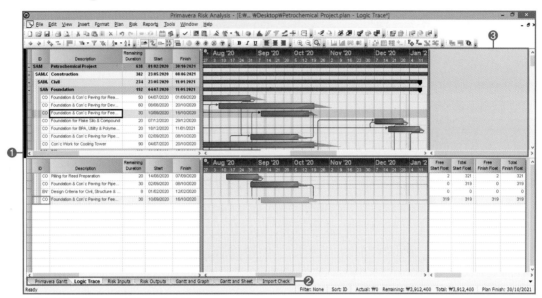

▲ **[그림 5-2]** Primavera Risk Analysis Workspace

❶ **Workspace** : Primavera Risk Analysis의 작업 공간으로, 각 Plan은 1개 이상의 Sheet로 구성되고 무제한 으로 Sheet를 만들 수 있다.

❷ **Sheet** : Primavera Risk Analysis에서 작성 또는 불러온 Plan의 각 정보를 표시하는 공간으로 최대 5개의 View를 동시에 표시할 수 있다.

❸ **View** : Plan의 세부 정보 및 실질적인 작업을 하는 공간으로, 크게 Gantt Chart, Resource Graph, Resource Sheet, PERT Network를 Sheet에 지정할 수 있다.

note

Workspace는 Sheet의 모임으로 구성되고, 각 Sheet는 최대 5개의 View로 이루어진다.

## | 3 | Task Details

● **General**

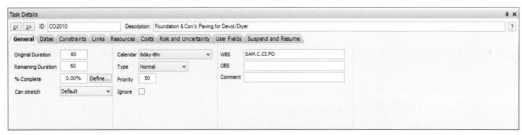

▲ **[그림 5-3]** Task Details – General

- **Original Duration** : 선택된 Task의 Original Duration

- **Remaining Duration** : 선택된 Task의 Remaining Duration

- **% Complete** : 선택된 Task의 완료율로, Task의 종류별로 완료율의 계산 방식 설정

- **Can Stretch** : Task의 시작일을 고정시켜 지연되지 않도록 설정

- **Calendar** : 선택된 Task에 지정된 Calendar

- **Type** : 선택된 Task의 형식으로, Normal, Start/Finish Milestone, Monitor, Hammock 중 지정 가능

- **Priority** : 1~100의 값으로 Resource Levelling 시의 우선순위 설정

- **Ignore** : Risk 분석 시 해당 Task 제외

- **WBS** : 선택된 Task가 위치한 WBS

- **OBS** : 선택된 Task에 지정된 OBS

- **Comment** : 선택된 Task에 대한 설명


● **Dates**

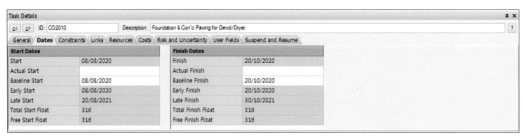

▲ [그림 5-4] Task Details - Dates

- **Start/Finish** : 시작일/종료일

- **Actual Start/Finish** : 실제 시작일/종료일

- **Baseline Start/Finish** : Baseline 시작일/종료일

- **Early Start/Finish** : 빠른 시작일/종료일

- **Late Start/Finish** : 늦은 시작일/종료일

- **Total Start/Finish Float** : 총 Start/Finish 여유시간

- **Free Start/Finish Float** : 총 Start/Finish 자유 여유시간


● **Constraints**

▲ [그림 5-5] Task Details - Constraints

- **Constraint** : Constraint 종류 설정
- **Constraint Date** : Constraint 날짜 설정
- **Temporary Nudge Date** : Task를 Early Start보다 늦게 시작하도록 설정
- **Always Critical** : 해당 Task의 Total Float을 0으로 설정

● **Links**

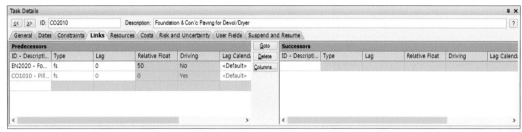

▲ **[그림 5-6]** Task Details – Links

- **Predecessors** : 선행 Task
- **Successors** : 후행 Task
- **Type** : 연결 관계 형식
- **Lag** : 지연시간
- **Relative Float** : 다른 Task에 의해 일정에 영향을 받지 않는 여유시간
- **Driving** : 해당 Task의 일정에 영향을 미치는 선행 또는 후행 Task
- **Lag Calendar** : 해당 연결 관계의 지연시간에 사용할 Calendar 설정
- **Link Category** : 연결 관계 범주 설정
- **Ignore Link** : 개별 연결 관계 무시

● **Resources**

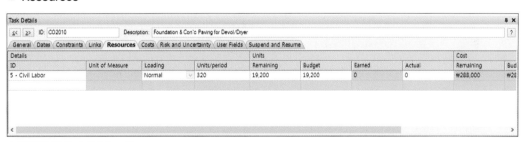

▲ **[그림 5-7]** Task Details – Resources

- **Unit of Measure** : 측정 단위
- **Loading** : Resource 분배 방식 설정
- **Units/Period** : 단위 기간 당 투입 물량 설정

● Costs

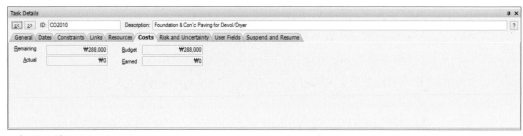

▲ [그림 5-8] Task Details - Costs

- Remaining : 잔여 비용
- Budget : 예산 비용
- Actual : 투입 비용
- Earned : 완료 비용

● Risk and Uncertainty - Duration Uncertainty

▲ [그림 5-9] Task Details - Risk and Uncertainty - Duration Uncertainty

- Risk On : 해당 리스크 사용 여부 설정
- Distribution : 분포도 설정
- Minimum : 최솟값
- Most Likely : 일반값
- Maximum : 최댓값

● Risk and Uncertainty - Existence Risk

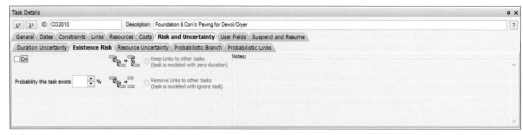

▲ [그림 5-10] Task Details - Risk and Uncertainty - Existence Risk

- Risk On : 해당 리스크 사용 여부

- Probability this task exists : 해당 Task의 존재 가능성

- Keep Links to other tasks : 해당 Task의 존재 가능성이 0으로 설정되거나 0이 될 경우 선행과 후행 Task 사이의 연결 관계 유지

- Remove Links to other tasks : 해당 Task의 존재 가능성이 0으로 설정되거나 0이 될 경우 선행과 후행 Task 사이의 연결 관계 제거

● Risk and Uncertainty – Resource Uncertainty

▲ [그림 5-11] Task Details – Risk and Uncertainty – Resource Uncertainty

- Risk On : 해당 리스크 사용 여부 설정

- Distribution : 분포도 설정

- Minimum : 최솟값

- Most Likely : 일반값

- Maximum : 최댓값

● Risk and Uncertainty – Probabilistic Branch

▲ [그림 5-12] Task Details – Risk and Uncertainty – Probabilistic Branch

- Risk On : 해당 리스크 사용 여부 설정

- Succeeding Tasks : 후행 Task 정보

- Probability : 발생 가능성

● Risk and Uncertainty – Probabilistic Links

▲ [그림 5-13] Task Details – Risk and Uncertainty – Probabilistic Links

- Risk On : 해당 리스크 사용 여부 설정
- Preceding Tasks : 선행 Task 정보
- Probability : 발생 가능성

● **User Fields – Dates**

▲ **[그림 5-14]** Task Details – User Fields – Dates

- 사용자가 임의의 Field를 추가하여 날짜 데이터를 직접 입력 또는 자동 입력
- P50 Start/Finish : 50% 확률로 달성할 수 있는 Start/Finish 날짜
- P80 Start/Finish : 80% 확률로 달성할 수 있는 Start/Finish 날짜
- Imported Early Start/Finish : 불러온 Plan의 빠른 Start/Finish 날짜
- Imported Late Start/Finish : 불러온 Plan의 늦은 Start/Finish 날짜

● **User Fields – Durations**

▲ **[그림 5-15]** Task Details – User Fields – Durations

- 사용자가 임의의 Field를 추가하여 기간 데이터를 직접 입력 또는 자동 입력

● **User Fields – Costs**

▲ **[그림 5-16]** Task Details – User Fields – Costs

- 사용자가 임의의 Field를 추가하여 비용 데이터를 직접 입력 또는 자동 입력
- P50 Cost : 50% 확률로 달성할 수 있는 Cost
- P80 Cost : 80% 확률로 달성할 수 있는 Cost

● User Fields – Numbers

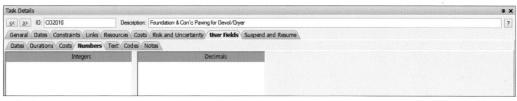

▲ [그림 5-17] Task Details – User Fields – Numbers

- 사용자가 임의의 Field를 추가하여 숫자 데이터를 직접 입력 또는 자동 입력

● User Fields – Text

▲ [그림 5-18] Task Details – User Fields – Text

- 사용자가 임의의 Field를 추가하여 Text 데이터를 직접 입력 또는 자동 입력
- **Primavera P6 Task Type** : Primavera P6 상의 Activity Type 정보
- **Primavera P6 external successors** : Primavera P6 상의 External Successors 정보
- **Primavera P6 external Predecessors** : Primavera P6 상의 External Predecessors 정보

● User Fields – Codes

▲ [그림 5-19] Task Details – User Fields – Codes

- 사용자가 임의의 Field를 추가하여 코드 데이터를 직접 입력 또는 자동 입력
- **Primavera P6 Project ID** : 해당 Plan의 Primavera P6 상의 Project ID
- **협력업체, 공종** : Primavera P6에서 적용된 Activity Code

● User Fields – Notes

▲ [그림 5-20] Task Details – User Fields – Notes

- 사용자가 임의의 Field를 추가하여 Note 데이터를 직접 입력 또는 자동 입력

● **Suspend and Resume – Dates**

▲ **[그림 5-21]** Task Details – Suspend and Resume – Dates

- **Suspend Date** : Task 진행이 중단된 날짜
- **Resume Date** : Task 진행이 재개된 날짜


● **Suspend and Resume – Leveling Options**

▲ **[그림 5-22]** Task Details – Suspend and Resume – Leveling Options

- **This task must NEVER be suspended** : Resource Leveling에 의해서 Task의 진행이 중단되지 않음
- **This task can be suspended using the default settings** : Level Resources에서 정의된 Task Suspending 설정에 따라 Task의 진행이 중단될 수 있음
- **This task can be suspended using the following settings** : 아래의 설정에 따라 Task의 진행이 중단될 수 있음
- **Maximum number of suspends** : Resource Leveling에 의해 Task의 진행이 중단될 수 있는 최대 횟수
- **Minimum duration for each work period** : Task의 시작 또는 진행 중단과 다음 재개 사이의 최소 기간
- **Maximum duration for each non-work period** : Task의 진행 중단과 재개 사이의 최대 기간


PRIMA VERA **02** 기본 Sheet의 종류

Sheet는 View를 담는 공간으로 최대 5개의 View를 하나의 Sheet에 지정하여 사용할 수 있다. 사용자가 정의한 Sheet는 User Folder 또는 Shared Folder에 저장하여 추후에 불러올 수 있다.

## | 1 | Capex cost breakdown

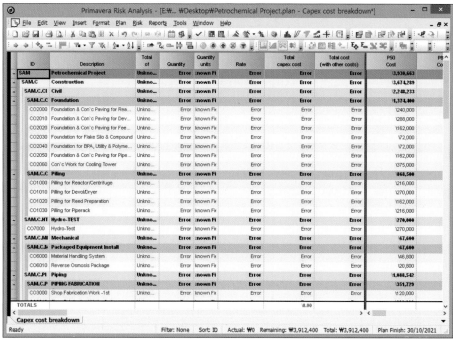

▲ [그림 5-23] Sheet - Capex cost breakdown

## | 2 | Gantt and Graph

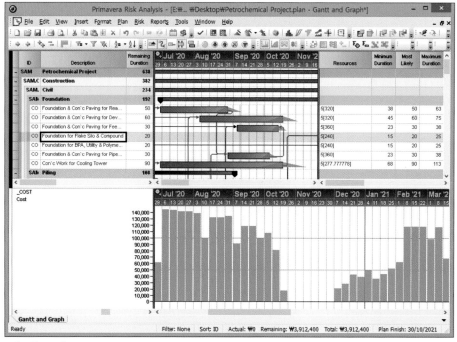

▲ [그림 5-24] Sheet - Gantt and Graph

## | 3 | Gantt and Sheet

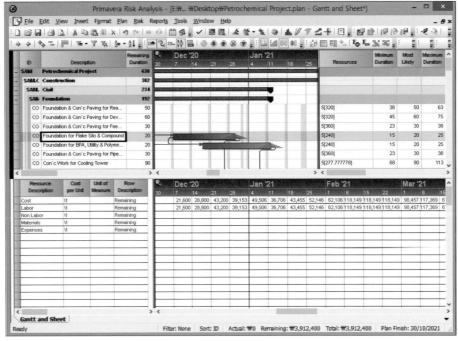

▲ [그림 5-25] Sheet – Gantt and Sheet

## | 4 | Gantt Chart

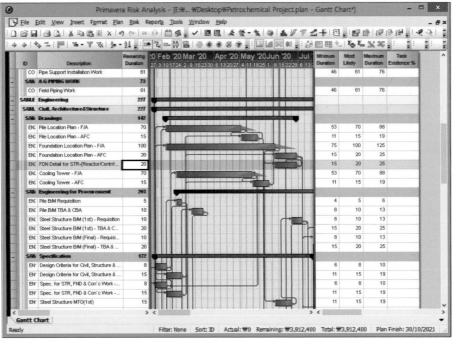

▲ [그림 5-26] Sheet – Gantt Chart

## | 5 | Import Check

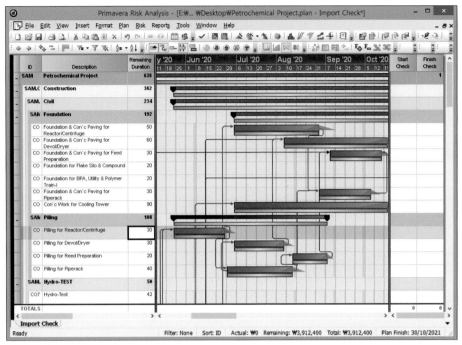

▲ [그림 5-27] Sheet – Import Check


## | 6 | Logic Trace(Gantt)

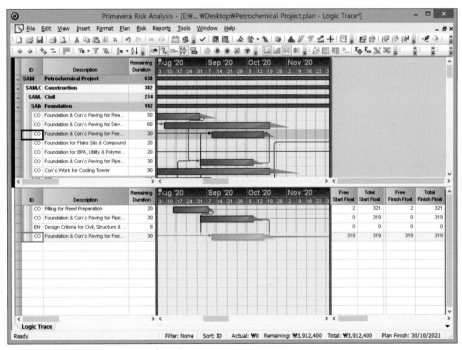

▲ [그림 5-28] Sheet – Logic Trace(Gantt)

## | 7 | Logic Trace(Precedence)

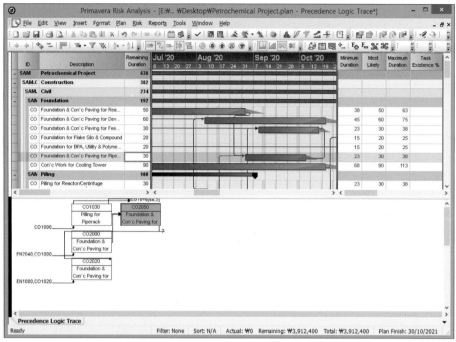

▲ [그림 5-29] Sheet – Logic Trace(Precedence)

## | 8 | MSP Import Check

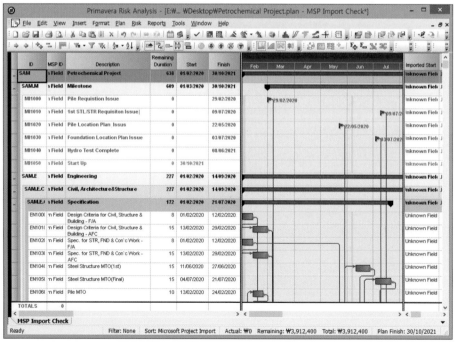

▲ [그림 5-30] Sheet – MSP Import Check

## | 9 | Pert Network

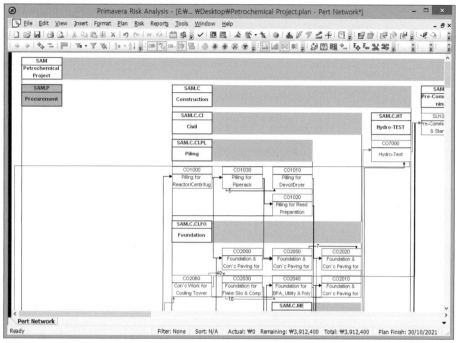

▲ [그림 5-31] Sheet – Pert Network

## | 10 | Primavera Gantt

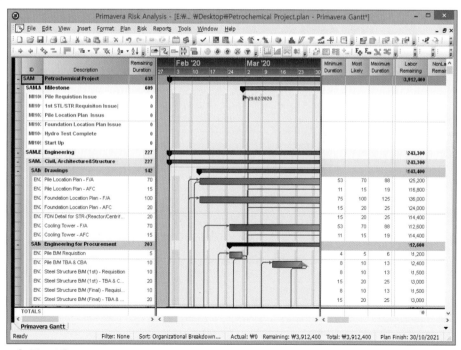

▲ [그림 5-32] Sheet – Primavera Gantt

## | 11 | Risk Factors

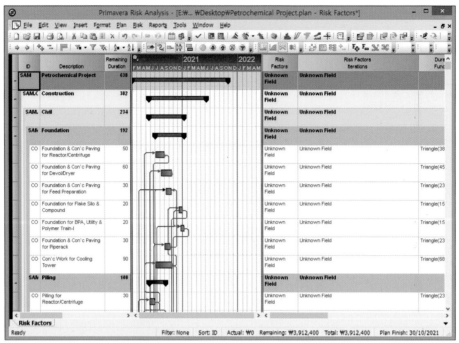

▲ [그림 5-33] Sheet – Risk Factors

## | 12 | Risk Inputs

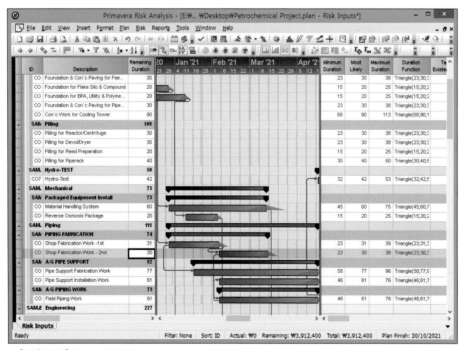

▲ [그림 5-34] Sheet – Risk Inputs

## | 13 | Risk Outputs

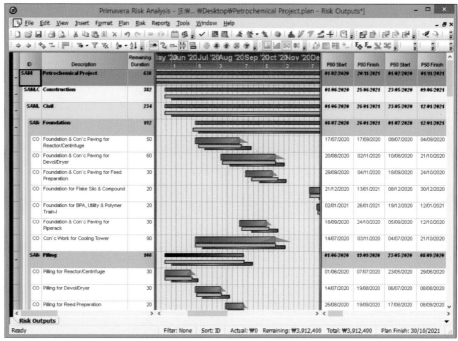

▲ [그림 5-35] Sheet – Risk Outputs

## | 14 | Schedule Check

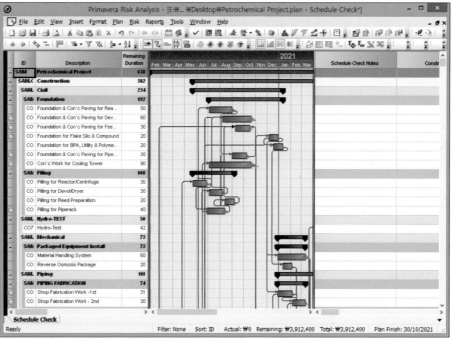

▲ [그림 5-36] Sheet – Schedule Check

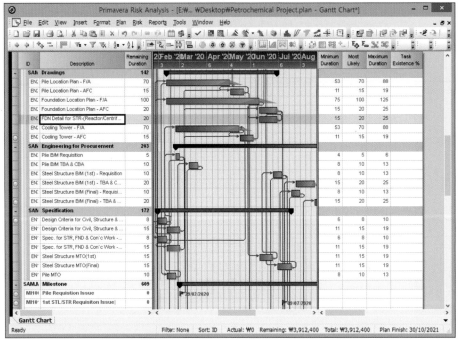

▲ [그림 5-37] Sheet – Standard

**03**  기본 View의 종류

View는 Primavera Risk Analysis에서 도출된 정보들을 직접 보거나 작업하는 공간으로, 각 기본 View별로
사용자가 정의하여 User Folder 또는 Shared Folder에 저장해 놓고 나중에 불러올 수 있다.

## | 1 | Gantt Chart : Deterministic Actual v Baseline

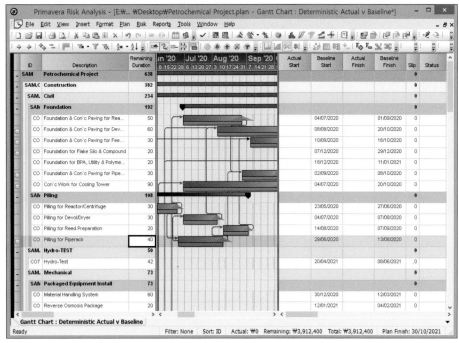

▲ [그림 5-38] View – Gantt Chart : Deterministic Actual v Baseline

## | 2 | Gantt Chart : Deterministic Dates

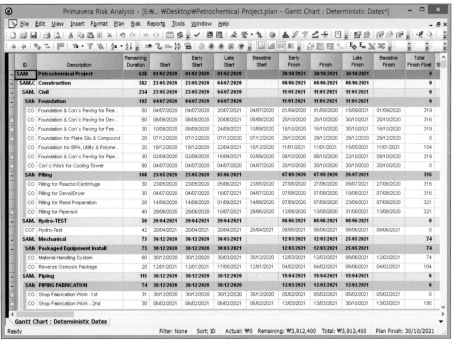

▲ [그림 5-39] View – Gantt Chart : Deterministic Dates

## | 3 | Gantt Chart : EVA

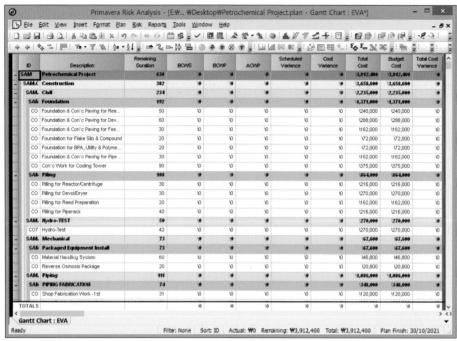

▲ [그림 5-40] View – Gantt Chart : EVA

## | 4 | Gantt Chart : P50 – P80 Markers

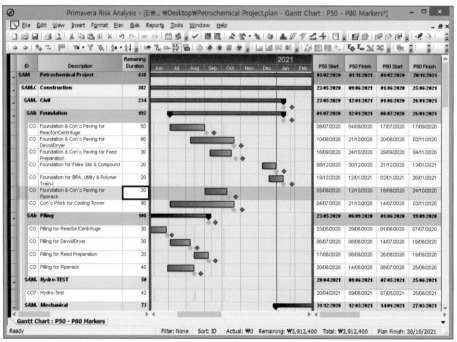

▲ [그림 5-41] View – Gantt Chart : P50 – P80 Markers

## | 5 | Gantt Chart : Standard

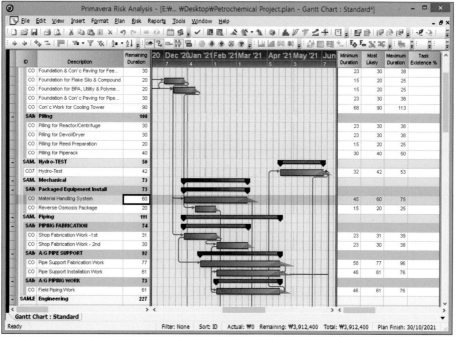

▲ **[그림 5-42]** View – Gantt Chart : Standard

## | 6 | Pert Network : Standard

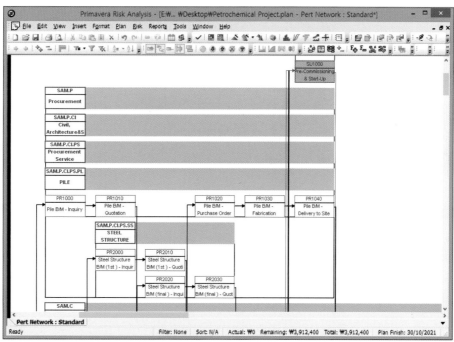

▲ **[그림 5-43]** View – Pert Network : Standard

## | 7 | Resource Graph : Standard

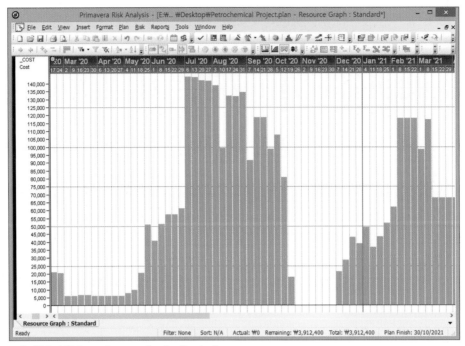

▲ [그림 5-44] View − Resource Graph : Standard

## | 8 | Resource Sheet : Standard

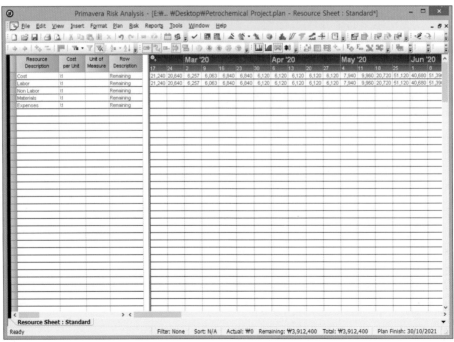

▲ [그림 5-45] View − Resource Sheet : Standard

사람들은 위기에 대하여 두려워하는 경향이 있다.
스트레스를 받고 있는 관리자들은 본인들이 갑작스런 위기의 희생자라 생각하며,
많은 경우 위기에 대한 인식은 갑자기 하게 된다. 그러나 달리 볼 때,
갑작스런 위기를 인식하였다는 것은 관리자의 위기 관리 능력이 그만큼 낮다는 것을 의미한다.
만일, 사전에 충분히 관리되고 있었다면, 관리자들은 실망스러워 할지는 모르지만
결코 갑자기 놀라는 일은 발생하지 않을 것이다.
잘 진행되고 있다는 환상의 끝을 위기의 시작으로 착각하지 말자.

Weinberg

Project Risk Manager를 위한 **Primavera Risk Analysis**

P
R
I
M
A
V
E
R
A

# CONTENTS

# Primavera Risk Analysis Option 및 기본 기능

이 장에서는 Primavera Risk Analysis 활용을 위한 Option 및 기본 주요 기능을 설명한다.

# PART 6

# Primavera Risk Analysis의 주요 Options

Primavera Risk Analysis의 주요 Options 기능에 대하여 이해할 수 있다.

 **01** Primavera Risk Analysis Plan Options

Primavera Risk Analysis Plan Options는 GUI(Graphic User Interface)를 조정하는 중요한 기능을 가지고 있는 곳으로 Plan Menu의 Plan Options를 선택하여 활성화할 수 있고, Date, Time, Currency, Preference, Default Task, Schedule에 대한 설정을 한다.

▲ [그림 6-1] Plan Options 실행    ▲ [그림 6-2] Plan Options 화면

## | 1 | Date

사용자가 Primavera Risk Analysis의 모든 화면의 날짜 형식을 설정할 수 있다.

### ● Date Format

날짜 형식은 Tool이 제공하는 15가지 설정 중에서 Drop Down 형태로 선택한다. Time은 시간에 대한 설정으로 보지 않거나, 12h, 24h 형태로 설정할 수 있다. 체크 박스를 이용하여 제약 조건(Constraints)이 있는 날짜에 "*" 표시를 하거나, Actual Date가 입력된 경우 "A"를 표시할 수 있다.

### ● Plan Timescales Defaults

Plan Start Week로 시작하는 Week의 번호를 설정할 수 있고, Week Start Date로 한 주(Week)의 시작 요일을

설정할 수도 있다. 또한, Fiscal Calender Start Month를 이용하여 회계 기준 월(Month)을 설정할 수도 있다.

● **Date Text**

월(Month)의 표기와 해당 주(Week)의 표기를 변경하여 사용할 수 있다.

● **Use as default for all new plans**

Use as default for all new plans의 체크 박스에 체크함으로써 Date 설정 기준을 표준화하여 사용할 수 있다.

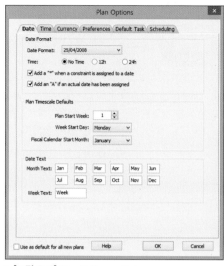

▲ [그림 6-3] Plan Options – Date

## | 2 | Time

Primavera Risk Analysis의 시간 및 기간에 대한 내용을 설정한다.

● **Duration Format**

기간을 표현하는 형식을 시간(Hours), 일(Days), 주(Weeks)로 설정할 수 있다. Sub Unit을 보이게 하거나 단위를 보이게 할 수 있다. 또한 소수점(Decimal)은 2자리까지 설정 가능하다.

● **Time Periods**

하루의 총 시간(Max 24h)을 설정할 수 있고, 한 주(Week)의 총 가용일(Max 7일)도 설정할 수 있다. 또한 각 Plan에 설정되어 있는 달력(Calender)의 Time Period를 적용할 수 있도록 설정이 가능하다.

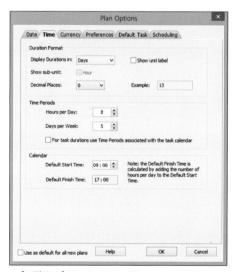

▲ [그림 6-4] Plan Options – Time

● **Calender**

하루 시작하는 시간을 지정하면 Time Periods에서 설정된 하루의 총 시간에 의해 종료 시간이 자동으로 설정된다.

● **Use as default for all new plans**

Use as default for all new plans의 체크 박스를 이용하여 Time 설정 기준을 표준화하여 다른 Plan에서도 사용할 수 있다.

## | 3 | Currency

사용자가 Primavera Risk Analysis의 통화(Currency)를 설정할 수 있다.

### ● Currency

통화 기호(Currency symbol)를 숫자의 앞이나 뒤, 어디에 표시할 것인지 설정한다. 소수점(Decimal symbol)과 천 단위(Thousands Separator)의 구분 표시자 및 소수점의 단위를 설정할 수 있다. 이때 소수점은 6자리까지 설정할 수 있다.

### ● Use as default for all new plans

Use as default for all new plans의 체크 박스를 이용하여 Currency 설정 기순을 표순화하여 다른 Plan에서도 사용할 수 있다.

▲ [그림 6-5] Plan Options - Currency

## | 4 | Preference

Remaining Duration, Resource Assignment Units, Sub Resource Amount의 값을 결정하는 방법을 설정한다.

### ● Percent Complete(Earned Value)

완료율 필드에 입력한 값을 기준으로 자동으로 남은 기간(Remaining Duration)이 계산되도록 설정한다. 만약 Check box를 선택하지 않으면 남은 기간(Remaining Duration)은 자동으로 계산되지 않는다.

예) 남은 기간

= Original Duration - Original Duration × 완료율

### ● Risk-Link likely values to deterministic values for

남은 기간(Remaining Duration)과 남아있는 자원(Remaining Assignment Unit), 하위 자원의 양(Sub Resource Amount)을 Risk에 관련지어 값을 볼 수 있다.

• **Remaining Duration** : 변경된 Duration의 Most Likely 값으로 남은 기간 (Remaining Duration)의 값을 바꾼다.

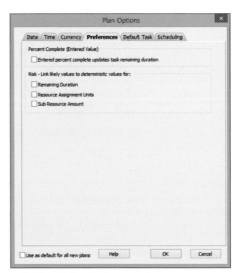

▲ [그림 6-6] Plan Options - Preferences

• **Resource Assignment Units** : 변경된 Most Likely 자원(Resource)이 할당된 자원(Resource Assignment)의 값을 바꾼다.

- **Sub Assignment Amount** : 변경된 하위 Most Likely 자원(Resource)이 할당된 하위 자원(Remaining Resource)의 값을 바꾼다.

● **Use as default for all new plans**

Use as default for all new plans의 체크 박스를 이용하여 Preferences 설정 기준을 표준화하여 다른 Plan에서도 사용할 수 있다.

## | 5 | Default Tasks

새로 생성된 Task에 대한 기본 값을 설정한다.

● **Task**

Task의 ID, 설명(Description), Task 생성 시 입력되는 기본 남은 기간(Remaining Duration)을 설정한다. 생성된 Task의 WBS(Work Breakdown Structure)와 OBS(Organization Breakdown Structure)의 기본 위치 및 달력(Calender), 설명(Comment), 우선순위(Priority)를 설정한다.

해당 Task의 완료율(%)에 대한 계산 방법을 Normal and Hammock Tasks, Summary and Monitor Tasks, Milestones별로 각각 설정할 수 있다.

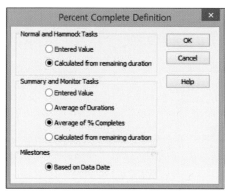

▲ [그림 6-7] Percent Complete Definition 화면

● **Use as default for all new plans**

Use as default for all new plans의 체크 박스를 이용하여 Default Task 설정 기준을 표준화하여 다른 Plan에서도 사용할 수 있다.

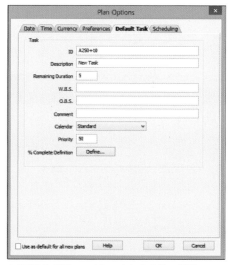

▲ [그림 6-8] Percent Complete Definition 화면

## | 6 | Scheduling

Primavera Risk Analysis를 통한 Schedule 계산 시 적용되는 방식을 설정한다.

● **Scheduling**

일반적으로 일정관리 Tool들은 CPM 이론에 근거하여 일정을 자동으로 계산한다. 이때 진행 중인 Activity의 일정을 계산하는 데 어떤 방법을 사용할 것인지를 설정할 수 있다.

- When Scheduling progressed activities use
  - **Retained Logic** : Out of Sequence일 경우 기존의 Logic을 따라 일정을 계산하는 방식으로, 때때로 기간이 늘어나는 경우가 발생한다.
  - **Progress Override** : Out of Sequence일 경우 기존의 Logic을 따르지 않고 현재의 Logic을 적용하여 일정을 계산하는 방식이다.

- Calculate start to start lag from(이 Option은 Retained Logic에서만 적용됨)
  - **Early date** : Out of Sequence일 경우 Early date 날짜로 Lag를 계산한다.
  - **Actual date** : Out of Sequence일 경우 Actual Date 날짜로 Lag를 계산한다.

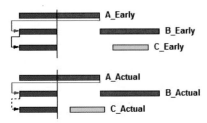

▲ [그림 6-9] Early와 Actual date의 이해

● **Lag Calenders**

PDM(Precedence Diagram Method) 방식의 연관관계(Relationship)에 사용되는 Lag 기간을 계산할 때 어떤 달력(Calender)을 적용할 것인지 설정한다.

Lag Calendar의 기본 설정을 Reset to default를 활용하여 설정할 수 있다.

이때 기본 설정은 다음과 같다.

> S-S Lag : Preceding Task, F-S Lag : Succeeding Task
> S-F Lag : Preceding Task, F-F Lag : Succeeding Task

이 기능을 이용하여 사용자가 생성한 여러 가지 Calender를 적용한 Lag를 적용할 수 있다.

● Stretch Tasks

[그림 6-10]에서 확인할 수 있듯이 2번 Task의 선행인 1번 Task와 FF로 연결되었을 경우 Tasks Can Stretch 로 설정된 경우 2번 Task에 후행인 3번 Task와 SS로 연결되어 있든 그렇지 않든 2번 Task는 Stretch 설정을 적용받아 2번 Task의 Start Date가 1번 Task의 Start Date로 변경된다. 이때, 남은 기간(Remaining Duration) 은 변경되지 않는다. 이 의미는 Stretch 설정은 기간의 변동 없이 해당 Task의 Start Date를 선행의 Start Date 로만 변경하여 후행인 3번 Task의 Start Date에 영향을 준다는 것이다(이때 2번 Task의 Total Start Float은 Stretch된 기간(Duration)이다).

Stretch on if start of Task has Successor 설정 시 2번 Task의 후행 Task와 SS 관계로 연결되어 있을 경우 에만 2번 Task가 Stretch 설정이 적용된다(이 설정이 Primavera Risk Analysis 기본 설정 값이다).

Never Stretch 설정 시 2번 Task의 후행 3번 Task와 SS로 연결되어 있든 그렇지 않든 2번 Task는 Stretch를 적용 받지 않는다.

Stretch 설정은 Risk Analysis 적용 시 종료일과 자원 평준화(Resource Leveling) 작업에 영향을 줄 수 있다.

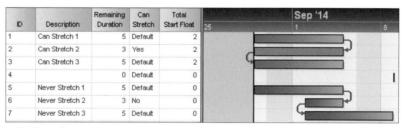

▲ [그림 6-10] Stretch Tasks

● Hammocks

Hammock Task의 남은 기간(Remaining Duration)은 연결된 다른 Task들에 의해 달라지기 때문에 연결이 없는 Hammock Task의 남은 기간(Remaining Duration)은 두 가지 방법으로 계산된다.

• Span the entire plan : 전체 계획된 기간을 표현한다.
• Have zero duration : 기간을 0으로 표현한다.

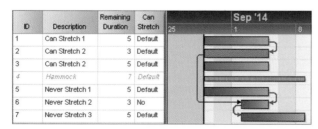

▲ [그림 6-11] Hammocks – Span the entire plan

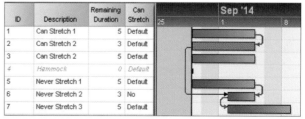

▲ [그림 6-12] Hammocks – Have zero duration

## ● Critical Tasks

Primavera Risk Analysis는 Critical Task를 결정하는 방법을 설정할 수 있다. 일반적으로는 Critical Task를 결정하는 데 Total Float을 사용하지만 이 Tool은 Total Start Float, Total Float, Longest Path의 3가지 방법 중에서 결정할 수 있다.

- **Total Start Float** : Late Start – Early Start
- **Total Float** : Late Finish – Early Finish
- **Longest Path** : 프로젝트의 가장 긴 Path

A task is Critical when Total Float <= X units은 'X'값을 기준으로 했을 때 해당 Task는 관리자가 기준으로 정한 Total Float 이하가 되었으므로 조심해야 한다는 '약한 경

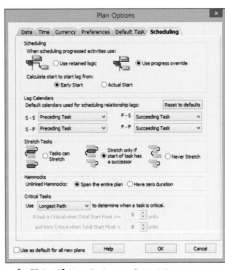

▲ [그림 6-13] Plan Options – Scheduling

고'의 상태를 표현하는 것이다. 'X=0'으로 설정할 경우 Total Float이 '0이거나 0 이하'가 되어 CP가 되었다는 의미이다. 물론 적극적인 Float 관리를 위하여 사용자는 X값을 양수로 설정할 수도 있다. A task is Very Critical when Total Float < Y units은 'Y'값을 기준으로 했을 때 해당 Task는 관리자가 기준으로 정한 Total Float이 Y값 이하가 되었으므로 매우 조심해야 한다는 '강한 경고'의 상태를 표현하는 것이다. 'Y=-10'으로 설정할 경우 사용자가 정한 허용 기준을 초과해서 지연되고 있다는 의미이다. 이 값은 X값보다 클 수 없다. 이 Option은 Longest Path로 설정했을 때에는 적용되지 않는다.

---

## 02 Primavera Risk Analysis System Options

Primavera Risk Analysis System Options는 System Modes와 System Folders로 구성되어 있다. System Options는 [Tools] 메뉴의 [System Options]를 선택하여 활성화할 수 있다.

▲ [그림 6-15] System Options 화면

▲ [그림 6-14] System Options 선택

## | 1 | System Modes

Primavera Risk Analysis System에 대한 기본적인 설정을
한다.

▲ [그림 6-16] System Options-System Modes

● **Manual Schedule Analysis(Press F9 to Schedule)**

Primavera P6와 같이 F9를 눌러 수동으로 일정을 계산할
수 있다.

● **Prompt before creating a new task from a link**

화면 하단 Task Details의 Link 탭을 이용하여 연결 관계를
작성할 때, 존재하지 않는 선행 또는 후행 Task의 ID를 입
력하면 해당 ID를 갖는 Task를 생성할 수 있도록 하는 설
정이다.

● **Clicking a task row scrolls Gantt Chart to show task**

좌측 Table 화면에서 Task를 선택하면 Gantt Chart에서 해당 Bar의 시작, 중간 또는 종료 시점으로 화면을
이동한다.

● **Allow tasks to be move with mouse**

사용자가 마우스를 사용해 Gantt Chart를 움직일 수 있는 설정이다.

● **Left splitter bar snaps to columns edge in Gantt Chart**

좌측의 Table 화면과 Gantt Chart 사이를 분할하는 경계선을 움직일 경우 Table 화면에 있는 Column의 끝선
에 맞춰 정렬되도록 한다.

● **Move selection down after Enter**

열(Row)에 입력을 하고 난 후 Enter 를 누르면 하위 열로 이동되는 설정이다.

● **Undo Buffer Size**

컴퓨터의 메모리를 kilo byte 단위로 할당하여 데이터의 변경 사항들을 임시로 저장하여 Undo와 Redo를 사
용할 수 있게 한다. 이때 Buffer Size가 클수록 Undo와 Redo를 사용할 수 있는 횟수가 증가하지만 컴퓨터의
성능 저하를 일으킬 수 있다.

● **Automatically complete distributions quick risk percentages**

비어 있는 Distribution에 값을 입력하였을 때 Quick Risk 설정된 분포 %에 의하여 나머지 Distribution의 값들이 자동으로 입력되도록 한다. 설정이 해제되어 있을 경우 분포 %는 0으로 간주되어 분포 값이 입력된다.

● **Show milestone start and finish date**

Milestone의 경우 Start Milestone은 Start Date만, Finish Milestone은 Finish Date만 볼 수 있으나, 이 옵션을 통하여 Start와 Finish Date를 모두 볼 수 있도록 한다.

## | 2 | System Folders

Primavera Risk Analysis는 사용자 폴더와 공유 폴더로 구성되어 있다.

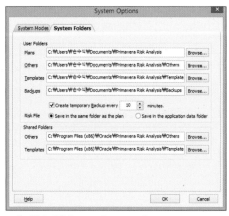

▲ **[그림 6-17]** System Option – System Folders

● **사용자 폴더(User Folders)**

사용자 폴더에는 작성한 계획(Plan), 기타(Other), 템플릿 (Template), 백업(Backup)을 저장할 수 있다.

- 계획(Plans)

  작성하거나 가져온(Import) 일정(Schedule)을 Primavera Risk Analysis Plan 형식의 파일로 저장하는 폴더이다.

- 기타(Others)

  View, Filter 등 사용자가 다른 계획에서도 불러와 사용할 수 있는 데이터를 저장한다. 이 폴더에는 View (.gantt, .resGraph, .resSheet, .pertNet), Sheet(.sheet), Workspace(.wkspc), Page Setups(.pge), Filters (.flt), Sorts(.SRT), Risk Register Columns(.rrcx), Templated Quick Risk(.tqr), Import Mapping Files (.mfMSP, .mfP3e, .mfP3)을 저장한다.

- 템플릿(Templates)

  해당 폴더에 있는 모든 Plan 파일은 File Menu의 New를 사용하여 새로 생성하는 Plan의 Template로 사용될 수 있다.

- 백업(Backups)

  임시 저장하는 시간(Minutes)을 설정하고, 임시 저장 파일을 지정한 경로에 저장한다.

- 리스크 파일(Risk File)

  Risk Analysis를 실행하여 반복 수행된 데이터를 담고 있는 .rsk 파일을 저장할 경로를 설정한다. 이 경로는 Plan 파일과 같은 폴더에 저장하거나 Application의 다른 폴더에 저장할 수 있다(일반적으로 Plan 파일과 동일한 폴더에 저장하는 것을 권장한다).

● **공유 폴더(Shared Folders)**

공유 폴더는 여러 사용자가 같은 필터(Filter), 페이지 셋업(Page Setup) 및 뷰(View) 등을 공유하여 사용할 수 있도록 한다.

- 기타(Others)

  사용자 폴더의 Others(기타)와 동일한 기능을 수행하나 여러 사용자가 공유하여 사용할 수 있도록 하는 경로이다.

- 템플릿(Templates)

  사용자 폴더의 Template(템플릿)과 동일한 기능을 수행하나 여러 사용자가 공유하여 사용할 수 있도록 하는 경로이다.

# Chapter 02

# Primavera Risk Analysis 활용 기본 기능

Primavera Risk Analysis 활용 기본 기능에 대하여 이해할 수 있다.

 **01** 연관관계와 논리(Links & Logic)

Primavera Risk Analysis는 PDM(Precedence Diagram Method) 방식을 사용하여 Task 사이의 연관관계를 나타낸다.

| 종류 | 약어 | 설명 |
|---|---|---|
| Finish to start | (F–S) | 선행 업무가 끝나기 전에는 후행 업무를 시작할 수 없다. |
| Start to start | (S–S) | 선행 업무가 시작하기 전에는 후행 업무를 시작할 수 없다. |
| Finish to finish | (F–F) | 선행 업무가 끝나기 전에는 후행 업무를 끝낼 수 없다. |
| Start to finish | (S–F) | 선행 업무가 시작하기 전에는 후행 업무를 끝낼 수 없다. |

▲ **[표 6-1]** 연관관계의 종류

## | 1 | 선행과 후행(Predecessors and successors)

다른 업무가 시작하거나 끝나기 전에 시작할 수 없는 업무를 후행 업무(Successor Task)라고 하고, 반대로 다른 업무가 시작하기 전에 시작하거나 끝나야 하는 업무는 선행 업무(Predecessor Task)라고 한다.

[그림 6-18]의 Task 1은 Task 2의 선행 업무(Predecessor Task)이고, Task 3은 Task 2의 후행 업무 (Successor Task)이다. 이때, Task 2는 Task 3의 선행 업무(Predecessor Task)이면서 Task 1의 후행 업무 (Successor Task)이다.

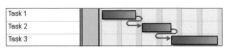

▲ **[그림 6-18]** 선후행의 이해

## | 2 | 연관관계 생성(Creating Links)

### ● Task Details 창의 Links 활용 연결

Task를 선택한 후 Task Details의 Link 탭에 있는 선행(Predecessor) 또는 후행(Successor)의 비어 있는 ID-Description 컬럼(Columns)을 더블클릭하여 선행 또는 후행 Task를 지정한다. 연결 관계는 기본적으로 FS(Finish-to-start)형태가 지정되지만 Type Column을 이용하여 수정할 수 있다.

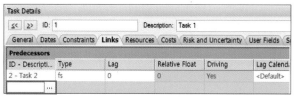

▲ [그림 6-19] Links 탭 활용

### ● Gantt Chart에서 드래그 기능 활용 연결

FS 연결을 예로 들면, [그림 6-20]과 같이 선행 Task의 끝부분에 마우스를 가져가면 'F-?' 표시가 나타난다. 이때 클릭하고 후행 Task의 시작 부분으로 드래그하면 FS의 연결을 손쉽게 생성할 수 있다.

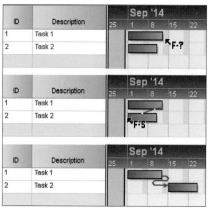

▲ [그림 6-20] 드래그 기능의 활용

### ● Column을 활용

[그림 6-21]과 같이 Preceding/Succeeding Tasks(선행/후행 업무) Column을 추가한 후 연결할 업무들의 ID를 사용자가 직접 입력하여 연결한다. 동시에 여러 Task를 연결하려면 세미콜론(;)을 이용한다. 이 방법은 Task를 선택할 수 있는 드롭다운이나 팝업창이 나오지 않기 때문에 연결할 업무의 ID를 알고 있어야 한다.

| ID | Description | Preceding Tasks | Succeeding Tasks |
|---|---|---|---|
| A010 | Project Start | | A030 |
| A020 | Preliminaries | | |
| A030 | Agree Contract | A010 | A050;A040 |
| A040 | Detailed specification | A030 | A070 |
| A050 | Source subcontractors | A030 | A070 |
| A060 | Design | | |
| A070 | Initial design | A050;A040 | A090;A080 |
| A080 | Design guidance system | A070 | A130 |
| A090 | Select configuration | A070 | A100;A120;A11 |

▲ [그림 6-21] Column에서의 연결

## ● Link Tasks를 활용

Shift 또는 Ctrl을 이용하여 동시에 여러 Task를 선택한 후 마우스 오른쪽 버튼을 클릭하여 Links Tasks를 선택하거나 단축키 Ctrl+L을 누르면 [그림 6-22]와 같이 Link Tasks 창이 활성화된다. Link Tasks는 선택된 Task들 사이의 연관관계를 일괄적으로 적용시키는 것으로 필요에 따라 Lag를 적용할 수도 있다.

▲ [그림 6-22] Link Tasks 명령 연결

## |3| 연관관계 삭제하기(Deleting Links)

필요 없는 연결을 만들었을 때는 다음의 여러 가지 방법으로 연관관계를 삭제할 수 있다.

## ● 단일 연결 삭제하기

[Task Details] 창의 Links 탭에서 삭제하고자 하는 선행 Task나 후행 업무 Task를 선택하고 [삭제(Delete)] 버튼을 클릭한다.

📝 note
바로 전에 만든 연관관계를 삭제하려면 [edit] 메뉴의 [Undo]를 사용하거나 단축키 Ctrl+Z를 누르면 된다.

## ● 다수 연결 삭제하기

삭제할 연관관계가 있는 선행·후행 Task들을 Ctrl이나 Shift를 이용하여 모두 선택한다. 마우스 오른쪽 버튼을 클릭한 후 [Unlink Tasks]를 선택하여 연관관계를 제거한다. 단축키는 Ctrl+U이다.

## ● Columns에서 연결 삭제하기

Columns에 Succeeding Tasks 혹은 Preceding Tasks Column을 화면에 나타낸 후 해당 Column에 적용되어 있는 선행 Task 또는 후행 Task를 모두 삭제한다.

## |4| 지연과 선도(Lag and Lead)

PDM Logic의 연관관계에 지연(Lag)과 선도(Lead)를 이용하여 현실적인 연관관계를 표현할 수 있다. 이때 선도(Lead)는 지연(Lag)의 음수('-') 형태로 표현한다.

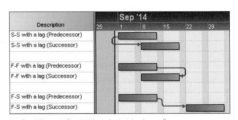

▲ [그림 6-23] 지연(Lag)과 선도(Lead)

Primavera Risk Analysis는 지연(Lag)과 선도(Lead)를 [그림 6-24]와 같이 시간이 아닌 백분율(%)의 형태로도 설정할 수 있다. 이때 지연(Lag) 또는 선도(Lead)의 값이 100%를 초과할 수 있는데 이는 지체 기간이 업무 기간보다 더 길다는 사실을 나타낸다. 이렇게 지연(Lag) 및 선도(Lead)를 백분율로 설정하는 것은 일정의 불확실성을 반영하며 변화에 따라 지연(Lag) 및 선도(Lead) 기간도 자동으로 변한다는 장점이 있다.

| Successors | | | | | |
|---|---|---|---|---|---|
| ID - Descripti... | Type | Lag | Relative Float | Driving | Lag Calend. |
| 8 - F-S with ... | fs | 20% | 0 | Yes | <Default> |

▲ [그림 6-24] 백분율 표현

📄 note
--------------------------------------------------------------------------------
· S-S와 S-F 연관관계일 경우
  지연(Lag) 및 선도(Lead) 기간은 선행 업무(Predecessor Task)의 백분율을 적용한다(선행 업무(Predecessor Task)의 Type이 Milestone이면 적용 불가).
· F-S and F-F 연관관계일 경우
  지연(Lag) 및 선도(Lead) 기간은 후행 업무(Successor Task)의 백분율을 적용한다(후행 업무(Successor Task)의 Type이 Milestone이면 적용 불가).

참고
자료 **공정관리기법**

**1** ADM

ADM(Arrow Diagram Method) 기법은 1956년 세계 최대 화학회사인 Dupont사에 의해 세계 최초로 개발된 CPM(Critical Path Method) 기법으로 공정관리 역사에서 그 의미가 매우 크다.

ADM 기법은 건설 산업 전반에 걸쳐 공정관리의 핵심 도구로 사용되어 왔다. 그러나 ADM은 FS(Finish to Start) 관계밖에 표현할 수 없어 중복관계 표현이 불가능하였고, 컴퓨터(UNIVAC1)를 이용하여 CPM 계산을 하였기 때문에 시간도 많이 걸리고 비용도 많이 드는 문제점이 있었다. 그래서 세계적으로 공정관리의 핵심 기법은 1960년대에 발표된 PDM(Precedence Diagram Method)으로 옮겨가게 되었다. 국내 건설 현장에서는 ADM 기법이 time축에 맞게 전체 공정을 한눈에 볼 수 있다는 장점 때문에 근래까지도 많이 사용되고 있다. 하지만 미국 및 해외 현장에서는 대부분 ADM 기법이 아닌 PDM 방식으로 공정관리를 진행한다는 점을 명확히 알아두어야 하며, Primavera P6은 PDM 기법을 사용하고 있다.

ADM은 과거의 전통적인 공정 관리 기법으로 [그림 6-25]와 같이 Activity가 Arrow 위에 위치한다고 하여 AOA(Activity On Arrow)라고도 하며, Node에서 Node로 가는 방식이기 때문에 I-J식 공정표라고도 한다. ADM의 논리 형태로는 독립관계(independent relationship), 의존관계(dependent relationship), 합병관계(Merge relationship), 분산관계(Burst relationship), 교차관계(Cross relationship)가 있고, ADM은 각 Activity간의 연관관계를 표시하는 FS(Finish to Start)의 방법밖에 사용

하지 못하기에 작업을 사실적으로 표현하기가 어렵고 논리적인 선후관계를 표시하기 위해 실제 존재하지 않는 작업인 Dummy를 점선으로 표시하게 된다. 또한 논리를 위해 가상으로 만들어진 Dummy 때문에 일정상 변경이 일어나면 Network의 변경을 처리하려면 전체적으로 수정을 해야 하는 불편함이 있다. 뿐만 아니라 다음 작업을 하기 위해 공백이 생기는 기간인 지연시간(Lag Time) 역시 표시할 수 없다는 단점이 있다.

▲ [그림 6-25] ADM

### 2 PDM

PDM(Precedence Diagram Method) 기법은 1961년 스탠포드 대학교 존 폰탈(John Fondahl) 교수에 의해 기초가 다져져, 1978년 PDM이라는 용어로 공식화되었다. 컴퓨터를 이용한 비용과 시간이 많이 소요되는 ADM 기법을 대체하기 위하여 Non-Computer Approach를 기본으로 접근한 이론이다.

PDM(Precedence Diagram Method)은 Activity가 Node에 위치한다고 하여 AON(Activity On Node)라고 불리는 공정 관리 기법으로 [그림 6-26]과 같이 각 Node에 Activity를 위치시키고 각 작업을 연결하는 Arrow는 작업간의 연관관계를 나타내주는 역할을 한다. 이때 PDM 기법에서는 FS(Finish to Start : 후행 작업이 시작하기 위해서는 선행 작업이 완료되어야 함), SS(Start to Start : 후행 작업을 시작하기 위해서는 선행 작업이 시작되어야 함), FF(Finish to Finish : 후행 작업을 완료하기 위해서는 선행 작업이 완료되어야 함), SF(Start to Finish 후행 작업을 완료하기 위해서는 선행 작업이 시작되어야 함)와 같은 네 가지 연관관계를 표시할 수 있고, 작업과 작업 사이의 지연시간을 표시할 수 있어 정확한 Scheduling이 가능하며, 작업 간의 사실적인 상호관계를 표현할 수 있다. 또한, ADM과는 달리 Dummy Activity가 필요하지 않기 때문에 Network가 변경이 되더라도 상대적으로 간단하게 수정이 가능하다.

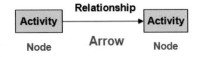

▲ [그림 6-26] PDM

여기에서 작업 간의 지연시간(Lag Time)은 빵을 만들 때 반죽을 만들고 굽기 전에 빵 반죽을 숙성시키는 시간과 같이 선행 작업이 끝난 후 바로 시작하지 않고 지연되는 시간이 필요한 경우에 사용된다. 반대로 선행 작업이 끝나지 않는데 후행 작업이 들어가는 경우는 선도시간(Lead Time)이라고 한다. 지연시간과 선도시간을 그림으로 표현하면 [그림 6-27]과 같다.

FS (Finish To Start)

Lag    Lead

FF (Finish To Finish)

Lag
Lead

SS (Start To Start)

Lag
Lead

SF (Start To Finish)

Lag
Lead

▲ [그림 6-27] Lag & Lead Time

**3** ADM과 PDM의 비교

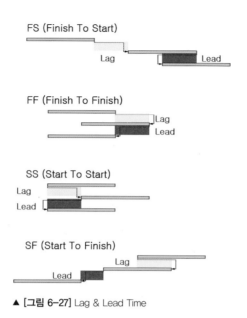

| 구분 | ADM | PDM |
|---|---|---|
| 표기 방법 | i (Node) Activity Arrow j (Node) | Activity (Node) Relationship Arrow Activity (Node) |
| Activity 식별 | 선, 후행 Event Number | Activity 자체 ID |
| Relationship 표시 | Activity Number가 상호관계 내포 | 별도 상호관계 표시 |
| 다른 이름 | AOA(Activity On Arrow)식 공정표<br>i-j식 공정표 | AON(Activity On Node)식 공정표 |
| 연관관계 표시 방법 | FS(Finish to Start) | FS(Finish to Start)<br>SS(Start to Start)<br>FF(Finish to Finish)<br>SF(Start to Finish) |
| Dummy Activity | 필요 | 불필요 |
| Network 변경 처리 | 복잡 | 상대적으로 간단 |
| Lag Time | 없음 | 있음 |
| 기타 | 상호연관관계 표시의 제약 때문에<br>정확한 Scheduling이 어렵고,<br>Activity 수가 많아지는 단점이 있음 | 상호연관관계가 다양하므로<br>정확한 Scheduling이 가능하며,<br>Network 변경 시 수정이 용이함 |
| 프리마베라 표현 | × | ○ |

▲ [표 6-2] ADM과 PDM 비교

### 4 CPM

CPM(Critical Path Method) 이론은 1957년 Dupont사의 화학공장 건설 및 유지보수 프로젝트를 수행하기 위해 개발된 기법으로 작업을 수행하는 기간을 확정한 뒤 Forward Schedule을 통하여 Early Start, Early Finish를 산정하고 Backward Schedule을 통하여 Late Start, Late Finish를 산정하여 총 여유시간이라고 하는 Total Float을 구해 Project의 전체 일정에 대한 Critical Path를 확인하고 이를 관리하는 것을 말한다.

더 자세하게 설명하자면, Forward Schedule은 Project의 시작일로부터 종료일까지 각 작업들의 시작일과 종료일을 순서대로 구하는 것으로, 각 작업들이 가장 빨리 시작할 수 있는 날짜인 Early Start Date와 가장 빨리 끝날 수 있는 날짜인 Early Finish Date를 구하는 것을 말한다. [그림 6-28]을 보면 A라는 작업과 B라는 작업이 시작하는 날을 1일이라고 하고 이들의 종료일을 구하면 각각 5일과 10일이다. 이때 A와 B의 작업이 모두 끝나야 작업 C를 시작할 수 있으므로 C의 시작일은 11일, 종료일은 25일이 된다. 이 날짜들은 모두 가장 빨리 시작하고 가장 빨리 끝날 수 있는 날짜이기 때문에 각 작업의 Early Start Date와 Early Finish Date가 되는 것이다.

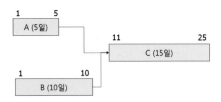

▲ [그림 6-28] CPM의 Forward Schedule

반대로 Backward Schedule은 Project의 종료일로부터 시작일까지 각 작업들의 종료일과 시작일을 순서대로 구하는 것으로, 각 작업들이 가장 늦게 끝날 수 있는 날짜인 Late Finish Date와 가장 늦게 시작할 수 있는 날짜인 Late Sart Date를 구하는 것을 말한다. [그림 6-29]를 보면 C 작업이 끝나는 종료일이 25일이기 때문에 C의 시작일은 11일이 된다는 것은 쉽게 알 수 있다. 이때 작업 A와 B는 C가 시작하기 전인 10일까지 종료하면 되기 때문에 A와 B의 종료일은 10일임을 알 수 있고 이 날짜가 Late Finish Date가 된다. 또, A와 B의 Late Finish Date를 결정하였기 때문에 A와 B의 Late Start Date는 각각 6일과 1일이 되는 것을 알 수 있다.

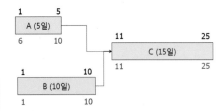

▲ [그림 6-29] CPM의 Backward Schedule

이렇게 Forward Schedule과 Backward Schedule을 통하여 확인한 각 작업들의 시작일과 종료일을 보면, B에서 C로 가는 일정은 중간에 쉬는 날이 없이 빡빡한 일정으로 진행되지만 A에서 C로 가는 일정은 [그림 6-30]과 같이 작업 A가 1일부터 6일까지 아무 때나 시작해도 되고 늦어도 6일에 시작만 하면 전체 프로젝트 기간에 영향을 미치지 않음을 알 수 있다. 이와 같이 전체 일정에 영향을 주지 않으면서 갖는 여유시간을 Total Float라고 하고 Late Finish Date - Early Finish Date 또는 Late Start Date - Early Start Date로 계산한다.

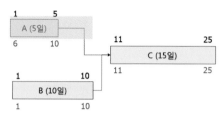

▲ [그림 6-30] 작업 A의 여유시간

그렇다면 A, B, C 작업의 여유시간(Total Float)과 Total Float이 0이거나 0보다 작은 상태의 작업을 연결한 경로를 말하는 Critical Path를 찾아보자. 여기서 Late Finish Date - Early Finish Date 또는 Late Start Date - Early Start Date의 식을 통하여 Total Float을 구하면 [그림 6-31]과 같이 A는 5일, B는 0일, C는 0일의 여유시간을 갖는 것을 알 수 있다. 이때, 작업의 경로인 A-C와 B-C 중 Total Float이 0으로 지속되는 B-C의 경로가 Project의 Critical Path가 되며, Critical Path는 Gantt Chart 상에서 일반적으로 [그림 6-32]와 같이 붉은색으로 표현한다.

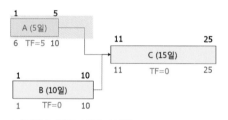

▲ [그림 6-31] Total Float 계산

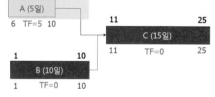

▲ [그림 6-32] Critical Path

---

**tip  TF Vs. FF**

- **TF(Total Float)** : 전체 일정에 영향을 미치지 않으면서 가질 수 있는 여유시간 또는 여유일

$$TF = LF - EF \text{ or } LS - ES$$

- **FF(Free Float)** : 후행 Activity의 일정에 영향을 미치지 않으면서 가질 수 있는 여유시간 또는 여유일

$$FF = ES_{Successor} - EF_{Predecessor}$$

---

여기에서 Total Float이 양수라면 해당 작업이 지연되어도 Total Float만큼의 여유가 있다는 의미다. 이때는 Late Finish Date가 아닌 Early Finish Date에 끝낼 수 있도록 관리를 해야 한다. Total Float이 0이라면, 작업이 지연될 경우 프로젝트 전체가 지연된다는 의미이므로, 해당 작업들이 지연되지 않도록 지속적으로 관리를 해야 한다. Total Float이 음수라면 현재의 계획으로는 일정을 맞추지 못한다는 의

미이다. 이때는 Crashing이나 Fast Tracking과 같은 기간 단축 기법을 이용하여 Total Float을 줄여야 한다. 그런데 Fast Tracking은 병행 작업을 통한 공기 단축 기법으로 재작업의 가능성이 높다는 리스크가 있고, Crashing은 자원을 많이 투입하여 공기를 단축하는 기법으로 원가 상승의 가능성이 높다는 리스크가 있다. 그러므로 공기 단축 기법을 활용할 때는 항상 원가 상승과 재작업에 대한 Trade-off를 고려해야 한다.

### 5 PERT

PERT(Programming Evaluation and Review Technique) 기법은 1957년 미 해군 잠수함용 탄도미사일 프로젝트(Submarine Project Polaris)의 성과 및 진도를 평가하기 위한 목적으로 개발된 것으로 새로운 사업을 추진할 때 또는 불확실성이 많은 프로젝트를 진행할 때 확률적인(3점 추정) 개념을 통하여 일정을 관리하는 방법이다.

PERT 기법은 3점 추정을 기반으로 삼각분포에서 시작하지만, 반복을 여러 번 진행했을 경우 베타분포 곡선을 사용하여 작업을 수행하는 기간을 추정할 수 있다. 이때 각 Activity들의 3점 평균을 추정하기 위해서 Optimistic(낙관값), Most Likely(평균값), Pessimistic(비관값)의 세 가지 경우를 활용하며 평균이 Most likely(평균값) d와 중위수(Median)의 1/3 지점에 있다는 베타분포의 특성을 이용하여

$$3점 \ 평균 = \frac{O+4M+P}{6}$$

이라는 식을 추정하고, 각 Activity의 3점 평균의 공기를 바탕으로 전체 프로젝트 공사 기간을 추정한다. 이렇게 추정하여 계산된 경로 중 가장 긴 경로(Longest Path)를 기준으로 일정을 관리한다고 보면 된다.

현재 해외 프로젝트에서는 단순히 일정과 비용을 맞추어 공정관리를 수행하는 것은 기초적인 사항으로 여긴다. 일부 프로젝트에서는 해당 공사기간(On Time) 내에 정해진 예산(Within Budget)으로 프로젝트를 수행할 수 있는 확률(%)까지도 요구하고 있다. 이러한 현실 속에서 Activity들의 수가 많고 (N ≥ 30), 각 Activity의 연관 관계가 독립적일 경우 평균값을 중심으로 하는 정규분포에 가까워진다는 중심극한정리(Central Limit Theorem)에 기초한 PERT 이론을 적용하면 지금 수행하고 있는 프로젝트뿐만 아니라 앞으로 수행할 프로젝트의 성공 확률을 구할 수 있다.

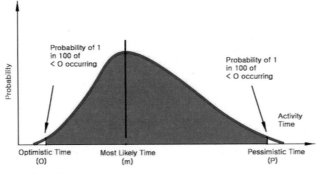

▲ [그림 6-33] Beta Distribution Graph

PERT 이론을 이용해 확률을 구하는 방법을 알아보면, 우선 각 Activity의 평균값을 구하여 평균 예상 공기를 산정하고, 분산들의 합은 전체 분산의 합과 같다는 분산의 특성을 활용하여 주 공정(Critical Path)의 분산과 제곱근을 구하면 프로젝트 전체의 표준편차(Standard Deviation)를 추정할 수 있다.

$$S_{cp} = \sqrt{S_1^2 + S_2^2 + \cdots\cdots + S_n^2}$$

이때 중심극한정리(Central limit theorem)를 이용하여 표준정규분포표 값인 Z값을 계산할 수 있고 계산된 정규분포 값을 표준정규분포표에서 읽으면 프로젝트 일정 달성 확률을 계산할 수 있다.

$$Z = \frac{Duedate - Expected\ date}{Standard\ Deviation}$$

이에 대하여 간단한 예제를 통해 알아보도록 하자. 다음 표와 같이 4개로 구성된 Activity가 순차적으로 FS의 관계에 있어 Activity 1부터 4까지 이어지는 경로가 Critical Path이고, 이들의 3점 추정 공기가 다음과 같다고 가정한다.

|  | Optimistic | Most Likely | Pessimistic |
|---|---|---|---|
| Activity 1 | 3 | 4 | 7 |
| Activity 2 | 6 | 8 | 9 |
| Activity 3 | 3 | 5 | 7 |
| Activity 4 | 8 | 11 | 15 |

이 Activity들의 평균치와 분산, 표준편차를 구하면 다음과 같다.

|  | 평균치 $\frac{P+4M+O}{6}$ | 분산 $\left(\frac{P-O}{6}\right)^2$ | 표준편차 $\sqrt{\left(\frac{P-O}{6}\right)^2}$ |
|---|---|---|---|
| Activity 1 | 4.33 | 0.45 | 0.67 |
| Activity 2 | 7.83 | 0.25 | 0.5 |
| Activity 3 | 5.00 | 0.45 | 0.67 |
| Activity 4 | 11.17 | 1.37 | 1.17 |
| 합계 | 28.33 | 2.52 | 1.59 |

이때 이 프로젝트를 30일 안에 끝내야 한다고 가정하고 이를 달성할 수 있는 확률을 구하기 위하여 위의 값을 정규분포화하면 $Z = \frac{계획공기 - 평균공기}{표준편차}$ 의 식으로 계산을 할 수 있고, Z=1.05의 값을 갖게 된다. 이를 다음 표준정규분포표에서 찾으면 0.3531 값을 볼 수 있다. 여기서 0.3531의 값은 Z〈0인 부분의 50%를 제외한 값이기 때문에 50%인 0.5를 더해야 한다. 즉, 30일 안에 이 프로젝트를 끝낼 수 있는 확률은 85.31%라는 것을 알 수 있다.

| z | .00 | .01 | .02 | .03 | .04 | .05 | .06 | .07 | .08 | .09 |
|---|-----|-----|-----|-----|-----|-----|-----|-----|-----|-----|
| 0.0 | .0000 | .0040 | .0080 | .0120 | .0160 | .0199 | .0239 | .0279 | .0319 | .0359 |
| 0.1 | .0398 | .0438 | .0478 | .0517 | .0557 | .0596 | .0636 | .0675 | .0714 | .0753 |
| 0.2 | .0793 | .0832 | .0871 | .0910 | .0948 | .0987 | .1026 | .1064 | .1103 | .1141 |
| 0.3 | .1179 | .1217 | .1255 | .1293 | .1331 | .1368 | .1406 | .1443 | .1480 | .1517 |
| 0.4 | .1554 | .1591 | .1628 | .1664 | .1700 | .1736 | .1772 | .1808 | .1844 | .1879 |
| 0.5 | .1915 | .1950 | .1985 | .2019 | .2054 | .2088 | .2123 | .2157 | .2190 | .2224 |
| 0.6 | .2257 | .2291 | .2324 | .2357 | .2389 | .2422 | .2454 | .2486 | .2517 | .2549 |
| 0.7 | .2580 | .2611 | .2642 | .2673 | .2704 | .2734 | .2764 | .2794 | .2823 | .2852 |
| 0.8 | .2881 | .2910 | .2939 | .2967 | .2995 | .3023 | .3051 | .3078 | .3106 | .3133 |
| 0.9 | .3159 | .3186 | .3212 | .3238 | .3264 | .3289 | .3315 | .3340 | .3365 | .3389 |
| 1.0 | .3413 | .3438 | .3461 | .3485 | .3508 | .3531 | .3554 | .3577 | .3599 | .3621 |
| 1.1 | .3643 | .3665 | .3686 | .3708 | .3729 | .3749 | .3770 | .3790 | .3810 | .3830 |
| 1.2 | .3849 | .3869 | .3888 | .3907 | .3925 | .3944 | .3962 | .3980 | .3997 | .4015 |
| 1.3 | .4032 | .4049 | .4066 | .4082 | .4099 | .4115 | .4131 | .4147 | .4162 | .4177 |
| 1.4 | .4192 | .4207 | .4222 | .4236 | .4251 | .4265 | .4279 | .4292 | .4306 | .4319 |
| 1.5 | .4332 | .4345 | .4357 | .4370 | .4382 | .4394 | .4406 | .4418 | .4429 | .4441 |
| 1.6 | .4452 | .4463 | .4474 | .4484 | .4495 | .4505 | .4515 | .4525 | .4535 | .4545 |
| 1.7 | .4554 | .4564 | .4573 | .4582 | .4591 | .4599 | .4608 | .4616 | .4625 | .4633 |
| 1.8 | .4641 | .4649 | .4656 | .4664 | .4671 | .4678 | .4686 | .4693 | .4699 | .4706 |
| 1.9 | .4713 | .4719 | .4726 | .4732 | .4738 | .4744 | .4750 | .4756 | .4761 | .4767 |
| 2.0 | .4772 | .4778 | .4783 | .4788 | .4793 | .4798 | .4803 | .4808 | .4812 | .4817 |
| 2.1 | .4821 | .4826 | .4830 | .4834 | .4838 | .4842 | .4846 | .4850 | .4854 | .4857 |
| 2.2 | .4861 | .4864 | .4868 | .4871 | .4875 | .4878 | .4881 | .4884 | .4887 | .4890 |
| 2.3 | .4893 | .4896 | .4898 | .4901 | .4904 | .4906 | .4909 | .4911 | .4913 | .4916 |
| 2.4 | .4918 | .4920 | .4922 | .4925 | .4927 | .4929 | .4931 | .4932 | .4934 | .4936 |
| 2.5 | .4938 | .4940 | .4941 | .4943 | .4945 | .4946 | .4948 | .4949 | .4951 | .4952 |
| 2.6 | .4953 | .4955 | .4956 | .4957 | .4959 | .4960 | .4961 | .4962 | .4963 | .4964 |
| 2.7 | .4965 | .4966 | .4967 | .4968 | .4969 | .4970 | .4971 | .4972 | .4973 | .4974 |
| 2.8 | .4974 | .4975 | .4976 | .4977 | .4977 | .4978 | .4979 | .4979 | .4980 | .4981 |
| 2.9 | .4981 | .4982 | .4982 | .4983 | .4984 | .4984 | .4985 | .4985 | .4986 | .4986 |
| 3.0 | .4987 | .4987 | .4987 | .4988 | .4988 | .4989 | .4989 | .4989 | .4990 | .4990 |

▲ [그림 6-34] 표준정규분포표

## PRIMAVERA 02 Logic View

Primavera Risk Analysis의 Logic View는 작성된 Plan의 연관관계(Links)를 검토(Review)하고 검사(Aduit)하는 데 유용하게 사용되는 기능이다.

Logic View는 기본적으로 [그림 6-35]와 같이 Gantt Chart View와 Logic View로 구성되어 있다. Logic View는 Gantt Chart에서 선택된 Task와 연결되어 있는 선행 Task들과 후행 Task들만 확인할 수 있다.

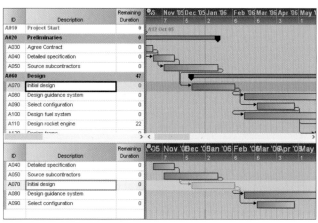

▲ [그림 6-35] Logic View 화면

## | 1 | Gantt Chart Sheet에서 Logic View 만들기

① Gantt Chart Sheet에서 [Insert] 메뉴의 [View]를 선택하여 [Insert View]를 클릭하거나 [View] 메뉴의 [View]를 선택하여 [Insert View]를 클릭한다.

② Logic View로 설정할 View를 선택한다. 이때 Logic View는 Gantt Chart와 Pert Network 형식만 설정할 수 있다.

③ Gantt Chart Sheet에서 Logic View로 설정할 View 화면을 선택한 후 [View] 메뉴의 [Logic View Settings]을 선택하고 화면의 맨 위에 있는 'This view is a logic view'의 체크 박스를 선택한다.

## | 2 | Logic View 설정

[View] 메뉴의 [Logic View Settings]를 선택한다.

▲ [그림 6-36] Logic View Settings

- **This view is a logic view**

선택된 Gantt Chart View 또는 Pert Network View를 Logic View로 설정한다.


- **Number of backward/forward relationships**

선택된 Task의 선행과 후행의 Task 표시 개수를 각각 설정한다.


- **Show parent tasks**

Logic View에서 선택된 Task의 Summary Task들을 보여주도록 설정한다.


- **Align task horizontally(Gantt Chart only)**

선택된 Task를 좌우로 이동시켜 Logic View 화면에서 볼 수 있도록 설정한다.


- **Align task vertically**

선택된 Task를 상하로 이동시켜 Logic View 화면에서 볼 수 있도록 설정한다.


- **Can track logic within itself**

Logic View 화면에서 Gantt Chart View의 Task를 선택하지 않고 Logic View 화면에서 바로 해당 Task를 선택하여 선행과 후행 Task를 확인할 수 있는 설정이다.


- **Order by Predecessors then Successors**

Logic View 화면에 나타나는 Task들을 후행 Task 순서로 정렬할 수 있는 설정이다.


- **Set highlighter color**

Logic View 화면에서 선택된 Task를 표시하는 데 사용되는 색상을 설정한다.


---

PRIMAVERA **03** 제한 조건(Constraints)

Primavera Risk Analysis는 [그림 6–37]과 같이 9가지의 제한 조건(Constraint)을 Task에 적용할 수 있다. Constraint는 [Task Details] 창의 [Constraints] 탭에서 확인할 수 있다.

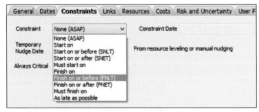

▲ [그림 6–37] Constraints 선택

제한 조건(Constraint)을 설정하지 않을 경우 Task에 항상 ASAP(As Soon as possible)를 적용받기 때문에, 다른 Task와의 의존 관계(Dependency)와 업무(Task) 일정에 따라 결정된다.

제한(Constraints)이 설정되면 [그림 6-38]과 같이  아이콘이 Gantt Chart에 나타난다. 이 아이콘은 설정된 제한(Constraint)의 종류에 따라 바(Bar)의 시작 부분에 표시될 수도 있고 끝 부분에 표시될 수도 있다. 또한 날짜 Column에는 '＊' 가 표시된다.

▲ [그림 6-38] Constraint Bar 아이콘 확인

'＊' 표시는 [Task Details] 창의 [Dates] 탭에서도 확인할 수 있다.

▲ [그림 6-39] Task Details Dates 탭의 Dates

📄 **note**
'＊' 표시는 [Plan] 메뉴 – [Plan Options]의 [Date] 탭에 있는 'Add a "＊" when a constraint is assigned to a date'를 통하여 화면 표시 여부를 결정할 수 있다.
은 [Format] 메뉴 – [Gantt Chart]의 [Task Details] 탭에 있는 'Highlight Constraint Dates on Tasks'를 통하여 화면 표시 여부를 결정할 수 있다.

## | 1 | Start Constraints

Task의 시작 날짜를 제한할 때 사용한다.

#### ● Start On

Task의 Early Start와 Late Start Date 모두에 영향을 미친다. Early Start Date를 더 뒤로 미룰 수도, Late Start Date를 더 앞당길 수도 있다. 이 제약은 CPM 논리를 따른다.

#### ● Start On or Before

Task가 지정된 날짜보다 늦게 시작하지 않도록 할 때 사용하는 것으로 Task의 Late Start Date에 영향을 미친다. 또한, CPM 논리를 따르기 때문에 Late Start Date를 앞당길 때만 사용된다. Start No Later Than(SNLT)이라고도 한다.

#### ● Start On or After

Task가 지정된 날짜보다 일찍 시작하지 않도록 할 때 사용하는 것으로 Task의 Early Start Date에 영향을 미친다. 또한, CPM 논리를 따르기 때문에 Early Start Date를 뒤로 미룰 때만 사용한다. Start No Earlier Than(SNET)이라고도 한다.

## ● Must Start On

Early Start Date와 Late Start Date 모두에 영향을 미치는 것으로 Logic을 무시한다. 이 조건은 사용자가 반드시 특정 날짜에 시작해야 하는 상황에만 사용한다. 이 조건이 설정된 Task들은 Free float과 Total Float 값이 항상 0이다.

## | 2 | Finish Constraints

Task의 종료 날짜를 제한할 때 사용한다.

## ● Finish On

사용자가 Task의 종료 날짜를 제한할 때 사용한다. Total Float이 0이 되며 Early Finish Date와 Late Finish Date 모두에 영향을 미친다. Early Finish Date를 미루고 Late Finish Date는 앞당길 수 있는 제약 조건으로, CPM 공정 관리 논리를 따른다. 일반적으로 사용자가 프로젝트 중간에 논리 구조 경로를 끝내고 싶을 때 사용하며 잘못된 Total Float이 부여되지 않도록 할 때 사용한다.

## ● Finish On or Before

Task가 특정 날짜보다 늦게 완료되지 않도록 하기 위한 설정이다. 이 제약 조건은 Late Finish Date에 영향을 미치고 CPM 논리를 따르기 때문에 Late Finish Date을 앞당기기 위하여 사용된다. Finish No Later Than(FNLT)이라고도 한다.

## ● Finish On or After

Task가 지정된 날짜보다 일찍 완료되지 않도록 하는 제약이다. Early Finish Date에 영향을 미치고, CPM 논리를 따르기 때문에 Early Finish Date를 뒤로 미룰 때만 사용한다. Finish No Earlier Than(FNET)이라고도 한다.

## ● Must Finish On

Task의 Early Finish Date과 Late Finish Date 모두에 영향을 미친다. 이 제약은 Task를 반드시 지정한 날짜에 완료해야 하는 경우에 사용하는 설정으로, Logic을 무시한다. 또한 이 제약 조건이 설정된 Task들은 Free Float과 Total Float 값이 항상 0이다.

## | 3 | Other types of constraints(기타 제한들)

### ● As late as possible

후행 Task들에 영향을 주지 않는 범위 내에서 최대한 늦게 Early Start Date를 설정할 수 있는 제약 조건이다. 이 제약을 설정하면 FF(Free Float)는 0이 되므로 후행 Task가 없는 Task에 이 제약 조건을 설정하면 어떤 영향도 미치지 않게 된다.

### ● Temporary nudge

이 제약 조건은 [그림 6-40]과 같이 사용자가 Gantt Chart에서 Task를 임의로 이동시킬 경우 설정된다.

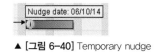

▲ [그림 6-40] Temporary nudge

이 설정은 [그림 6-41]과 같이 [Task Details] 창의 [Constraints] 탭에서 다음과 같이 확인할 수 있다.

▲ [그림 6-41] Task Details – Constraints 확인

이 제약 조건은 특정 Task를 임의로 이동시켜서 전체 일정 또는 자원의 사용에 어떤 영향을 미치는지 확인하기 위하여 사용한다. Nudge 날짜들을 제거하려면 [Task Details] 창의 [Constraint] 탭에서 [Temporary Nudge Date]를 삭제하거나 [Plan] 메뉴의 [Reset]을 이용한다.

### ● Always critical

이 제약 조건은 Task를 항상 주요 공정(Critical Path)으로 설정할 때 사용한다. 이 설정은 Task의 Total Float을 항상 0으로 만든다.

Always Critical ☑

▲ [그림 6-42] Always Critical

이 제약 조건 하에서 하나의 Plan 안에 몇 가지 Sub-Project를 동시에 다루면 각 Sub-Project들은 각각의 완료 일자를 갖는다. 이때 사용자는 각 Sub-Project의 마지막 Task에 Always critical 제약을 설정하여 각 Sub-Project들의 주 공정(Critical Path)을 확인할 수 있다.

---

## PRIMAVERA 04 계획 단위(Planning Units)

### |1| 계획 단위(Planning Units) 설정

Plan 작성 시 사용하는 기간(Duration)의 최소 단위는 [Plan] 메뉴의 [Planning Units]에서 15분(Quarter hour), 시간(Hour), 일(Day) 중 하나로 설정할 수 있다. 이 설정은 Graph나 Chart 등에 표현되는 Timescale과는 별개이다. 이 설정은 상세한 Plan을 작성하는 데 이용되고, 해당 Plan에 사용되는 Resource에도 적용된다.

▲ [그림 6-43] Planning Unit

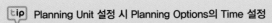

**tip** Planning Unit 설정 시 Planning Options의 Time 설정

### ① Day 설정

Day 설정은 실제의 24시간을 의미한다. 일(Day) 단위로 설정하기 때문에 Day보다 작은 단위인 Hour를 보조단위(Sub-unit)로 표현할 수 있다. 일반적으로 시간 단위로 일정을 지정해야 할 필요가 없는 경우에는 Day 단위를 사용한다.

[Plan Options]의 [Time] 탭에서 다음과 같이 'Day' 단위로 설정할 수 있다.

▲ [그림 6-44] Day 단위의 Sub-unit 설정

▲ [그림 6-45] Day 단위의 Sub-unit 해제

### ② Hour 설정

Hour 설정은 시간(Hour)을 계획 단위로 사용하는 설정이다. 시간 단위로 설정하기 때문에 시간보다 작은 단위는 표현할 수 없다.
[Plan Options]의 [Time] 탭에서 다음과 같이 'Hour' 단위로 설정할 수 있다.

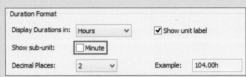

▲ [그림 6-46] Hour 단위의 Sub-unit 해제

### ③ Quarter Hour 설정

Quarter Hour 설정은 15분(Minute)을 계획 단위로 사용하는 설정이다. 시간보다 작은 분 단위로 설정하기 위하여 Sub-unit을 표현한다.

▲ [그림 6-47] Hour 단위의 Sub-unit 설정

### ④ Week 설정

Week 설정은 주(Week) 단위로 설정하기 때문에 Week보다 작은 단위인 Day를 보조단위(Sub-unit)로 표현할 수 있다.

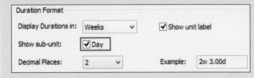

▲ [그림 6-48] Week 단위의 Sub-unit 설정

▲ [그림 6-49] Week 단위의 Sub-unit 해제

달력(Calender)

달력(Calender)은 Task들의 기간(Duration)을 계산하고, 자원(Resource)이 언제 활용 가능한지 확인할 수 있게 하는 기능을 제공한다. 또한 Task가 진행되지 않는 기간(Duration)을 표현할 수 있다.

달력을 생성하거나 수정하기 위해서는 [Plan] 메뉴의 [Calendar]를 선택하거나 📅을 클릭한다. 사용자는 'New Calender'를 클릭하여 무한대로 달력을 생성할 수 있다. 이때 기존의 달력을 복사하여 수정해서 사용할 수도 있고 직접 만들 수도 있다.

## | 1 | Nonwork 설정

Primavera Risk Analysis는 기본적으로 가장 많이 사용하는 주5일 근무(Standard), 주6일 근무, 주7일 근무 업무 달력을 제공한다. 흰색으로 표시된 날짜는 작업하는 것을, 파란색은 작업을 하지 않음을 표현하고 노란색은 예외(Exception)를 나타낸다.

▲ [그림 6-50] 주5일 달력

▲ [그림 6-51] 주6일 달력

▲ [그림 6-52] 주 7일 달력

기본으로 제공되는 달력인 주5일 근무(Standard) 달력에는 토요일과 일요일이 모두 파란색으로 표시되고, 주6일 근무 달력에는 일요일에만 파란색이 표시되고, 주7일 근무 달력에는 모두 흰색으로 표시된다. [그림 6-53]은 현재 주 5일 업무를 하며, 노란색으로 표시된 날짜는 특별히 작업을 하지 않는 예외(Exception)임을 나타낸다.

▲ [그림 6-53] 달력의 Exception

Primavera Risk Analysis는 Primavera P6의 달력과 비슷하게 Workweek의 기능을 사용하여 일괄로 날짜 또는 시간의 작업 여부를 변경할 수 있다. 이때, Primavera Risk Analysis는 Planning Unit 설정에 따라 Workweek 화면이 다르다.

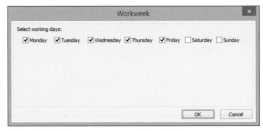

▲ [그림 6-54] Planning Unit – Day의 경우 Workweek

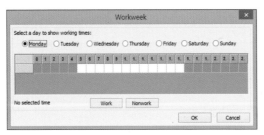

▲ [그림 6-55] Planning Unit – Hour의 경우 Workweek

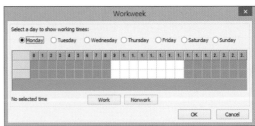

▲ [그림 6-56] Planning Unit – Quarter Hour의 경우 Workweek

## | 2 | Probabilistic 설정

Primavera Risk Analysis에서는 달력(Calender)의 Probabilistic 기능을 이용하여 각 달력(Calender)에 발생 확률을 적용할 수도 있다.

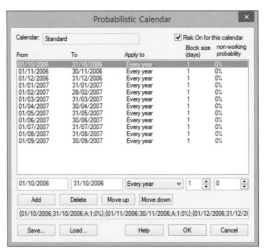

▲ [그림 6-57] Probabilistic Calendar 화면

또한 Probabilistic Calendar는 각 계획(Plan)의 Task와 자원(Resource)에 각각 적용하여 사용한다.

● **Task에 달력 할당**

[Task Details]의 [General] 탭을 선택하여 Calender 를 할당할 수 있다.

▲ [그림 6-58] Task에 달력 할당

## ● 자원(Resource)에 달력 할당

[Resource]의 [Calender] Column에서 해당
Calender를 할당할 수 있다.

▲ [그림 6-59] Resource에 달력 할당

## 자원과 비용(Resource & Cost)

Primavera Risk Analysis는 모든 비용이 자원에 근거하여 계산된다. 자원(Resource)을 생성하거나 수정하기
위해서는 [Plan] 메뉴의 [Resources]를 선택하거나 🗐 아이콘을 클릭한다.

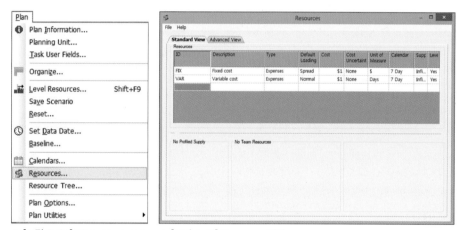

▲ [그림 6-60] Plan – Resources ▲ [그림 6-61] Resources 화면
　메뉴

### | 1 | Standard View

#### ● Resource ID

자원의 ID는 고유(Unique)해야 하고 대문자로만 입력이 가능하며 소문자로 작성 시 대문자로 자동 수정된다.

#### ● 설명(Description)

설명(Description)은 해당 자원을 설명하기 위한 선택 항목이다.

#### ● 자원 종류(Resource Type)

Primavera Risk Analysis에서 제공하는 자원의 종류(Resource Type)는 다음과 같다.

· EXPENSES : 비용

- **LABOR** : 인력
- **MATERIALS** : 페인트, 벽돌, 목재 등의 자재
- **NON LABOR** : 주로 기계/장비
- **TEAM** : 자원들의 그룹

---

### 💬 tip 자원 할당

자원의 종류 중에서 몇 가지 개별 자원을 한 번에 할당하고 비용을 지급하는 'Team'의 자원 종류를 제외하고는 [Aadvanced] 탭을 활용할 수 있다.

#### • 기본 할당(Default Loading)
자원 할당 방법에는 Front, Back, Normal, Spread가 있다.

| Front | Task의 시작 시점에 자원이 할당된다. |
|---|---|
| Back | Task의 종료 시점에 자원이 할당된디. |
| Normal | Task 기간에 의하여 Resource Unit이 변동되며 할당된다. |
| Spread | Task의 기간과 상관없이 Resource Unit이 고정되어 할당된다. |

▲ [표 6-3] 자원 할당 종류

#### • Normal로 로드된 자원 할당의 계산식
Normal의 자원 할당일 경우 다음과 같이 계산된다.
Remaining Units = Remaining Duration × Units per Period

| 수정 대상 | 수정의 영향을 받는 대상 |
|---|---|
| Units/period(단위/기간) | Remaining units(남은 단위) |
| Remaining duration(남은 지속 기간) | Remaining units(남은 단위) |
| Remaining units(남은 단위) | Units/period(단위/기간) |

▲ [표 6-4] Normal 할당 계산식

#### • SPREAD 로드된 자원 할당의 계산식
Spread의 자원 할당일 경우 다음과 같이 계산된다.
Remaining Units = Remaining Duration × Units per Period

| 수정 대상 | 수정의 영향을 받는 대상 |
|---|---|
| Units/period(단위/기간) | Remaining units(남은 단위) |
| Remaining duration(남은 지속 기간) | Units/period(단위/기간) |
| Remaining units(남은 단위) | Units/period(단위/기간) |

▲ [표 6-5] Spread 할당 계산식

● **비용(Cost)**

비용은 자원 하나의 단위당 단가를 의미한다.

● **비용의 불확실성(Cost Uncertainty)**

Primavera Risk Analysis는 비용(Cost)에 대한 불확실성(Uncertainty)을 None, Distribution, Escalating으로
적용할 수 있다.

· **None** : Uniform 분포로, 비용이 항상 동일할 경우 적용한다.

· **Distribution** : 자원의 비용이 불확실할 경우 분포를 적용한다.

· **Escalating** : 자원의 비용이 시간에 따라 변화할 경우 적용한다.

[Distribution]을 선택하면 Resource 화면 아래
부분이 활성화되어 자원 비용 분배의 불확실성
에 대한 분포를 사용자가 설정할 수 있다.

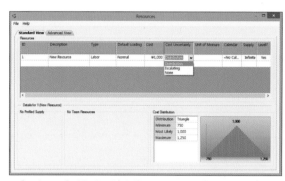

▲ **[그림 6-62]** 비용의 불확실성(Cost Uncertainty)

[Escalating]을 선택할 경우에는 Resource 화면의 [File] 메뉴에 있
는 [Define Escalation Dates]를 미리 설정해야 한다.

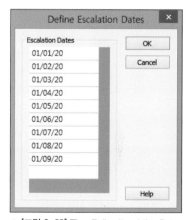

▲ **[그림 6-63]** File - Define Escalation Dates

● **Unit of Measure(단위)**

자원(Resource)의 단위를 나타내는 문자를 정의한다. (ton(톤), day(일), meter(미터) 등)

● **달력(Calender)**

사용자가 생성한 달력을 자원(Resource)에 할당한다.

● 공급(Supply)

자원이 할당되는 공급의 형태를 설정하고, 자원평준화(Resource Leveling)에 활용되는 설정이다.

- Constant : 값을 입력하면 물량의 특정 수량으로 제한받는다.
- Infinity : 자원평준화 수행 시 자원의 공급에 제한을 두지 않는다.(기본 설정)
- Profile : 공급이 시간에 따라 변화하는 경 우로 선택 시 Resource 화면 왼쪽 하단의 Profiled Supply에 공급 시기를 수동으로 설 정할 수 있다.

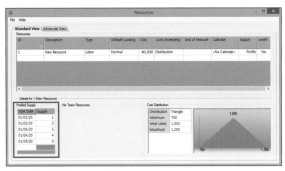

▲ [그림 6-64] Supply 적용

## | 2 | Advanced View

Advanced View는 새로운 자원의 종류를 생성 하거나 복잡한 Sub-Resource 계층을 생성할 때 사용한다.

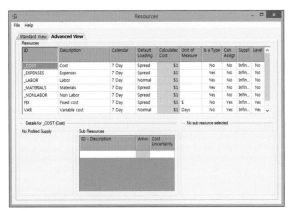

▲ [그림 6-65] Advanced View

● 새로운 자원 종류 (Resource Type) 생성

새로운 자원(Resource)을 생성한다. 이때 이 자원(Resource)의 이름은 새로운 자원 종류 의 이름이 된다. Advanced View 화면의 'Is a Type' 열을 'Yes'로 설정하고 하단의 Sub Resource에 '_COST - Cost'를 추가한다.

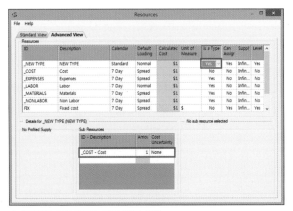

▲ [그림 6-66] 새로운 자원 종류 생성

## ● 보조자원(Sub Resources)

Primavera Risk Analysis에서는 자원(Resource)들이 함께 일하는 Team의 형태를 구성하기 위하여 보조자원(Sub Resources)을 사용한다. 보조자원(Sub Resources)은 업무를 Man_day, Man_hour의 단위로 측정하기 위해 사용된다.

## ● Team 구성

프로젝트를 운영하다 보면 어떠한 업무에 몇 가지 자원들이 Team의 형태로 할당되는 경우가 있다. 이러한 경우 사용자가 각 자원(Resource)을 각각 할당하여 관리하기는 어렵기 때문에 특성(비용, 공급, 분배 등)이 설정된 자원(Resource)들을 한 그룹으로 만들어 Team의 형태로 관리하는 것이 효율적이다.

- Standard View에서는 자원(Resource)을 새로 만들고 Type 열에 [그림 6-67]과 같이 TEAM으로 설정한다.

▲ [그림 6-67] Team의 생성

- Advanced View에서는 [그림 6-68]과 같이 Team Resource 의 보조 자원(Sub Resource)을 선택하여 지정하고 몇 명이 투입될 것인지 Amount에 설정한다.

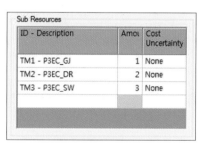

▲ [그림 6-68] Team 자원 생성

- [그림 6-69]와 같이 Team의 전체 비용은 각각의 보조 자원들의 비용들의 합으로 계산된다.

  Team Cost = ($300×1) + ($200×2) + ($100x3)

  = $1000

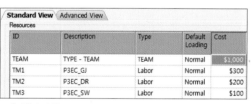

▲ [그림 6-69] Team Cost

- 일반적으로 자원의 사용은 Man_hour(1인당 1시간의 노동량) 또는 Man_day(1인당 하루 노동량)의 관점으로 관리된다. 계획자(Planner)와 자원 관리자(Resource Manager)들은 이러한 관점에서 프로젝트에 몇 명의 인력이 필요한지를 설정할 수 있다. 먼저 Man_day를 적용할 자원을 생성하고 [그림 6-70]과 같이 Man_day를 측정할 모든 자원의 보조 자원으로 Man_day를 할당한다.

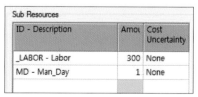

▲ [그림 6-70] Man_day 활용

자원 그래프(Resource Graph)

자원 그래프(Resource Graph)는 프로젝트의 전체 일정에 따른 자원의 할당과 과부하에 대한 자료를 제공한다.

자원 그래프는 'Gantt and Graph' Sheet에 있는 Resource Graph View에서 확인할 수 있으며, 이는 [그림 6-71]과 같이 [Insert] 메뉴의 [Sheet]를 선택한 후, [그림 6-72]와 같이 [Gantt and Graph]를 선택하면 된다.

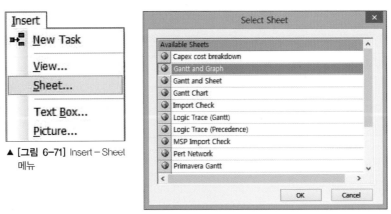

▲ [그림 6-71] Insert – Sheet 메뉴

▲ [그림 6-72] 자원 그래프 Sheet

'Gantt and Graph Sheet'의 Resource Graph View에서 해당 자원의 사용 현황을 보려면 [그림 6-73]과 같이 화면 왼쪽에 위치한 활용 가능한 자원 리스트에서 왼쪽과 오른쪽으로 자원을 스크롤하여 볼 수 있다.

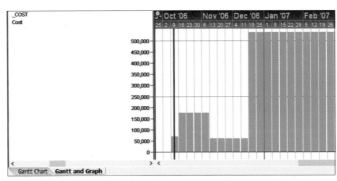

▲ [그림 6-73] Gantt and Graph Sheet

## |1| 자원 그래프 형태(Resource Graph Styles)

Primavera Risk Analysis는 자원의 그래프를 사용자가 원하는 형태로 수정하여 사용할 수 있다. Resource Graph View가 활성화된 상태에서 [Format] 메뉴의 [Resource Graph]를 선택하거나 Graph 영역을 더블 클릭하면 Resource Graph Styles 화면을 확인할 수 있다.

▲ [그림 6-74] 자원 그래프 형태 설정

Resource Graph Styles에서는 Downtime, Remaining Cost/Unit, Supply(availability), Over-demand (Over Allocation), Actual Cost/Units, Budget Cost/Units에 대한 Graph 속성을 설정할 수 있다.

● **그래프 형태(Graph Type)**

선택된 그래프의 색상(Color), 채우기(Fill), 외각선의 두께(Line)를 [그림 6-75]와 같이 지정한다.

▲ [그림 6-75] 그래프 형태 설정

[그림 6-76]과 같이 Type을 선택하여 바(Bar)의 형태를 Outline Bar, Black Bar, Peak styles 3가지 중에서 선택할 수 있다.

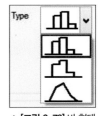

▲ [그림 6-76] 바 형태 설정

기본 설정 상태에서의 각 그래프의 형태는 [그림 6-77]과 같다.

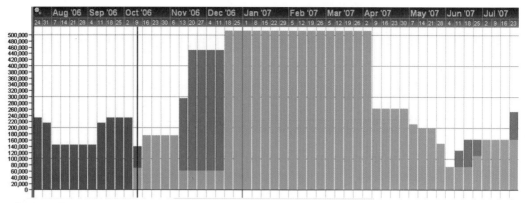

▲ [그림 6-77] 기본 바 색상

📝 **note**
- - - - - - - - - - - - - - - - - - - - - - - - - - - - - - - - - - - - - - - - - - - - - - - - - - - - - - - - - - - - - - - -
Primavera Risk Analysis의 Remaining unit, Actual unit, Budget에 대한 기본 Color는 Primavera P6의 Remaining(초록색),
Actual(파란색), Budget(노란색)과는 다르다.

● **Downtime**

Downtime을 Graph의 앞 또는 뒤에 표시되도록 설정할 수 있다.

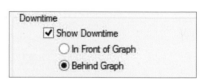

▲ [그림 6-78] Downtime 선택

● **Graph 척도(Grape Scale)**

- Automatic : 0부터 해당 자원의 단위(혹은 비용)의 최대 숫자
  까지 범위를 자동 지정한다.
- Values Between : 그래프 세로축에 나타낼 값의 범위를 사용
  자가 특정하여 지정한다.

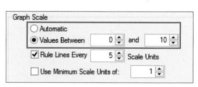

▲ [그림 6-79] Graph Scale – Values Between
   X and Y

- Rule Lines Every # Scale Units
  그래프의 Y축을 나눈 간격의 #번째마다 수평선을 나타낸다.

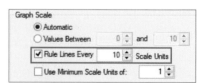

▲ [그림 6-80] Graph Scale – Rule Lines Every
   # Scale Units

- Use Minimum Scale Units of #
  그래프의 Y축을 #값 간격으로 나누어 표시한다.

▲ [그림 6-81] Graph Scale – Use Minimum
   Scale Units of #

Graph Scale을 [그림 6-82]와 같이 설정하면 [그림 6-83]과 같이 Y축은 0~30의 값을 갖고(Values Between 0 and 30), 5 간격으로 나누어진다(Use Minimum Scale Units of 5). 이때, 각 간격마다 수평선이 표시된다(Rule Lines Every 1 Scale Units).

▲ [그림 6-82] Use Minimum Scale Units of 5

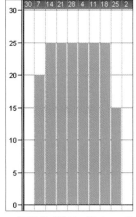

▲ [그림 6-83] Use Minimum Scale Units of 5

● **Attributes(속성)**

자원 그래프(Resource Graph)에 대한 더 자세한 옵션들은 Attributes를 사용하여 설정할 수 있다. 이 Option 은 [Format] 메뉴의 [Graph & Sheet Attribute]을 이용하여 설정할 수 있다.

▲ [그림 6-84] Attributes 선택

▲ [그림 6-85] Attributes 설정

• Display

　화면상에 표시할 그래프를 선택한다.

• Calculate

　– Total : 선택된 기간 내의 총 합을 표현한다.

　– Peak : 기간 내의 최대치를 표시하는 것으로 과부하를 확인할 때 유용하다.

　– Average : 총 합을 단위 기간으로 나눈 값을 표현한다.

• Cumulative

　계획 시작(Plan Start)이나 현재시점(Data Date)으로부터 특정 날짜까지의 누적치를 계산하여 표현하는 설정이다.  아이콘을 사용하여 표시할 수 있다.

- Display Value as

  기준은 비용(Cost)과 물량(Unit) 중에서 선택할 수 있는 기능이다. 비용(Cost)은 🔀 아이콘, 물량(Unit)은 🔀 아이콘을 사용하여 표시할 수 있다.

PRIMA VERA **08** 자원 시트(Resource Sheet)

자원 시트(Resource Sheet)는 프로젝트 전체 일정에 따른 자원의 할당에 대한 자료를 기간별 시트 형태로 제공하므로 각 기간별 소요 물량(Unit)이나 비용(Cost)을 수치로 볼 수 있다는 특징이 있다.

자원 시트 'Gantt and Sheet' Sheet에 있는 Resource Sheet View를 통하여 볼 수 있으며, 이는 [그림 6-86]과 같이 [Insert] 메뉴의 [Sheet]를 선택한 후, [그림 6-87]과 같이 'Gantt and Sheet'를 선택하면 된다.

▲ [그림 6-86] Insert – Sheet 메뉴

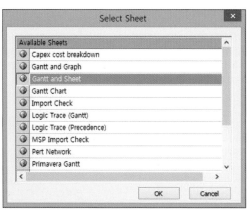

▲ [그림 6-87] Sheet 선택

[그림 6-88]과 같이 자원들은 왼쪽 리스트 화면에서, 각 기간마다 소요되는 물량(Unit)이나 비용(Cost)은 오른쪽 스프레드시트에서 확인할 수 있다. 이때, 사용자는 Column과 Timescale의 설정을 변경하여 필요한 데이터를 확인할 수 있다.

| Resource Description | Cost per Unit | Unit of Measure | Row Description | | | | Nov '06 | | | | |
| --- | --- | --- | --- | --- | --- | --- | --- | --- | --- | --- | --- |
| | | | | 9 | 16 | 23 | 30 | 6 | 13 | 20 | 27 |
| Cost | $1 | | Remaining | 70,000 | 175,000 | 175,000 | 175,000 | 175,000 | 62,500 | 62,500 | 62,500 |
| Labor | $1 | | Remaining | | | | | | | | |
| Non Labor | $1 | | Remaining | | | | | | | | |
| Materials | $1 | | Remaining | | | | | | | | |
| Expenses | $1 | | Remaining | 70,000 | 175,000 | 175,000 | 175,000 | 175,000 | 62,500 | 62,500 | 62,500 |

▲ [그림 6-88] Gantt and Sheet 화면

## | 1 | Resource Sheet Setup

Resource Sheet Setup은 Resource Sheet View가 활성화된 상태에서 [Format] 메뉴의 [Resource Sheet]를 선택하거나 마우스를 더블클릭하여 창을 열 수 있다.

▲ [그림 6-89] Resource Sheet Setup

● **Columns**

변경할 Column을 선택하고 드롭다운 메뉴를 이용하여 Column에 나타낼 내용을 선택하면 간단하게 해당 Column에 나타낼 항목을 변경할 수 있다. Heading의 Top과 Bottom을 수정하여 Column의 제목을 설정한다. 선택된 Column에 표시되는 내용을 Column Justification을 이용하여 왼쪽(Left), 가운데(Centre), 오른쪽(Right)으로 정렬할 수 있고, Column Width를 이용하여 너비를 수정할 수 있다.

새로운 Column을 추가하려면 [Insert Column]을 선택하고, 리스트에서 선택된 Column을 삭제하려면 [Delete Column]을 선택한다.

● **Display Options**

Decimal Places로 소수점을 5자리까지 표현할 수도 있고, Hide Zeros를 이용하여 '0'을 표시하지 않을 수도 있다.

▲ [그림 6-90] Resource Sheet Setup – Display Options

● **Resource Display List**

Resource Sheet에 나타낼 Resource를 설정하는 곳으로 [Add] 버튼을 클릭하여 우측 창으로 이동시킨 Resource만 화면에 나타난다.

▲ [그림 6-91] Resource Sheet Setup – Resource Display List

● **Attributes – % Utilisation**

Attributes 화면은 앞서 Resource Graph에서 설명한 것과 같지만 Resource Sheet에서는 [그림 6-92]와 같이 % Utilisation 옵션을 추가로 적용할 수 있다.

▲ [그림 6-92] Resource Sheet Setup – % Utilisation

% Utilisation은 [그림 6-93]과 같이 기간별로 자원별 총 이용 가능량 대비 배분된 양을 %로 나타낸다.

| Resource Description | Cost per Unit | Unit of Measure | Row Description | | Jul '02 | | | | | Aug '02 | | | |
|---|---|---|---|---|---|---|---|---|---|---|---|---|---|
| | | | | 24 | 1 | 8 | 15 | 22 | 29 | 5 | 12 | 19 | 26 |
| Excavators | $30 | Days | Supply | | 60 | 70 | 70 | 70 | 70 | 70 | 70 | 70 | 70 |
| | | | Remaining | | | | | | | | | | |
| | | | Over-demand | | | | | | | | | | |
| | | | % Utilized | | | | | | | | | | |
| Labourers | $30 | Days | Supply | | 24 | 28 | 28 | 28 | 28 | 28 | 28 | 28 | 28 |
| | | | Remaining | | | | | | | 25 | 17 | 9 | |
| | | | Over-demand | | | | | | | | | | |
| | | | % Utilized | | | | | | | 89% | 60% | 32% | |

▲ [그림 6-93] % Utilisation 적용

기준선(Baseline)

Primavera Risk Analysis에도 Primavera P6와 동일하게 프로젝트의 계획과 현재 진행 상태를 비교하기 위한 Baseline이라는 기능이 있다. Baseline은 계획과 현재의 편차(Variance)를 확인할 수 있고, 편차(Variance)에 대한 원인 분석을 통하여 지속적인 개선을 할 수 있기 때문에 프로젝트 관리 Tool 또는 일정 관리 Tool에서는 기본이 되는 기능이라고 할 수 있다.

[Task Details] 창의 [Dates] 탭을 선택하면, [그림 6-94]와 같이 Task는 기본적으로 Baseline을 갖지 않는 것을 확인할 수 있다. Baseline은 보통 계획(Plan)이 세워진 후, 일정을 수정하거나 투입물량 및 기타 모든 변경이 발생하기 전에 생성한다.

▲ [그림 6-94] Baseline 확인

## |1| Baseline 생성하기

● [Plan] 메뉴의 [Baseline]을 선택한다.

▲ [그림 6-95] Plan – Baseline 메뉴

● **Baseline 설정**

· **Entire Project** : Project 전체의 모든 Task들에 대하여 Baseline을 생성한다.

· **Filtered Tasks Only** : Filter가 적용되어 있는 Task만 Baseline을 생성한다.

· **Selected Task(s) Only** : 선택된 Task만 Baseline을 생성한다.

· **Start and Finish Dates to Baseline Dates** : Start/ Finish Date를 Baseline의 날짜로 저장한다.

▲ [그림 6-96] Baseline 설정

· **Remaining + Actual Duration to Original Duration** : Remaining Duration과 Actual Duration의 합을 Original Duration으로 저장한다.

· **Remaining + Actual Resource Units to Budget Resource Units** : Remaining Resource Unit과 Actual Resource Unit의 합을 Budget Resource Unit으로 저장한다.

> **tip** **Baseline 생성 전·후의 Original Duration과 Budgeted Unit**
>
> Primavera Risk Analysis의 Original Duration은 [그림 6-97]과 같이 Remaining Duration에 기간(Duration)이 입력되더라도 Baseline을 생성하기 전까지는 변화가 없다가 Baseline을 생성한 후에야 그 기간이 적용된다.
>
>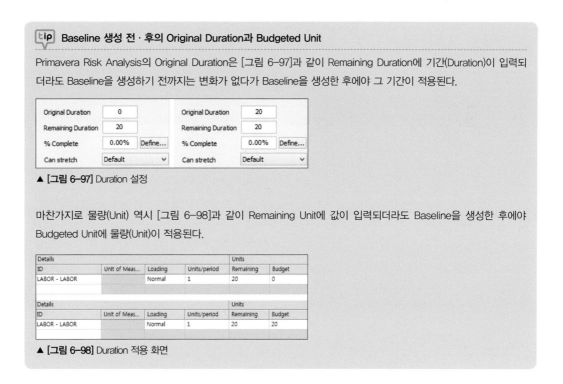
>
> ▲ [그림 6-97] Duration 설정
>
> 마찬가지로 물량(Unit) 역시 [그림 6-98]과 같이 Remaining Unit에 값이 입력되더라도 Baseline을 생성한 후에야 Budgeted Unit에 물량(Unit)이 적용된다.
>
> ▲ [그림 6-98] Duration 적용 화면

## |2| Baseline 비교하기

Baseline을 생성한 후 Gantt Chart 설정을 이용하거나 🖳 아이콘을 클릭하여 현재의 Bar와 Baseline의 Bar를 비교하여 볼 수 있다. 또한, Column을 이용하여 기간의 변화 또는 물량의 변화를 비교하여 볼 수 있다.

▲ [그림 6-99] Baseline 표시

**01** Baseline Bar의 표현 방법은 [Format] 메뉴의 [Gantt Chart]를 클릭하거나 Gantt Chart에서 마우스 오른쪽을 클릭하여 [Gantt Chart]를 클릭한 후 [Baseline] 탭에서 설정할 수 있다.

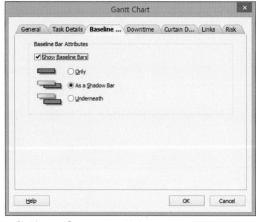

▲ [그림 6-100] Gantt Chart 설정

**02** [Format] 메뉴의 Columns를 이용하여 Slip Column을 화면에 나타나도록 설정하면, [그림 6-101]과 같이 Task의 Baseline 기간과 현재의 기간에 대한 편차(Variance)를 확인할 수 있다(Primavera P6에서는 Variance-BL Duration과 Variance-BL1 Duration과 같은 의미의 Column이다).

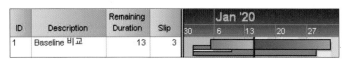

▲ [그림 6-101] Slip Column 설정

# Primavera Risk Analysis 불확실성(Uncertainty) 적용을 위한 기본 기능

Primavera Risk Analysis Risk 불확실성(Uncertainty)을 적용하기 위한 기본 기능을 설명한다.

## PRIMAVERA 01 기간의 불확실성(Duration Uncertainty)

프로젝트의 리스크(Risk) 중 리스크 모델링(Risk Modeling)에 쉽게 적용할 수 있는 것은 기간(Duration)에 대한 불확실성(Uncertainty)이라고 할 수 있다.

Primavera Risk Analysis는 기본적으로 Task(업무) 기간(Duration)에 대한 불확실성을 PERT(Program Evaluation and Review Technique)의 3점 추정(3 Point Estimation)의 형태로 적용한다. 이때 Primavera Risk Analysis의 잔여 기간(Remaining Duration)은 Most likely의 기간(Duration)을 적용한다.

### |1| 기간의 불확실성(Duration Uncertainty)의 적용

● **Column을 이용**

[그림 6–102]와 같이 Gantt Chart 우측 화면의 Column에 직접 입력할 수 있다.

| Minimum Duration | Most Likely | Maximum Duration |
|---|---|---|
| 36 | 40 | 44 |
| 54 | 60 | 66 |
| 9 | 10 | 13 |
| 76 | 96 | 120 |
| 108 | 120 | 132 |
| 49 | 54 | 70 |
| 52 | 66 | 83 |

▲ [그림 6–102] Column에서 직접 입력

● **Task Details를 이용**

[그림 6–103]과 같이 [Task Details]의 [Risk & Uncertainty] 탭의 [Duration Uncertainty]에서 입력할 수 있다. 이때 On의 체크 박스를 선택해야 표와 필드를 사용할 수 있다. 분포(Distribution)는 삼각분포(Triangle)가 가장 많이 사용되지만 다른 형태의 분포로 변경하여 설정할 수도 있다.

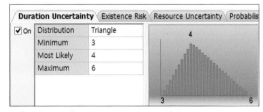

▲ [그림 6–103] Duration Uncertainty 입력

## | 2 | 불확실성(Uncertainty)에 대한 다양한 분포(Distribution)

### ● BetaPert(min, most likely, max)

BetaPert 분포는 Triangular와 같은 매개 변수를 사용하고, Triangular와 비슷하지만 최고치에서 Triangular보다 더 가파른 감소를 보인다.

BetaPert 분포는 Most Likely 기간이 Triangular 분포보다 더 확실한 경우에 주로 사용한다. BetaPert는 Triangular보다 Most Likely 기간에서 멀어질 확률이 훨씬 적기 때문에 최소 지속 기간과 최대 지속 기간 사이에 더 넓은 범위를 가질 수 있다. BetaPert 분포는 많은 업무 잔여 기간을 모델화하는 데 효과적이

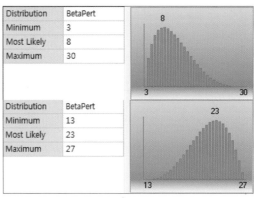

▲ [그림 6-104] BetaPert

다. 하지만 이 분포가 낙관적이고 정확하지 못하다고 판단되면 Triangular을 사용할 수 있다.

사용지가 BetaPert 분포를 사용하고 있다면 분포 형태를 더 다양하게 소절할 수 있는 BetaPert Modified 분포를 사용하는 것도 고려해볼 수 있다. BetaPert Modified 분포는 사용자가 Most Likely 기간에 대해 더, 혹은 덜 낙관할 수 있도록 해준다.

### ● BetaPert Modified(min, most likely, max, shape)

이 분포는 BetaPert 분포와 비슷하지만 추가적으로 Shape 매개 변수를 적용할 수 있다. Shape에 대한 값이 4로 설정되었다면, 그 분포 형태는 BetaPert 분포와 동일하다. Shape 값은 사용자가 이 분포를 더, 혹은 덜 낙관하도록 만들 수 있다. Shape 값이 증가하면 그래프는 더욱 가파른 형태를 보인다. 이 분포는 Min과 Max 기간의 확률은 감소시키고 Most Likely 기간의 가능성은 증가시킨다. 따라서 사용자가 Most Likely 기간에 대해 낙관하고 있다면 Shape value에 4보다 큰 값을 입력하면 된다. 반면 Most

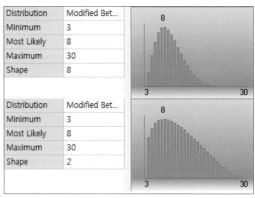

▲ [그림 6-105] BetaPert Modified

Likely 기간에 대해 비판적인 입장이라면 Shape Value에 4보다 작은 값을 입력하면 된다.

만약 사용자가 Shape Value에 0(입력할 수 있는 최저치)을 입력한다면 분포는 균등(Uniform)이 된다.

### ● Cumulative(min, max, {x1,..,xn},{p1,..,pn})

누적(Cumulative) 분포는 사용자가 가진 Value(예를 들어 남아있는 기록 데이터)를 입력할 수 있다. 이 Values들은 최소치, 최대치, 그리고 일련의 값/확률의 쌍으로 입력한다.

처음과 마지막 좌표의 확률은 항상 각각 0%와 100%여야 하며 이 수치들은 변경할 수 없다.

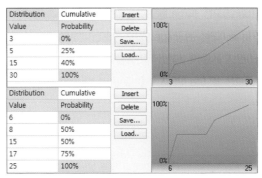

| Distribution | Cumulative | Insert |
| --- | --- | --- |
| Value | Probability | Delete |
| 3 | 0% | Save... |
| 5 | 25% | Load.. |
| 15 | 40% | |
| 30 | 100% | |

| Distribution | Cumulative | Insert |
| --- | --- | --- |
| Value | Probability | Delete |
| 6 | 0% | Save... |
| 8 | 50% | Load.. |
| 15 | 50% | |
| 17 | 75% | |
| 25 | 100% | |

▲ [그림 6-106] Cumulative

📝 note

추가적인 좌표들의 확률은 1%에서 99% 사이의 값이 된다. 이 분포는 적어도 두 개 이상의 좌표를 가져야 한다. Value는 X축(수평축)을 따라 나타나고 Probability은 Y축(수직 축)에 표현된다.

● Discrete({x1,..,xn},{p1,..,pn})

Discrete(이산) 분포는 잔여 기간(Remaining Duration)이 많은 값들을 가질 때 주로 적용하지만, 몇 가지 이산 값들의 사이 값은 가지지 않는다. 연속 분포가 아닌 불연속 분포(이산 분포) 형태로 나타난다.

이산 확률들의 합은 100%가 아니어도 되며 필요한 경우에는 0값을 사용할 수 있다.

📝 note

해당 분포에는 적어도 하나의 좌표가 있다. Value는 X축(수평축)을 따라 나타나고 Probability는 Y축(수직 축)에 표현된다.

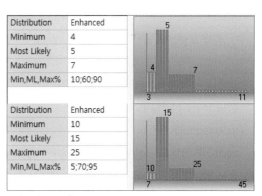

| Distribution | Discrete | Insert |
| --- | --- | --- |
| Value | Weighting | Delete |
| 8 | 50 | Save... |
| 12 | 100 | Load.. |
| 15 | 50 | |
| 17 | 25 | |

| Distribution | Discrete | Insert |
| --- | --- | --- |
| Value | Weighting | Delete |
| 8 | 75 | Save... |
| 15 | 24 | Load.. |
| 17 | 12 | |
| 35 | 5 | |

▲ [그림 6-107] Discrete

● Enhanced

Enhanced 분포는 누적을 만들고, Optimistic, Most Likely, Pessimistic 기간의 확률로부터 각각 산출된 4개 값의 분포를 가진다. Enhanced Min 값은 [Min − 0.6 × (ML − Min)]으로 계산되고 Enhanced Max 값은 [Max + 2 × (Max − ML)]으로 계산된다. Enhanced Min과 Max 값은 입력된 Optimistic/Pessimistic 값들 이외에 외부에서 발생할 수 있는 값의 확률을 모델화하도록 만들어졌다. 따라서 이 분포는 주어진 극단이 인지된 극단에 미치지 못하는 경우에 사용되는 Trigen 분포와 유사하다.

| Distribution | Enhanced |
| --- | --- |
| Minimum | 4 |
| Most Likely | 5 |
| Maximum | 7 |
| Min,ML,Max% | 10;60;90 |

| Distribution | Enhanced |
| --- | --- |
| Minimum | 10 |
| Most Likely | 15 |
| Maximum | 25 |
| Min,ML,Max% | 5;70;95 |

▲ [그림 6-108] Enhanced

## ● General(min, max, {x1,..,xn},{p1,..,pn})

General 분포는 극단 값의 범위 내에서 확률값의 쌍 (Couple)을 무제한으로 입력할 수 있어 과거 경험을 분포로 표현하여 리스크(Risk)를 모델링(Modeling) 할 수 있다. 또한 4점 분포는 발생할 가능성은 적지 만 치명적인 기간을 갖는 좁은 밴드들을 포함한 가 능성 높은 분포를 보여준다.

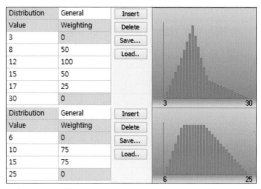

▲ [그림 6-109] General

📄 note

이 분포는 적어도 3개 이상의 좌표를 가져야 하며, 처음과 마지막 좌표의 값은 항상 0이이야 한다. 이 값들은 수정되면 안 되며, 0으로 유지되어야 분포가 완결된다. 분포를 완성하기 위해서는 처음과 마지막 좌표의 값이 0이이야 한다. Value는 X축(수평 축)을 따라 나타나고 Probability은 Y축(수직 축)에 표현된다.

## ● Log Normal(u,a)

Log Normal 분포는 다른 몇 가지 사건들로부터 자연 적으로 일어나는 사건들을 모델화하는 데 유용하다. 예를 들어 전염병의 잠복 기간은 종종 대수 정규분포 형태를 보인다.

Log Normal 분포는 평균으로 정의될 때 사용되지만 형태가 반드시 비대칭인 경우에 설정된다. 값들은 0 으로 줄어든다.

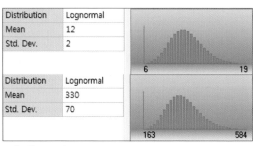

▲ [그림 6-110] Log Normal

## ● Normal(u,a)

정규분포는 잔여 기간(Remaining Duration)의 평균과 표준편차로 정의된다. 표준편차가 크다면 천천히 0으 로 줄어들 것이다. 분포가 대칭적으로 표현되기 때문 에 종종 현실적이지는 못하며, 업무(Task) 잔여 기간 (Remaining Duration)의 일반적인 분포는 아니다.

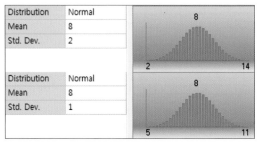

▲ [그림 6-111] Normal

### ● Triangle(Min, Most Likely, Max)

Triangle 분포는 일반적으로 Task의 잔여 기간 (Remaining Duration)을 모델링하기 위해서 사용된다. 이때 사용되는 Minimum(최소), Maximum(최대), Most Likely 기간과 같은 단순한 매개 변수들은 현실과 쉽게 연결지을 수 있다. 업무들이 정해진 지속 기간보다 일찍 완료되지 못하고 여러 원인들로 인해 지연되기 쉽기 때문에 Triangular 분포는 왼쪽으로 치우친 형태로 나타나는 경우가 많은데, 이러한 경우는 Max Duration보다는 Min Duration이 Most Likely Duration의 지점에 더 가까워지는 형태를 보인다. Triangular 분포의 평균은 다음과 같이 계산한다.

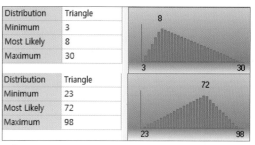

▲ [그림 6-112] Triangle

$$\frac{Min + ML + Max}{3}$$

📑 note
--------------------------------------------------------------------
사용자가 Most Likely 기간에 대한 확신이 있다면 BetaPert 분포를 사용하는 것을 권장할 수 있다.

### ● Trigen(Upper Min, Most Likely, Lower Max, Lower%(), Upper%())

Trigen 분포는 양쪽의 극단 값들이 예상했던 극단 값을 초과할 것이라고 판단될 때 주로 사용되는 분포로, 양쪽 극단 값에 전체 삼각분포 면적 중 차지하는 비율을 %값으로 지정할 수 있다. [그림 6-114]는 극단 값으로 10일과 40일을 설정했고 각각에 10%와 90%의 면적 %값을 지정하면 Primavera Risk Analysis는 각 극단 값을 기준으로 양 단부의 % 면적만큼 확장하여 실질적인 극단 값(0일과 53일)을 계산한다.

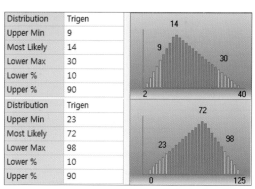

▲ [그림 6-113] Trigen

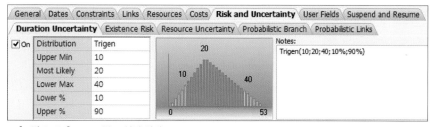

▲ [그림 6-114] Trigen 분포 설정 화면

● Uniform(Min(최소), Max(최대))

Uniform 분포는 불확실성의 양쪽 극단이 설정되고
그 사이 값들의 발생 확률이 균일할 때 사용된다.

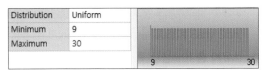

| Distribution | Uniform |
|---|---|
| Minimum | 9 |
| Maximum | 30 |

▲ [그림 6-115] Uniform

## PRIMAVERA 02 존재하는 리스크(Existence Risk)

Primavera Risk Analysis는 일반적으로 해당 Task를 수행하면 발생하는 리스크를 해당 Task에 적용하여 리
스크 분석(Risk Analysis)을 할 수 있다.

### |1| 존재하는 리스크(Existence Risk) 적용

① [Task Details] 창의 [Risk and Uncertainty] 탭에서 [Existence Risk]를 선택하고 'On' 체크 박스에 체크한
후 적용할 수 있다.

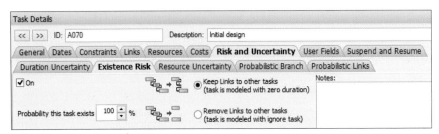

▲ [그림 6-116] Existence Risk 적용

· Keep Links to other tasks : 해당 Task의 존재 가능성이 0으로 설정되거나 0이 될 경우에도 선행과 후행
Task 사이의 연결 관계를 유지한다.

· Remove Links to other tasks : 해당 Task의 존재 가능성이 0으로 설정되거나 0이 될 경우 선행과 후행
Task 사이의 연결 관계를 제거한다.

② Column에서 적용

Column의 [Risk Input] Category에서 Task Existence를 추가하고
Column에 원하는 값을 직접 입력한다.

| ID | Description | Rem Duration | Task Existence % |
|---|---|---|---|
| A010 | Project Start | 0 | |
| A020 | Preliminaries | 0 | |
| A030 | Agree Contract | 0 | |
| A040 | Detailed specification | 0 | 35% |
| A050 | Source subcontractors | 0 | |

▲ [그림 6-117] Column에서 Task Existence
적용

## | 2 | Existence Risk 표현

Task에 Existence Risk가 적용되면 [그림 6-118]과 같이 자동으로 해당하는 Task의 Bar에 표현된다.

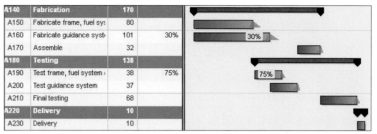

▲ [그림 6-118] Existence Risk 표현

Risk Analysis를 수행할 경우 [그림 6-119]와 같이 설정된 존재 가능성을 토대로 Task의 상태가 표현된다.

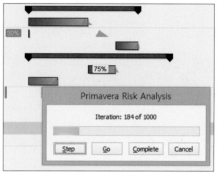

▲ [그림 6-119] Risk Analysis 실행 – Existence Risk

---

PRIMA VERA **03**   확률적 가지(Probabilistic Branch)

Primavera Risk Analysis는 프로젝트의 Task를 수행하다가 발생할 수도 있고 발생하지 않을 수도 있는 상황을 적용하여 리스크 분석을 실행할 수 있다.

## | 1 | 확률적 가지(Probabilistic Branch) 적용

● 기본 계획

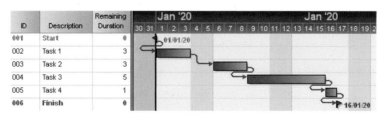

▲ [그림 6-120] Probabilistic Branch 기본 계획

## ● 가정

Task 1에 따른 결과가 다음과 같이 나타난다고 가정한다.

· **Branch 1** : 기존의 계획대로 Task 2로 진행될 확률 75%

· **Branch 2** : 기존 Task 2 대신 Add Task1과 Add Task2를 진행한 후 Task 3으로 진행될 확률 5%

· **Branch 3** : 기존 Task 2 대신 Add Task3을 진행한 후 Task 3으로 진행될 확률 20%

## ● Task 및 Link 추가

Branch에 추가할 Task와 Link를 추가한다.

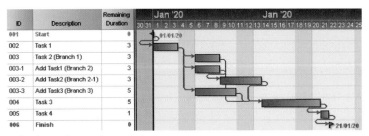

▲ [그림 6-121] Task 및 Link 추가

## ● Probabilistic Branch 적용

[Task Details] 창의 [Risk and Uncertainty] 탭의 [Probabilistic Branch]에서 'On' 체크 박스에 체크한 후 적용할 수 있다.

| ☑ On | Succeeding Tasks | Probability |
|---|---|---|
| | 003-3, Add Task3 (Branch 3) | 20% |
| | 003-1, Add Task1 (Branch 2) | 5% |
| | 003, Task 2 (Branch 1) | 75% |
| | Total % left to allocate: | 0% (OK) |

▲ [그림 6-122] Probabilistic Branch 적용

## ● 리스크 분석

적용한 Probabilistic Brach에 따라 분석을 실행한다.

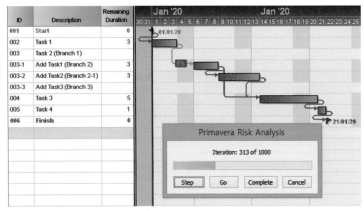

▲ [그림 6-123] Probabilistic Branch 분석 실행

Primavera Risk Analysis는 프로젝트의 Task들이 연결되어 있을 경우 그 연관관계가 발생할 가능성에 대한 확률적 연결을 이용하여 적용하고 리스크 분석을 진행할 수 있다.

## |1| 확률적 연결(Probabilistic Links) 적용

[Task Details] 창의 [Risk and Uncertainty] 탭의 [Probabilistic Links]에서 적용할 수 있다.

### ● 선행이 여러 개인 경우

선택된 Task의 모든 선행 Task가 Preceding Links 아래 나열되어 있다. Probabilistic Links는 Probabilistic Branching과 유사하게 선택된 Task에 하나 이상의 연결이 존재하면 Probability의 총합이 100%가 되어야 한다. 총합이 100%가 되면 [그림 6-124]와 같이 Total % left to allocate(남은 배정 확률 #%) 항목이 0%가 된다.

▲ [그림 6-124] 확률적 연결 설정

총합이 100%가 되지 않으면 [그림 6-125]와 같이 Total % left to allocate 항목은 100%와의 차이를 붉은 색으로 표시한다.

▲ [그림 6-125] Probability 총합이 100%가 아닐 경우

### ● 선행이 하나인 경우

선행 연결이 하나밖에 없는 경우에는 [그림 6-126]과 같이 확률이 0과 100% 사이의 값을 갖더라도 경고 표시는 나타나지 않는다.

▲ [그림 6-126] 선행이 하나일 경우

Primavera Risk Analysis는 Plan의 Task에 적용되어 있는 불확실성(Uncertainty)을 근거로 리스크 분석을 수행할 수 있다.

### |1| 리스크 분석 수행(Run Risk Analysis) 실행

[Risk] 메뉴의 [Run Risk Analysis]를 선택하여 수행한다. 단축키 F10을 누르거나 아이콘을 클릭하여 수행할 수도 있다.

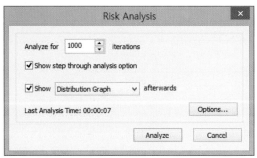

▲ [그림 6-127] 리스크 분석 수행 화면

● **Analyze for ⟨n⟩ iterations**

Iteration의 횟수를 지정하여 Min, Most likely, Max의 구간 내 임의의 값이 매 반복마다 선택된다.

● **Show step through analysis options**

리스크 분석을 수행할 방법을 선택하는 화면을 볼 수 있게 한다.

▲ [그림 6-128] Show step through analysis options

● **Show ⟨option⟩ afterwards**

Iteration이 완료된 후 보여줄 결과 화면을 결정한다.

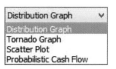

▲ [그림 6-129] Iteration 결과 선택

● **Last Analysis Time**

마지막으로 수행한 리스크 분석에 소요된 시간을 나타낸다.

● **Options**

Option을 활용하여 다양한 리스크 분석을 수행할 수 있다.

- **Risk Data** : Duration Sensitivity, Cost Sensitivity, Percentiles, Cash Flow 및 NPV와 IRR을 설정할 수 있다.

▲ [그림 6-130] Risk Analysis Options – Risk Data

- **Analysis** : Iteration, Convergence Settings, Level Resources를 설정할 수 있다.

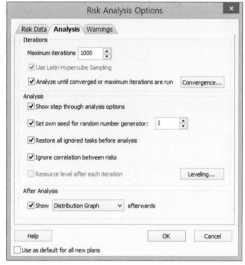

▲ [그림 6-131] Risk Analysis Options – Analysis

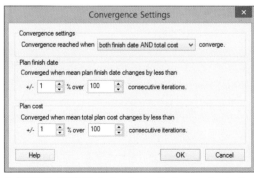

▲ [그림 6-132] Risk Analysis Options – Analysis_ Convergence Settings

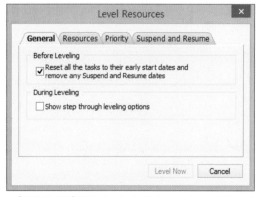

▲ [그림 6-133] Risk Analysis Options – Analysis_Level Resources

• Warnings : 경고 대화 창을 활성화할 수 있다.

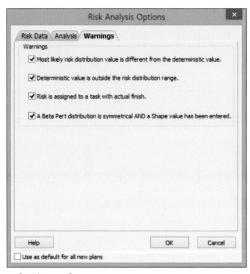

▲ [그림 6-134] Risk Analysis Options – Warnings

**06**  신속한 기간 리스크 적용(Duration Quick Risk)

Primavera Risk Analysis는 Plan의 Task에 적용되는 기간(Duration)에 대한 불확실성(Uncertainty)을 빠르게 일괄 적용할 수 있다.

## | 1 | 신속한 기간 리스크 적용(Duration Quick Risk) 실행

[Risk] 메뉴의 [Duration Quick Risk]를 선택하거나 단축키 [Shift]+[F10]을 눌러서, 또는 아이콘을 클릭하여 수행할 수 있다.

▲ [그림 6-135] Risk – Duration Quick Risk 메뉴

● **Apply to**

• All tasks in the Plan

계획 내의 모든 Task에 적용한다.

- All Filtered tasks

  필터가 적용된 모든 Task에 적용한다.

- Selected tasks Only

  선택된 Task에만 적용한다.

- Overwrite existing estimates and duration distribution notes

  기존에 적용되어 있던 값을 갱신하여 적용한다.

▲ [그림 6-136] 신속한 기간 리스크 적용

● **Risk formula details**

- Distribution

  다음의 분포 중 선택하여 적용한다.

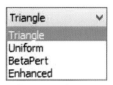

▲ [그림 6-137] Duration Distribution 선택

- Minimum/Most Likely/Maximum

  Task의 잔여 기간(Remaining Duration)을 기준으로 Minimum/Most Likely/Maximum 기간(Duration)을 지정된 비율(%)로 적용한다.

- Distribution Note

  Duration Quick Risk가 적용된 Task의 Note에 정보를 입력한다. Column의 [Duration Note] 또는 [Task Details]의 [Duration Uncertainty]에서 확인할 수 있다.

## PRIMAVERA 07 신속한 자원 리스크 적용(Resource Quick Risk)

Primavera Risk Analysis는 자원(Resource)의 물량(Unit)에 대한 불확실성(Uncertainty)을 빠르게 적용할 수 있다.

### |1| 신속한 자원 리스크 적용(Resource Quick Risk) 실행

[Risk] 메뉴의 [Resource Quick Risk]를 선택하여 실행한다.

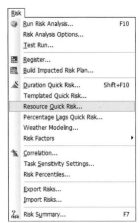

▲ [그림 6-138] Risk – Resource Quick Risk 메뉴

● **Apply to**

· All tasks in the Plan

계획 내의 모든 Task에 적용한다.

· All Filtered tasks

필터가 적용된 모든 Task에 적용한다.

· Selected tasks Only

선택된 Task에만 적용한다.

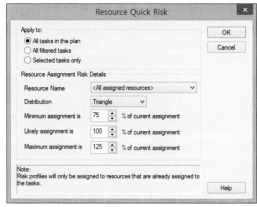

▲ [그림 6-139] 신속한 자원 리스크 적용

● **Resource Assignment Risk details**

· Resource Name

계획에 적용되어 있는 자원(Resource)들 중 선택하여 적용한다.

· Distribution

다음의 분포 중 선택하여 적용할 수 있다.

▲ [그림 6-140] Resource Distribution 선택

· Minimum/Most Likely/Maximum

Resource Loading 형태에 따라 Task에 적용되어 있는 자원의 Remaining Units 또는 Units/Period를 기준으로 Minimum/Most Likely/Maximum 값을 지정된 비율(%)로 적용한다.

Primavera Risk Analysis는 Task의 기간(Duration)에 대한 불확실성(Uncertainty)을 템플릿(Template)을 활용하여 빠르게 일괄 적용할 수 있다.

## |1| 신속한 템플릿 리스크 적용(Templated Quick Risk) 실행

[Risk] 메뉴의 [Templated Quick Risk]를 선택하거나 🖼 아이콘을 클릭하여 수행한다.

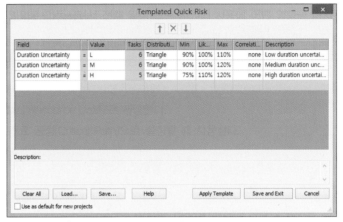

▲ **[그림 6-141]** Risk Templated Quick Risk 메뉴

▲ **[그림 6-142]** Templated Quick Risk 화면

Templated Quick Risk는 다음의 3가지 카테고리에 대해 사용할 수 있다

• **Summary Task/WBS** : 항상 사용할 수 있다.

• **Advanced Filters** : 항상 사용할 수 있다.

• **Any Other Fields** : 모든 Column 항목을 제공한다(User가 생성한 Column도 포함한다).

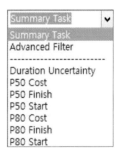

▲ **[그림 6-143]** Field 선택

● **Summary Task 적용**

Summary Task에 포함되는 모든 Task에 기간 불확실성(Duration Uncertainty)을 일괄적으로 적용한다.

• Field 열에서 Summary Task/WBS를 선택한다.

• Value 열은 계획 내의 모든 Summary 업무의 드롭다운 설정을 바꾼다.

• Value 열에서 Summary Task를 선택한다.

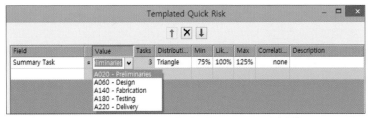

▲ [그림 6-144] Templated Quick Risk 선택

- Tasks Column은 자동으로 계산되며, 해당 Summary에 포함된 Task의 수를 나타낸다.

- 목록에서 분포를 선택한다.

▲ [그림 6-145] Templated
distribution 선택

- Min, Likely, Maximum 값을 입력한다.

- 필요한 경우에는 상관관계(Correlation)를 입력한다.

- 필요한 경우에는 설명(Description)을 첨부한다.

- Quick Risk를 적용하기 위하여 [OK]를 클릭한다.

Minimum, Most Likely, Maximum 잔여 기간 (Remaining Duration)은 [그림 6-146]과 같이 입력한 비율(%)에 따라 적용된다.

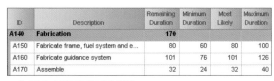

| ID | Description | Remaining Duration | Minimum Duration | Most Likely | Maximum Duration |
|---|---|---|---|---|---|
| **A140** | **Fabrication** | **170** | | | |
| A150 | Fabricate frame, fuel system and e... | 80 | 60 | 80 | 100 |
| A160 | Fabricate guidance system | 101 | 76 | 101 | 126 |
| A170 | Assemble | 32 | 24 | 32 | 40 |

▲ [그림 6-146] 잔여 기간 확인

### ● Task User Field 적용

Code 형태의 사용자 필드 값에 해당되는 모든 Task에 대하여 기간 불확실성(Duration Uncertainty)을 일괄적으로 적용한다. 이 사용자 필드는 Plan 작성 중에 만들 수도 있고, Primavera P6에서 불러온 사용자 필드 또는 Activity Code가 될 수도 있다.

- [Plan] 메뉴의 [Task User Field]를 선택한다.

- [그림 6-147]과 같이 'IMPACT'라는 Task User Fields를 생성한 후 Type을 'Code'로 지정한다.

- 하단의 Code 값에 H(High), M(Medium), L(Low)을 입력한다.

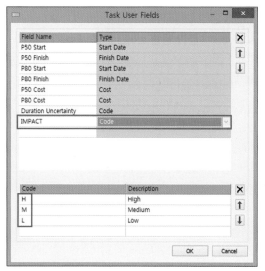

▲ [그림 6-147] Task User Field 생성

생성한 Code를 Column에서 각 Task에 [그림 6-148]과 같이 할당할 수 있다.

- [Field] Column에 'IMPACT'를 선택한다
- [Value] Column에는 IMPACT의 Value인 H(High), M(Medium), L(Low) 중에서 선택한다.
- [Risk] 메뉴의 [Templated Quick Risk]를 선택하여 [그림 6-149]와 같이 적용한다

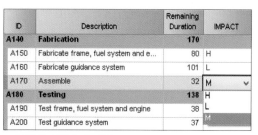

▲ [그림 6-148] Code 할당

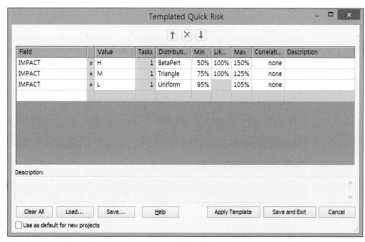

▲ [그림 6-149] Templated Quick Risk Code 적용

- Tasks Column은 자동으로 계산되며, 해당되는 Task의 수를 나타낸다.

- 목록에서 분포를 선택한다.

▲ [그림 6–150] Distribution 선택

- Min, Likely, Maximum 값을 입력한다.
- 필요한 경우에는 상관관계(Correlation)를 입력한다.
- 필요한 경우에는 설명(Description)을 첨부한다.
- Quick Risk를 적용하기 위하여 [OK]를 클릭한다.

● **Templated Quick Risk 적용 – Advanced Filter**

Advanced Filter는 사용자가 생성한 Filter를 사용하여 해당되는 Task
에만 Templated Quick Risk를 적용한다. 이때 새로 만들어진 Filter
가 없는 경우 Field에 Advanced Filter를 선택하면 Value Column에
〈NEW FILTER〉가 나타난다.

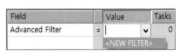

▲ [그림 6–151] Advanced Filter 적용

[Value] Column의 'New Filter'를 선택하여 새로
운 Filter를 생성한다. 만약 Task에 할당된 달력
(Calender)을 기준으로 Templated Quick Risk를
적용한다면, [그림 6–152]와 같이 Filter를 만들 수
있다.

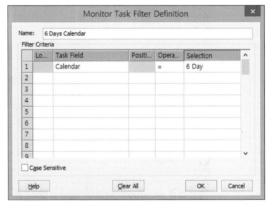

▲ [그림 6–152] Filter 설정

PRIMA VERA **09** 상관관계(Correlation)

Primavera Risk Analysis는 Task 사이의 상관관계를 연결시켜 분석할 수 있다. Risk(리스크)를 Plan에 추가
하는 것과 관련해서, 상관관계(Correlation)는 한 Task가 어떤 형태의 불확실성에 영향을 받으면, 연관된 다른
Task들도 그와 동일하거나 비슷한 정도의 영향을 받는다는 의미이다.

## | 1 | 상관관계(Correlation) 수행

[Risk] 메뉴의 [Correlation]을 선택하거나 🔧 아이콘을 클릭하여 수행한다.

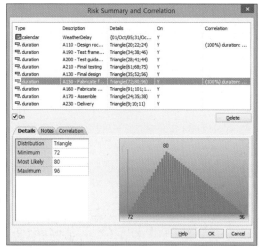

▲ [그림 6-153] Correlation 화면

잔여 기간(Remaining Duration)에 대한 상관관계(correlation)는 리스크 분석 과정 동안 Task의 잔여 기간 (Remaining Duration)이 Coefficient에 지정되어 있는 비율만큼의 영향을 받는다는 것으로, 100% Correlation은 영향이 서로에게 정확히 동일하게 적용됨을 의미한다. Coefficient는 -100%에서 +100%로 적용할 수 있다.

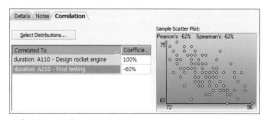

▲ [그림 6-154] 상관관계 화면

# Primavera Risk Analysis
# 사건 리스크(Event Risk) 적용을 위한 기본 기능

Primavera Risk Analysis의 사건 리스크(Event Risk) 적용을 위한 기본 기능을 설명한다.

## PRIMA VERA 01 리스크 스코어링(Risk Scoring)

Primavera Risk Analysis의 리스크 스코어링(Risk Scoring)은 사건 리스크(Event Risk)에 대하여 Impact Scale & Type, Probabililty and Impact Scoring(PID), Probability Scale, Risk Manageability & Proximity 항목을 바탕으로 구성되어 있다. Risk Scoring 대화창은 기본적으로 Scale의 범위를 제공하고 있고, 이 Scale은 관리자가 해당 프로젝트에 적합하게 수정하여 사용할 수 있다.

[Risk] 메뉴에서 [Risk Register]를 선택하여 Risk Register 창을 활성화시킨 후, Risk Register 화면의 [Edit] 메뉴에서 [Risk Scoring]을 선택한다.

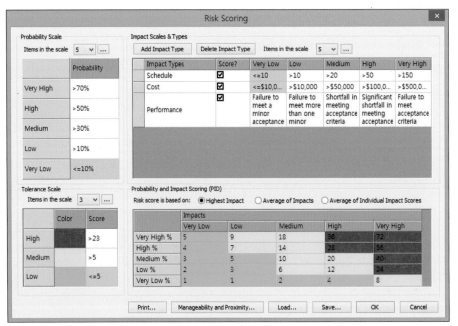

▲ [그림 6-155] Risk Scoring 화면

프로젝트의 특성에 따라 각 프로젝트는 서로 다른 Risk Scoring 기준을 설정할 수도 있기 때문에 Primavera Risk Analysis에서는 Load와 Save 기능을 사용하여 서로 다른 프로젝트에 적절한 평가 기준을 활용할 수 있도록 한다.

## | 1 | Probability Scale

Probability Scale은 최대 9단계까지 구성할 수 있고 Probability의 범위를 설정할 수 있다.

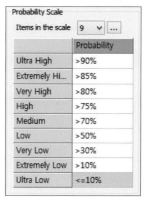

▲ [그림 6-156] Probability Scale

## | 2 | Impact Scale & Type

### ● Impact Type 설정

Impact Type을 추가하여 Impact의 범위를 설정할 수 있고, [Score?]의 체크 박스를 통하여 측정 대상을 선택할 수 있다.

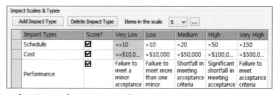

▲ [그림 6-157] Impact Type 추가

### ● Impact Scale 설정

Impact Scale은 최대 9단계까지 구성할 수 있다.

▲ [그림 6-158] Impact 범위 설정

## | 3 | Probability and Impact Scoring (PID)

Risk Score를 계산하는 방법을 설정하고, 필요한 경우 Probability과 Impact에 대한 Risk Score를 더블클릭하여 수정한다.

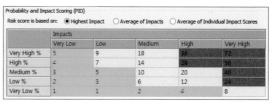

▲ [그림 6-159] PID

● **Highest Impact**

Highest Impact는 Impact Scales & Types에 설정된 Impact들 중 Task에 가장 큰 영향을 미치는 Impact 값을 전체 Impact로 결정한다.

예를 들어, Probability Scale과 Impact Scale이 5이고 Impact Type은 A, B, C 세 가지인 PID가 있다고 가정한다. 이때 어떤 Task의 Probability는 Medium이고, A Impact가 High, B Impact가 Medium, C Impact가 Very High의 값을 갖고 있다고 가정하면, 해당 Task의 전체 Impact는 가장 큰 값인 Very High로 결정되기 때문에 해당 Task의 Risk Score는 [그림 6-159]에서 Probability(Medium) − Impact(Very High)인 40점이다.

● **Average of Impacts**

Average of Impacts는 Impact Scales & Types에 설정된 Impact들 중 Task에 영향을 미치는 Impact 값의 평균을 반올림하여 전체 Impact로 결정한다.

예를 들어, Probability Scale과 Impact Scale이 5이고 Impact Scale이 각각 Very Low=1, Low=2, Medium=3, High=4, Very High=5의 값을 가지며 Impact Type은 A, B, C 세 가지인 PID가 있다고 가정한다. 이때 어떤 Task의 Probability는 Medium이고, A Impact가 High, B Impact가 Medium, C Impact가 Very High의 값을 갖고 있다고 가정하면, 해당 Task의 전체 Impact는 (High(4점) + Medium(3점) + Very High(5점))/3 = 4점으로 계산되어 High로 결정되기 때문에 해당 Task의 Risk Score는 [그림 6-159]에서 Probability(Medium) − Impact(High)인 20점이다.

● **Average of Individual Impact Scores**

Average of Individual Impact는 Impact Scales & Types에 설정된 Impact들 중 Task에 영향을 미치는 각각의 Impact와 Probability를 PID에서 찾은 후 각 Risk Score의 평균값을 반올림하여 전체 Risk Score로 결정한다.

예를 들어, Probability Scale과 Impact Scale이 5이고 Impact Type은 A, B, C 세 가지인 PID가 있다고 가정한다. 이때 어떤 Task의 Probability는 Medium이고, A Impact가 High, B Impact가 Medium, C Impact가 Very High의 값을 갖고 있다고 가정하고 각각의 Impact를 Probability와 연관시켜 [그림 6-159]에서 찾으면 A는 20점, B는 10점, C는 40점의 Risk Score를 갖는다. 이 값을 평균하여 반올림하면 (20 + 10 + 40)/3=23.3점으로, 해당 Task의 전체 Risk Score는 23점이다.

## | 4 | Manageability and Proximity

사용자가 Manageability, Proximity를 정의할 수도 있다.

Manageability and Proximity는 리스크(Risk)의 우선순위(Order of Priority)를 결정하는 기준을 관리할 수 있는 기능으로, Manageability and Proximity를 사용할 경우 각각의 인수(Factor)에 의하여 전체 Risk Score에 영향을 줄 수 있다.

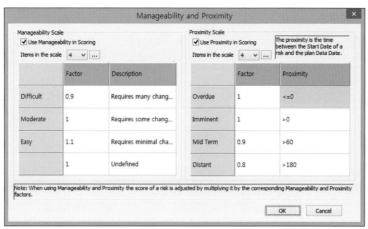

▲ **[그림 6-160]** Manageability and Proximity

Manageability and Proximity를 [그림 6-160]과 같이 적용하였을 경우 Risk Score가 인수(Factor)에 의하여 변경되는 것을 [그림 6-161]을 통해 확인할 수 있다.

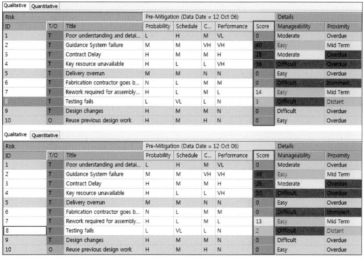

▲ **[그림 6-161]** Manageability and Proximity 적용

정성적 데이터(Qualitative Data)

Primavera Risk Analysis에서는 사건 리스크(Event Risk)에 대하여 정성적 리스크 분석(Qualitative Assessment)을 수행하기 위해 정성적 데이터(Qualitative Data)를 저장할 수 있다.

리스크(Risk)를 표에 직접 입력하거나 붙여넣기, 불러오기 등을 통해 간단하게 스프레드시트 스타일의 표로 만들 수 있다.

## | 1 | Risk Register Table View

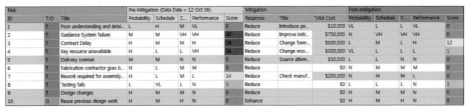

| Risk | | | Pre-Mitigation (Data Date = 12 Oct 06) | | | | | Mitigation | | | Post-mitigation | | | | | |
|---|---|---|---|---|---|---|---|---|---|---|---|---|---|---|---|---|
| ID | T/O | Title | Probability | Schedule | C... | Performance | Score | Response | Title | Total Cost | Probability | Schedule | C... | Performance | Score |
| 1 | T | Poor understanding and detai... | L | H | M | L | 0 | Reduce | Introduce pe... | $10,000 | VL | L | L | VL | 0 |
| 2 | T | Guidance System failure | M | M | VH | VH | 30 | Reduce | Improve initi... | $750,000 | N | VH | VH | VH | 0 |
| 3 | T | Contract Delay | H | M | M | H | 28 | Reduce | Change form... | $500,000 | L | M | L | H | 12 |
| 4 | T | Key resource unavailable | H | L | L | VH | 36 | Reduce | Change reso... | $300,000 | VL | L | L | L | 1 |
| 5 | T | Delivery overrun | M | M | N | N | 0 | Reduce | Source altern... | $50,000 | L | L | N | N | 0 |
| 6 | T | Fabrication contractor goes b... | N | L | M | M | 0 | Reduce | | $0 | N | M | M | M | 0 |
| 7 | T | Rework required for assembly... | H | L | M | L | 14 | Reduce | Check manuf... | $200,000 | N | M | M | L | 0 |
| 8 | T | Testing fails | L | VL | L | N | 3 | Reduce | | $0 | L | L | L | N | 3 |
| 9 | T | Design changes | H | M | M | N | 0 | Reduce | | $0 | H | M | M | N | 0 |
| 10 | O | Reuse previous design work | H | M | H | N | 0 | Enhance | | $0 | H | M | H | N | 0 |

▲ [그림 6-162] Risk Register Table View – Risk & Mitigation

| Details | | | | | | | | | | | | |
|---|---|---|---|---|---|---|---|---|---|---|---|---|
| Owner | Description | Cause | Effect | RBS | Status | Manageability | Proximity | Start Date | End Date | Exposure | Show In Qua... | Quantified |
| TS | The design is... | Due to poor ... | Could delay t... | R.1.2 | Impacted(Clo... | Moderate | Overdue | 01 Jan 06 | 01 Jun 06 | $90,000 | ☑ | ☐ |
| RB | There may b... | Due to the n... | Guidance sys... | R.1.1 | Open | Easy | Mid Term | 01 Feb 07 | 01 Oct 07 | $500,000 | ☑ | ☐ |
| DP | Client may w... | Due to comp... | Delaying the ... | R.1.1 | Open | Moderate | Overdue | 15 Nov 05 | 01 Dec 05 | $50,000 | ☑ | ☐ |
| DP | Key resource... | Due to other... | Delay could ... | R.1.3 | Open | Difficult | Overdue | 07 Jan 06 | 07 Dec 07 | $50,000 | ☑ | ☐ |
| TR | It may be ne... | Due lack of s... | The delivery ... | R.1.1 | Managed(Clo... | Easy | Overdue | 05 Oct 06 | 05 Nov 06 | $10,000 | ☑ | ☐ |
| TR | The fabricati... | Due to poor ... | A new fabric... | R.2.1 | Open | Difficult | Imminent | 12 Nov 06 | 12 Mar 07 | $95,000 | ☑ | ☐ |
| BJ | The assembly... | Due to incorr... | Which would... | R.1.4 | Open | Easy | Mid Term | 01 Apr 07 | 01 Jun 07 | $60,000 | ☑ | ☐ |
| LM | Testing fails t... | Due to probl... | Rework woul... | R.5.1 | Open | Difficult | Distant | 12 Oct 07 | 12 Dec 07 | $30,000 | ☑ | ☐ |
| LM | The design n... | Due to client... | Which would... | R.5.2 | Managed(Clo... | Difficult | Overdue | 01 Jan 06 | 01 Jan 07 | $80,000 | ☑ | ☐ |
| Unassigned | It may be po... | Due to the si... | Saving time ... | R.1.1 | Rejected(Clos... | Easy | Overdue | 12 Oct 05 | 01 Mar 06 | $0 | ☑ | ☐ |

▲ [그림 6-163] Risk Register Table View – Details

Qualitative Risk Register Table View에서는 다음의 항목들을 관리할 수 있다.

① **Risk** : Risk의 ID, T/O, Title과 같은 기본 정보를 입력한다.

② **Pre-Mitigation(TimeNow = xx/xx/xx)** : Risk에 대한 완화(Mitigation) 대책 이전의 Impact 항목 (Probability, Schedule, Cost)에 대한 Scale을 적용하여 계산된 Score를 확인할 수 있다.

③ **Mitigation** : 해당 Risk에 대한 대응 방안으로 Type, Title, Total Cost를 적용할 수 있다.

④ **Post-Mitigation** : Risk에 대한 완화(Mitigation) 대책 이후의 Impact 항목(Probability, Schedule, Cost)에 대한 Scale을 적용하여 계산된 Score를 확인할 수 있다.

⑤ **Details** : 해당 Risk의 Owner, Description, Cause, Effect, RBS, Status, Manageability, Proximity, Start Date, End Date, Exposure, Show in Quantitative, Quantified에 대한 내용을 설정한다.

⑥ **User Defined** : 필요한 경우 해당 Risk에 대하여 사용자가 임의의 내용을 입력한다.

## | 2 | Risk Details

### ● Risk Details 탭

[Risk Details] 탭에서는 선택한 리스크의 정보를 확인하고 편집할 수 있다.

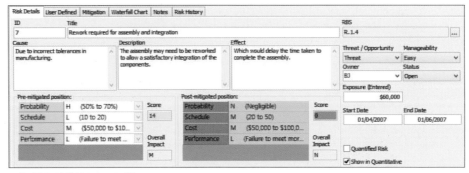

▲ [그림 6-164] Risk Details 탭

- ● **User Defined 탭**

[User Defined] 탭에서는 리스크에 대해 사용자 정의한 필드 값들을 확인하고 입력할 수 있다.

▲ [그림 6-165] User Defined 탭

- ● **Mitigation 탭**

[Mitigation] 탭에서는 해당 리스크에 대하여 Mitigation 계획을 입력하고 평가하여 영향을 결정할 수 있다.

▲ [그림 6-166] Mitigation 탭

- ● **Waterfall Chart 탭**

[Waterfall Chart] 탭에서는 해당 리스크가 어떻게 완화(Mitigation)되고 있는지를 확인할 수 있다.

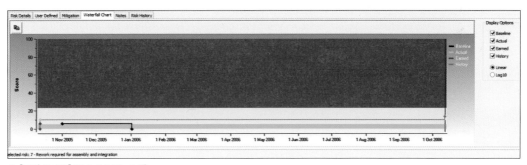

▲ [그림 6-167] Waterfall Chart 탭

- ● **Note 탭**

[Note] 탭에서는 사용자가 자유롭게 Text로 입력할 수 있다.

- ● **Risk History 탭**

[Risk History] 탭에서는 현재 리스크성 상태가 복사되어 기록되고 이를 통하여 리스크에 대한 변화를 살피고 추정할 수 있다. Risk Score에 대한 기록은 [Waterfall Chart] 탭에서 확인할 수 있다.

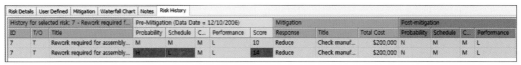

▲ [그림 6-168] Risk History 탭

## 03 리스크 행렬(Risk Matrix)

Primavera Risk Analysis에서는 사건 리스크(Event Risk)에 대한 정성적 평가를 위하여 리스크 행렬을 작성한다. 리스크 행렬은 Probability and Impact Diagram을 토대로 Pre-Mitigated/Post-Mitigated 상태의 각 리스크(Risk)들의 Score를 근거로 Matrix의 위치를 각 Risk의 ID, 개수, X문자로 표시하고 보고서나 대화 창 형태로 제공한다.

### |1| 대화 창 보기

① [Risk] 메뉴에서 [Risk Register]를 선택하면 Risk Register 화면이 활성화된다.
② [Risk Register] 화면의 [View] 메뉴에서 [Show Risk Matrix]를 선택하면 다음과 같은 대화 창이 활성화된다.

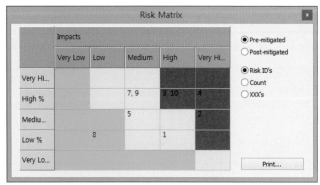

▲ [그림 6-169] Risk Matrix

### |2| 보고서 보기

① [Risk] 메뉴에서 [Risk Register]를 선택하여 [Risk Register] 화면을 활성화한다.
② [Risk Register] 화면의 [Report] 메뉴에서 [Risk Matrix]를 선택하면 HTML 파일로 보고서가 작성된다. 이 파일은 MS Word로도 변환하여 저장할 수 있다.

## 04 정량적 분석(Quantitative Analysis)

Primavera Risk Analysis에서는 사건 리스크(Event Risk)에 대하여 정성적 리스크 분석(Qualitative Assessment)을 수행한 후 각 리스크(Risk)의 영향을 구체화하기 위하여 프로젝트 전체 일정(Project Duration) 및 비용(Cost)에 대한 영향(Impact)을 정량적 분석(Quantitative Analysis)한다.

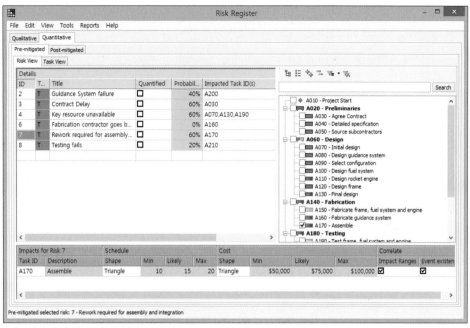

▲ [그림 6-170] 정량적 분석 화면

## | 1 | Pre-Mitigated and Post-Mitigated 탭

Pre-Mitigated과 Post-Mitigated의 시나리오를 각 사건 리스크(Event Risk)에 대한 Probability와 Impact 를 정량적(Quantitative)으로 표현하고 구체화하여 각 Task에 미치는 영향을 비교해 분석할 수 있다. 이때 Mitigation Response가 Accept로 설정되어 있어야 Post-Mitigation의 값을 수정하여 대응할 수 있다.

## | 2 | Risks View 탭

[Risk View] 탭에서는 선택된 사건 리스크(Event Risk)에 영향을 받는 Task를 확인하고 편집할 수 있다.

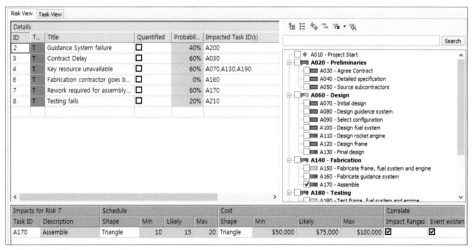

▲ [그림 6-171] Risks View 탭

## | 3 | Task View 탭

[Task View] 탭은 [Risks View] 탭과 같은 정보를 나타내지만 순서가 재배열되어 Task가 왼쪽에 배치되고 선택된 Task에 나타나는 사건 리스크(Event Risk)가 오른쪽에 배치된다.

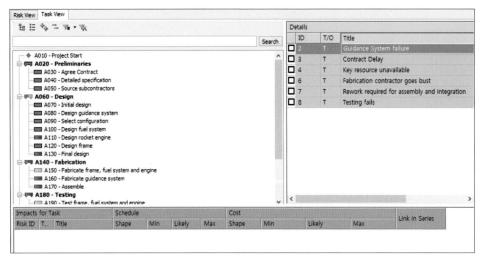

▲ [그림 6-172] Task View 탭

# Primavera Risk Analysis 활용을 위한 주요 Report

Primavera Risk Analysis 활용을 위한 Distribution Graph, Distribution Analyzer, Probabilistic Cash Flow, Scatter, Tornado Graph, Risk Register Report에 대하여 설명한다.

## PRIMAVERA 01 분포 그래프(Distribution Graph)

Primavera Risk Analysis에서 가장 기본적인 분포 그래프의 목적은 리스크 분석을 통해 얻어진 결과의 범위를 보여주는 것으로 다음과 같은 경우를 분석하여 결과를 나타낸다.

- 사용자가 프로젝트의 각 Task에 적용한 기간(Duration)과 비용(Cost)에 대한 각각의 Minimum, Most Likely, Maximum 추정값 및 불확실성(Uncertainty)을 근거로 리스크 분석(Risk Analysis)을 수행하여 프로젝트의 완료 가능일과 비용의 범위를 보여준다.
- 각 Task의 시작 가능 날짜와 완료 가능 날짜의 범위를 보여준다.
- 주어진 백분위 값인 50% 또는 90%로 Plan과 Task가 완료되는 비용이나 날짜를 보여준다.

## |1| 분포 그래프 (Distribution Graph) 실행

분포 그래프(Distribution Graph)는 기본 설정의 경우 리스크 분석(Risk Analysis)을 실행한 이후 화면에 나타난다. 이때 사용자가 Risk Analysis 설정을 변경하여 다른 그래프(Graph)를 보이게 할 수도 있다.

**01** [Risk] 메뉴의 [Risk Analysis]를 선택하거나 ☑ 아이콘을 클릭한다. 또는 단축키 F10 을 눌러도 된다.

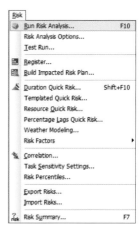

▲ **[그림 6-173]** Risk − Run Risk Analysis 메뉴

02 Show 〈Graph〉 afterwards에서 리스크 분석(Risk Analysis)이 종료된 후 보여줄 그래프를 설정한다.

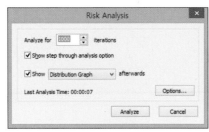

▲ [그림 6-174] Risk Analysis

▲ [그림 6-175] Risk Analysis 종료 후 보여줄 그래프 설정

03 [Reports] 메뉴의 [Distribution Graph]를 선택하거나 📊 아이콘을 클릭하여 분포 그래프 (Distribution Graph)를 바로 실행할 수 있다. 이때 리스크 분석(Risk Analysis)이 수행되지 않았다면 [그림 6-176]과 같은 경고 창이 나타난다.

▲ [그림 6-176] Risk Analysis 미 실행 시 경고

## |2| 분포 그래프 (Distribution Graph)의 이해

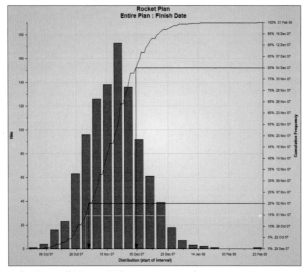

▲ [그림 6-177] 분포 그래프(Distribution Graph)

① **왼쪽 축(Left Axis)** : Hit 수

리스크 분석의 반복 시 얼마나 많이 Hitting이 되었는지를 나타낸다.

② **수평 축(Horizon Axis)** : 분포(Start of Interval)

특정한 날짜, 기간 또는 비용을 단위별로 나누어 각 구간별로 얼마나 Hitting이 되었는지를 나타낸다. 이러한 구간별 Hitting에 대한 Histogram이 분포의 형태로 표현된다. 시작 날짜와 끝나는 날짜를 설정할 수도 있다.

③ **오른쪽 축(Right Axis)** : 누적빈도

　이 축은 리스크 분석이 반복되어 나오는 Hitting의 누적빈도를 나타낸다. 주어진 모든 백분율 값에 따라 그 특정 날짜, 비용, 지속 기간 등에 도달할 가능성을 나타낸다.

④ 각각의 그래프는 [그림 6-178]과 같이 그래프의 하단에 보이는 탭을 선택하거나, [그림 6-179]와 같이 Distribution Graph 화면의 [View] 메뉴에서 선택하여 나타낼 수 있다.

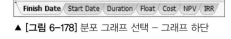

▲ **[그림 6-178]** 분포 그래프 선택 – 그래프 하단

▲ **[그림 6-179]** 분포 그래프 선택 – View 메뉴

## |3| 데이터 선택 및 필터링 (Filtering & Selecting Data)

프로젝트 전체 또는 각각의 업무를 쉽게 선택하여 해당되는 Distribution 결과를 볼 수 있도록 한다. Entire Plan(전체 계획)을 선택하면 프로젝트 전체에 대한 Distribution 결과를 확인할 수 있고, 하나의 개별 Task를 선택하면 선택한 Task의 Distribution 결과만 확인할 수 있다.

Summary Task를 선택하면 그 하위에 속한 Task들의 요약된 결과를 확인할 수 있고, Monitor나 Hammock Task를 선택하면 해당 Task Type에 맞는 요약된 결과를 확인할 수 있다. 또한 Filter를 적용하여 Distribution 결과를 확인할 수도 있다.

▲ **[그림 6-180]** Distribution Graph – Filtering & Selecting Data

## |4| 결과물(Output)

오른쪽의 결과물(Output) 화면은 분포 결과를 여러 섹션으로 나누어 다양한 내용을 표현한다.

① **Data** : 선택된 프로젝트의 전체 또는 각 Task의 종료 날짜, 비용, 잔여 기간, Float을 보여준다.

| Data |
| --- |
| Finish Date of: |
| Entire Plan |

▲ **[그림 6-181]** Distribution Graph – Output_Data

② **Analysis** : 리스크 분석 방법과 반복횟수를 보여준다.

| Analysis | |
| --- | --- |
| Simulation: | Latin Hypercube |
| Iterations: | 1000 |

▲ **[그림 6-182]** Distribution Graph – Output_Analysis

③ **Convergence at Mean** : 리스크 분석의 결과 값인 Finish Date와 Cost에 대한 분석 값의 편차가 1% 미만이면서 그 반복의 수가 지정한 반복 횟수 이상이면 리스크 분석의 진행을 중지하는 설정이다(Either finish date Or cost, Plan finish, Total Plan cost, Both finish date And cost 4가지 중에서 선택하여 설정할 수 있다).

| Convergence at mean | |
| --- | --- |
| Mean Plan Finish Date: | |
| Converged in 200 iterations | |
| (variation < 1% over 100 iterations) | |
| Mean Total Plan Cost: | |
| Converged in 200 iterations | |
| (variation < 1% over 100 iterations) | |

▲ **[그림 6-183]** Distribution Graph – Output_Convergence at mean

④ **Statistics** : 반복 수행 결과로 나온 통계이다. 최소, 최대, 평균, 중위수, 모드(가장 많이 나온 값), 최대 Hits 수, 표준편차, 분산, 첨도, 왜도, Bar 폭을 보여준다.

| Statistics | |
| --- | --- |
| Minimum: | 02 Oct 07 |
| Maximum: | 11 Feb 08 |
| Mean: | 18 Nov 07 |
| Std Deviation: | 18.25 |
| Bar Width: | week |

▲ **[그림 6-184]** Distribution Graph – Output_Statistics

⑤ **Highlighters** : Deterministic Date, Cost의 달성 확률과 지정된 백분위 지점에 나오는 값을 보여준다. Distribution Graph 화면 [Format] 메뉴의 [Highlighter]에서 화면에 나타낼 값을 지정할 수 있다.

| Highlighters | |
| --- | --- |
| Deterministic (31 Oct 07) | 15% |
| 20% | 02 Nov 07 |
| 80% | 03 Dec 07 |

▲ **[그림 6-185]** Distribution Graph – Output_Highlighters

PRIMA VERA **02** 분포 분석기(Distribution Analyzer)

Distribution Analyzer는 Distribution Graph와 비슷한 정보를 보여주지만 가장 큰 차이점은 여러 가지의 Plan이나 Task들을 동시에 비교하여 나타낼 수 있다는 것이다.

## |1| 분포 분석기(Distribution Analyzer) 실행

**01** Distribution Analyzer는 [Reports] 메뉴의 [Distribution Analyzer]를 선택하거나 ▨ 아이콘을 클릭해 실행한다.

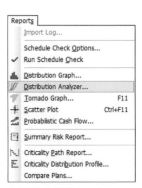

▲ **[그림 6-186]** Reports – Distribution Analyzer 메뉴

02 Distribution Analyzer 분석을 위해서 리스크 분석이 완료된 데이터를 불러와야 한다. 아직 불러온 정보가 없는 경우에는 [그림 6-187]과 같은 대화 창이 나타난다. 이때 [예]를 선택하면 Import data to report 화면이 나타난다.

▲ [그림 6-187] Distribution Analyzer 데이터 불러오기

03 Import data to report

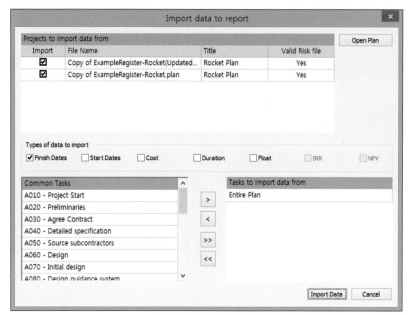

▲ [그림 6-188] Import data to report

- Project to import data from

  사용자가 Open했던 모든 Plan을 나타낸다. 만약에 여기에 원하는 Plan이 없다면 [Open Plan]을 클릭하여 다른 Plan을 선택할 수 있다.

- Type of data to import

  Finish Dates, Start Dates, Cost, Duration, Float, IRR, NPV를 선택하여 Data를 Import할 수 있다. 단, IRR, NPV는 리스크 분석 진행시 계산된 경우에만 활성화된다.

- Common Tasks

  Project to import data from에서 선택된 Plan의 모든 Task를 화살표를 클릭해 Task to import data from 창으로 옮길 수 있다.

- Import Data

  Import Data를 클릭하면 Distribution Analyzer가 실행된다.

## | 2 | Distribution Analyzer 화면의 이해

Distribution Analyzer에서는 사용자가 선택한 모든 Plan(Pre_Mitigation, Post_Mitigation)에 대한 리스크 분석 Curve를 제공한다. 하단의 Table에서는 선택된 모든 Plan의 분석 결과를 확인할 수 있다.

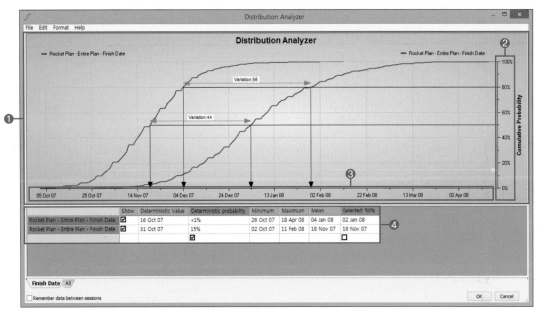

▲ [그림 6-189] Distribution Analyzer 실행 화면

❶ **Graph 화면** : 선택된 Plan에 대한 누적 분석 Graph를 제공한다.

❷ **오른쪽 축(Right Axis)** : 누적확률

이 축은 리스크 분석에 따른 결과로, 해당 확률을 선택하면 그 확률에 가능한 Finish Date, Start Date, Duration, Float, Cost와 All을 확인할 수 있다. 선택한 확률에 대한 Data는 Table에서 확인할 수 있다.

❸ **수평 축(Horizon Axis)** : 달성 가능 확률에 대한 날짜, 비용, 기간을 각각 또는 모두 나타낼 수 있다.

❹ **Table** : Graph에서 표현하고 있는 모든 내용들을 Table 형태로 표현한다. [Format] 메뉴의 [Column]에서 내용을 변경하여 분석할 수 있다.

---

PRIMA VERA **03**   산점도(Scatter Plot)

Primavera Risk Analysis는 산점도(Scatter Plot)를 통하여 시간과 비용에 대한 상관관계(Correlation)를 분석한다.

## |1| 산점도(Scatter Plot) 실행

산점도(Scatter Plot)를 실행하려면 [Reports] 메뉴의 [Scatter Plot]를 선택하거나 ⊞ 아이콘을 클릭한다.

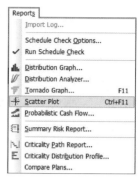

▲ [그림 6-190] Reports – Scatter Plot 메뉴

## |2| 산점도(Scatter Plot) 화면의 이해

### ❶ Scatter Plot – Graph

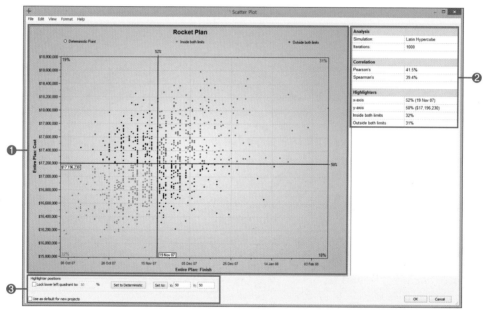

▲ [그림 6-191] 산점도(Scatter Plot) 화면

Scatter Plot은 기본 설정 상태에서 X축은 완료 날짜, Y축은 비용을 표시하고, 리스크 분석을 반복하면서 나타나는 X축과 Y축 Data 사이의 관계를 각각의 점으로 나타낸다. 리스크 분석을 1000번 수행하면 1000개의 점이 Scatter Plot의 Graph에 나타난다.

왼쪽 아래에서 오른쪽 위로 나타나는 점들은 강한 상관관계를, 반대로 왼쪽 위에서 오른쪽 아래로 나타나는 점들은 부정적 상관관계를 나타낸다. 그리고 점들 사이의 거리가 가까울수록 강한 상관관계를 나타내며, 반대로 점들이 흩어져 있으면 상관관계가 거의 존재하지 않는다는 것을 나타낸다. 강한 상관관계는 완료 날짜가 늦어질수록 비용도 커진다는 것을 의미한다.

**❷ Scatter Plot – Table**

- **Analysis** : 리스크 분석 방법과 반복 횟수를 나타낸다.

- **Correlation** : Pearson's와 Spearman's 두 종류의 다른 통계 방정식을 사용하여 두 Data에 대한 상관관계를 −100% ~ +100 사이의 수치로 나타낸다. 100%에 근접할수록 양의 강한 상관관계이고, 0%이면 상관관계가 없고, −100%에 근접할수록 음의 강한 상관관계이다.

- **Highlighters** : X–Axis와 Y–Axis는 Scatter Plot을 4분면으로 나누는 X축과 Y축의 선이 위치한 지점을 보여준다. Inside both limits는 X축과 Y축에 지정된 Limit를 모두 만족하는 점의 비율을 나타내고 Outside both limits는 X축과 Y축에 지정된 Limit를 모두 만족하지 못하는 비율을 나타낸다.

| Analysis | |
|---|---|
| Simulation: | Latin Hypercube |
| Iterations: | 1000 |
| **Correlation** | |
| Pearson's | 41.5% |
| Spearman's | 39.4% |
| **Highlighters** | |
| x-axis | 52% (19 Nov 07) |
| y-axis | 50% ($17,196,230) |
| Inside both limits | 32% |
| Outside both limits | 31% |

▲ **[그림 6–192]** 산점도 화면 (Analysis/Correlation/Highlighters)

**❸ Highlighter 설정**

▲ **[그림 6–193]** Highlighters 설정

- **Lock lower left quadrant to** : Inside both limit를 만족하는 점의 비율을 고정시켜 X축과 Y축의 Highlighter를 보여준다.
- **Set to Deterministic** : X축과 Y축의 Highlighter를 Deterministic Point로 설정한다.
- **Set to** : X축과 Y축의 Highlighters 비율을 사용자가 설정한다.

PRIMA VERA **04** 민감도 그래프(Tornado Graph)

Primavera Risk Analysis의 민감도 그래프(Tornado Graph)의 Duration Sensitivity, Cost Sensitivity, Criticality Index, Duration Cruciality, Schedule Sensitivity Index(SSI)의 결과를 통해 어떠한 Task가 기간, 일정, 비용에 영향을 많이 미치고 있는지 분석할 수 있다.

**|1| 민감도 그래프(Tornado Graph) 실행**

민감도 그래프(Tornado Graph)를 실행하려면 [Reports] 메뉴의 [Tornado Graph]를 선택하거나 📊 아이콘을 클릭한다.

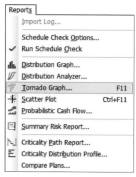

▲ [그림 6-194] Reports – Tornado Graph 메뉴

## | 2 | 민감도 그래프(Tornado Graph) 화면의 이해

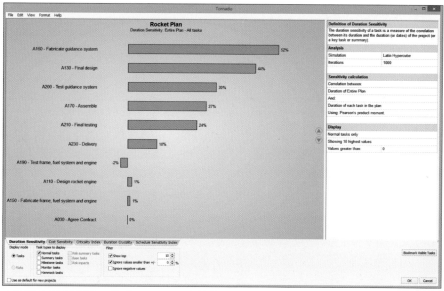

▲ [그림 6-195] 민감도 그래프(Tornado Graph) 화면

● **Tornado Graph 종류**

화면의 탭을 이용하여 원하는 항목의 Tornado Graph를 확인할 수 있다.

| Duration Sensitivity | Cost Sensitivity | Criticality Index | Duration Cruciality | Schedule Sensitivity Index |

▲ [그림 6-196] Tornado Graph 종류

● **Tornado Graph 설정**

모든 탭에 공통으로 적용되는 설정을 하는 곳으로 Display mode 섹션의 Risks와 Task Types to display의 비활성화 되어있는 항목들은 Risk Impacted Plan에만 사용할 수 있다.

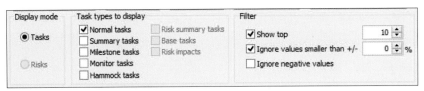

▲ [그림 6-197] Tornado Graph 설정

● **Tornado Graph**

수평 막대들은 리스크 분석의 결과를 나타낸다. 막대의 왼쪽에는 Task ID와 Description, 오른쪽에는 수치가 표시된다. 해당 막대그래프를 더블클릭하면 계획(Plan) 화면의 Task로 이동한다.

▲ [그림 6-198] Tornado Graph

● **민감도 설정**

[Edit] 메뉴의 [Task Sensitivity Settings]를 통하여
민감도를 설정한다.

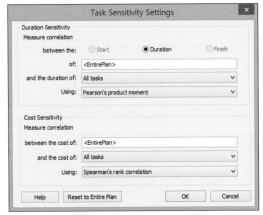

▲ [그림 6-199] Task Sensitivity Settings

- **Between the** : 상관관계를 계산할 범주를 지정하는 곳으로, of에서 Task를 지정하는 경우 시작 날짜나 완료 날짜에 대한 상관관계를 계산할 수 있다.
- **of** : 상관관계를 계산할 범위를 지정하는 곳으로, 범위를 전체 계획(Entire plan) 또는 각각의 업무(Task)로 지정할 수 있다.
- **and the duration of** : 'All tasks'나 'Logical predecessors only'를 선택할 수 있다. 이때 Logical predecessors only는 선택된 Task의 선행과 논리적으로 연결된 Task의 영향만 고려하는 것을 의미한다.
- **Using** : 상관관계를 계산하는 통계 방정식인 'Spearman's Rank Correlation'과 'Pearson's Product Moment' 중 선택할 수 있다.
- Tornado Graph는 [그림 6-200]과 Task Sensitivity Setting을 보여준다.

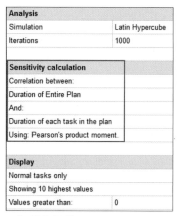

| Analysis | |
|---|---|
| Simulation | Latin Hypercube |
| Iterations | 1000 |
| | |
| **Sensitivity calculation** | |
| Correlation between: | |
| Duration of Entire Plan | |
| And: | |
| Duration of each task in the plan | |
| Using: Pearson's product moment. | |
| | |
| **Display** | |
| Normal tasks only | |
| Showing 10 highest values | |
| Values greater than: | 0 |

▲ [그림 6-200] Tornado Graph − Sensitivity Calculation

## |3| 민감도 그래프(Tornado Graph) 종류

● **Duration and Cost Sensitivity**

민감도는 기본적으로 Plan 내의 각 Task들 사이에서 계산되는 상관관계에 의해 결정된다. Duration Sensitivity는 Task들이 프로젝트의 기간(Duration)에 미치는 영향력(Impact)을 나타나는 것으로, 최상위에 있는 Task들의 기간이 변함에 따라 프로젝트의 기간(Project Duration)도 따라서 변하는 경향이 있다. 그리고 Duration Sensitivity와 비슷하게 Cost Sensitivity는 Task들이 프로젝트의 비용(Cost)에 미치는 영향력(Impact)을 나타낸다.

● **Criticality Index**

리스크 분석을 반복하는 동안 각 Task가 Critical Path에 놓이는 비율(%)을 나타낸다. 여유가 있는 Task라도 선행 Task가 지연되면 주 공정(Critical Path)에 포함될 수 있는 것과 같이 리스크 분석을 반복하는 동안에는 Task의 리스크성에 변화를 일으키는 많은 상황이 생길 수 있다.

● **Duration Cruciality**

Duration Sensitivity는 프로젝트 기간에 큰 영향을 미치지 않는 Task들도 표현을 해버릴 수 있기 때문에, Duration Sensitivity에 Criticality Index를 곱한 값인 Duration Cruciality를 통하여 프로젝트 기간에 대한 상관관계가 적은 Task를 배제할 수 있다.

● **Schedule Sensitivity Index(SSI)**

SSI는 Criticality Index와 Task Standard Deviation을 곱한 것을 Project Standard Deviation으로 나눈 값으로, 이는 프로젝트 전체 일정에 대하여 해당 Task가 미치는 영향력을 알아보기 위한 지표이다. Duration Sensitivity는 프로젝트뿐만 아니라 각 Task들 사이의 영향력도 알아볼 수 있었지만, SSI는 프로젝트 전체 일정에 대한 영향력만 알아보기 때문에 SSI에서 상위에 나오는 Task들은 프로젝트의 일정에 결정적인 영향을 미칠 것임을 알 수 있다.

Probabilistic Cash Flow는 불확실성(Uncertainty)에 근거하여 프로젝트 전반에 걸쳐 나타나는 비용 분포 (Distribution)의 변화를 나타낸다. 프로젝트를 계획할 때 프로젝트의 전체에 걸쳐 비용의 분포를 분석할 수 있다.

## | 1 | 확률적 자금 흐름(Probabilistic Cash Flow) 실행

Probabilistic Cash Flow를 실행하려면 [Reports] 메뉴의 [Probabilistic Cash Flow]를 선택하거나 아이콘 을 클릭한다.

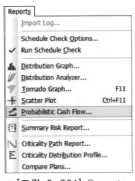

▲ [그림 6-201] Reports-
Probabilistic Cash Flow 메뉴

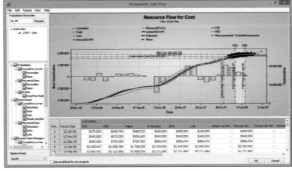

▲ [그림 6-202] Probabilistic Cash Flow 화면

## | 2 | Probabilistic Cash Flow 화면의 이해

Probabilistic Cash Flow 화면은 선택한 자원(Resource) 또는 비용에 대한 Probabilistic, Deterministic, Earned Value Management, Setting, Annotation을 그래프와 수치로 나타낸다.

### ● 자원(Resource) 및 비용 선택

Probabilistic Cash Flow 화면에서 [Edit] 메뉴의 [Settings]를 통하여 전체 Plan에 적용되어 있는 자원 및 비용 을 선택할 수 있다.

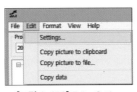

▲ [그림 6-203] Edit – Settings
메뉴

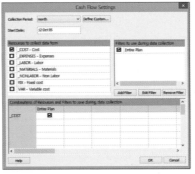

▲ [그림 6-204] Cash Flow Settings 설정

▲ [그림 6-205] 자원 및 비용 선택

● **그래프 선택**

화면의 왼쪽 하단에 있는 항목을 선택하여 오른쪽 Graph를 설정하고, Display Period를 설정한다.

• Probabilistic

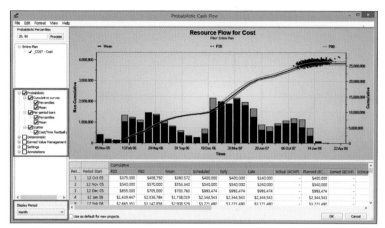

▲ [그림 6-206] Probabilistic 선택 화면

- Cumulative curves : 누적된 비용의 곡선이다.

　　Percentiles : Probabilistic Percentile에 설정된 백분위 값에 해당되는 누적곡선을 나타낸다.

　　Mean : 분석 결과에 따른 비용에 대한 평균누적곡선을 나타낸다.

- Per-period bars : 각 기간별 비용을 Histogram으로 나타낸다.

　　Percentiles : 각 기간별로 Probabilistic Percentile에 설정된 백분위에 해당되는 값을 Histogram으로 나
　　　　　　　타낸다.

　　Mean : 분석 결과에 따른 각 기간별 평균 비용을 Histogram으로 나타낸다.

- Scatter : 종료일과 비용에 대한 산점도(Scatter Plot)를 나타낸다.

• Deterministic

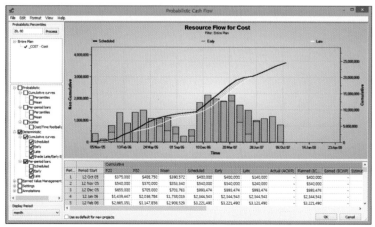

▲ [그림 6-207] Deterministic 선택 화면

– Cumulative curves : CPM으로 계산된 일정에 대한 비용의 누적곡선을 나타낸다.

　Scheduled : Task의 시작일과 종료일을 기준으로 한 비용누적곡선을 나타낸다. 일반적으로 Early
　　　　　　Curve와 같다.

　Early : Task의 Early Dates를 기준으로 한 누적곡선을 나타낸다.

　Late : Task의 Late Dates를 기준으로 한 누적곡선을 나타낸다.

　Shade Late/Early : Early와 Late의 누적곡선 면적을 음영으로 표현한다.

– Per-period bars : 각 기간별 비용을 Histogram으로 나타낸다.

　Scheduled : Task의 시작일과 종료일을 기준으로 한 당기 비용 그래프를 나타낸다.

　Early : Task의 Early Dates를 기준으로 한 당기 비용 그래프를 나타낸다.

　Late : Task의 Late Dates를 기준으로 한 당기 비용 그래프를 나타낸다.

• Earn Value Management

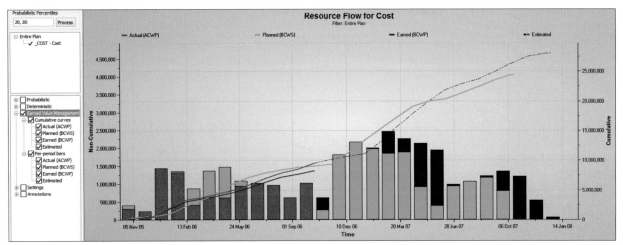

▲ [그림 6-208] Earn Value Management 선택 화면

– Cumulative curves : PV, EV, AC의 누적곡선을 표현한다.

　Actual(ACWP) : 실제 투입된 비용의 누적곡선을 표현한다.

　Planned(BCWS) : 계획된 비용의 누적곡선을 표현한다.

　Earned(BCWP) : 획득한 비용의 누적곡선을 표현한다.

　Estimated : EVM 계산논리를 근거로 ACWP부터 EAC까지의 누적곡선을 표현한다.

– Per-period bars : 프로젝트의 기간별 PV, EV, AC를 Histogram으로 표현한다.

　Actual(ACWP) : 실제 투입된 비용의 기간별 비용을 Histogram으로 표현한다.

　Planned(BCWS) : 계획된 비용의 기간별 비용을 Histogram으로 표현한다.

　Earned(BCWP) : 획득한 비용의 기간별 비용을 Histogram으로 표현한다.

　Estimated : ACWP + ETC를 기간별 Histogram으로 표현한다.

· Setting

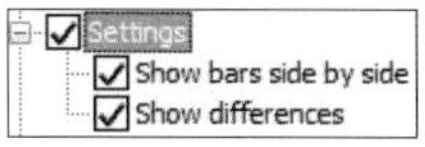

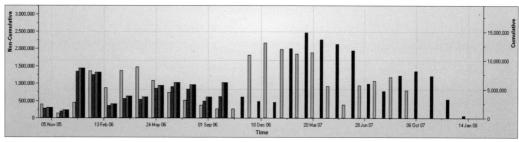

▲ [그림 6-209] Setting 선택

– show bars side by side

Per-Period bar를 각 기간별로 겹쳐서 표현하지 않고 따로따로 분리하여 표현한다.

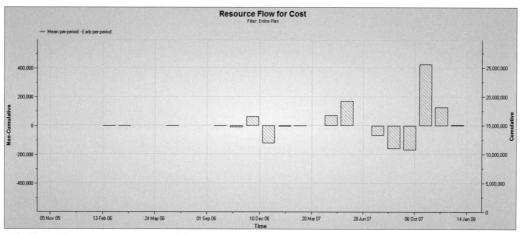

▲ [그림 6-210] show bars side by side

– Show Differences

Difference Setting을 통하여 지정된 값의 차이를 그래프로 나타낸다.

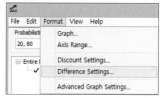

▲ [그림 6-211] Resource Flow for Cost 화면

Difference Settings를 설정하기 위하여 [Format] 메뉴의 [Difference Settings]를 선택한다.

▲ [그림 6-212] Format – Difference Settings 메뉴

예를 들어 Mean과 Early 값의 차이를 보려면 [그림 6-213]과 같이
설정한다.

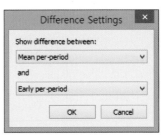

▲ [그림 6-213] Format – Difference
Settings 메뉴

- Annotation

Graph에 다음과 같은 내용을 주석으로 표현할 수 있다.

- Deterministic Cost/Finish

- Percentiles Cost/Finsh

- Data Date

- Estimated Cost/Finsh

- CPI/SPI

## PRIMA VERA 06  Risk Register Report

Risk Register에 대한 Report는 Risk Matrix, Risk Scoring, Report Manager가 있고, 이는 Risk Register 화면
[Report] 메뉴를 통해 생성할 수 있다.

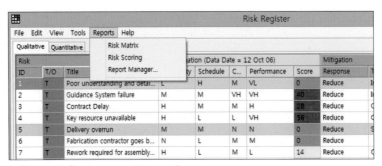

▲ [그림 6-214] Risk Register의 Report 메뉴

Risk Matrix와 Risk Scoring Report는 Register Data를 HTML 형식의 보고서로 생성한다. Report Manager는
여러 종류의 보고서를 사용자의 형식에 맞추어 생성할 수 있다.

## | 1 | Risk Matrix Report

Risk Matrix Report는 Plan에 대한 기본적인 정보들을 포함하고 있는 Project Data와 Project Risk에 대한 요약을 먼저 표시한다.

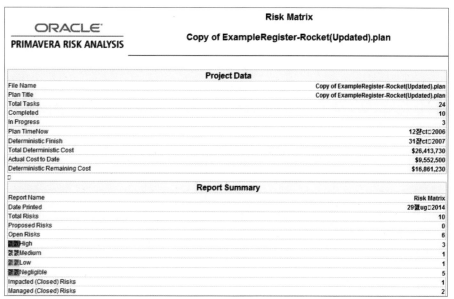

▲ [그림 6-215] Risk Matrix Report 요약

나머지 섹션은 Pre-Mitigation, Post-Mitigation 평가에 대한 Risk Matrix로 표시한다.

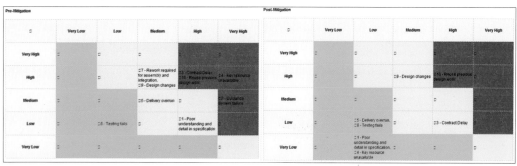

▲ [그림 6-216] Risk Matrix Report

## | 2 | Risk Scoring Report

Risk Scoring Report는 Plan에 대한 기본적인 정보들을 포함하고 있는 Project Data와 Project Risk에 대한 요약을 먼저 표시한다.

▲ [그림 6-217] Project Risk Scoring 요약

나머지 섹션은 설정되어 있는 Probability Scale과 Impact Scale and Type 및 Probability and Impact Scoring(PID)을 표시한다.

**Probability Scale**

| Very Low | Low | Medium | High | Very High |
|---|---|---|---|---|
| Up to 10% | 10% to 30% | 30% to 50% | 50% to 70% | 70% or higher |

**Impact Scales and Types**

| | Very Low | Low | Medium | High | Very High |
|---|---|---|---|---|---|
| Schedule* | Up to 10 | 10 to 20 | 20 to 50 | 50 to 150 | 150 or higher |
| Cost* | Up to $10,000 | $10,000 to $50,000 | $50,000 to $100,000 | $100,000 to $500,000 | $500,000 or higher |
| Performance* | Failure to meet a minor acceptance criteria | Failure to meet more than one minor acceptance criteria | Shortfall in meeting acceptance criteria | Significant shortfall in meeting acceptance criteria | Failure to meet acceptance criteria |

* means impact is used in scoring

**Probability and Impact Scoring (PID)**
Risk Score is based on: **Highest Impact**

| | Impact Very Low | Low | Medium | High | Very High |
|---|---|---|---|---|---|
| Very High | 5 | 9 | 18 | 36 | 72 |
| High | 4 | 7 | 14 | 28 | 56 |
| Medium | 3 | 5 | 10 | 20 | 40 |
| Low | 2 | 3 | 6 | 12 | 24 |
| Very Low | 1 | 1 | 2 | 4 | 8 |

| | Key | | |
|---|---|---|---|
| | Up to 5 | 5 to 23 | 23 or higher |

▲ [그림 6-218] Risk Scoring Report

### | 3 | Report Manager

Risk Manager에서는 사용자가 자주 사용하는 형태의 Report를 생성할 수 있으며, 여러 가지의 표준보고서를 출력하거나 수정할 수 있다.

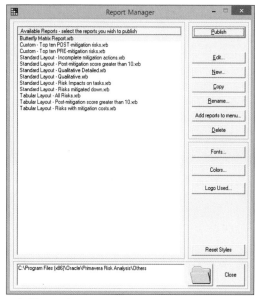

▲ **[그림 6-219]** Report Manager

---

PRIMA
VERA **07** 기타

---

Primavera Risk Analysis에서는 앞에서 설명한 Report 이외에 Summary Risk Report, Critical Path Report, Critical Distribution profile, Compare Plans의 Report들도 제공한다. 해당 Report는 [Report] 메뉴에서 선택하여 사용할 수 있다.

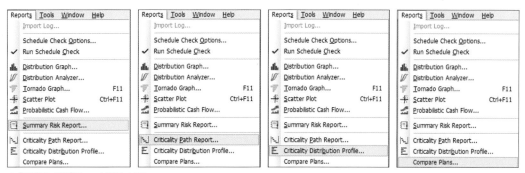

▲ **[그림 6-220]** Report 종류 선택

### | 1 | Summary Risk Report

Risk Input, Output, Register 각각의 세부 항목에 대한 Report를 생성할 수 있다.

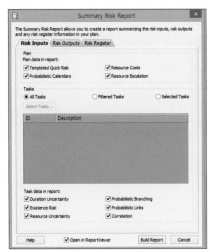

▲ [그림 6-221] Summary Risk Report

## | 2 | Criticality Path Report

선택한 Task에 대하여 선행 List와 후행 List를 각각 Report로 생성할 수 있다. 이때 Criticality가 0% 이상인 List만 생성할 수도 있다. HTML로 생성한 Report는 Excel로도 변환이 가능하다.

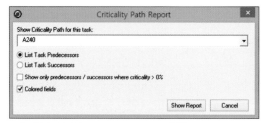

▲ [그림 6-222] Criticality Path Report 실행

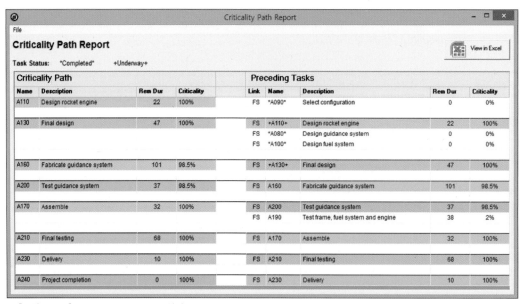

▲ [그림 6-223] Criticality Path Report 화면

## | 3 | Criticality Distribution Profile

Criticality Range별 Task의 분포 비율에 대한 Report를 생성할 수 있다.

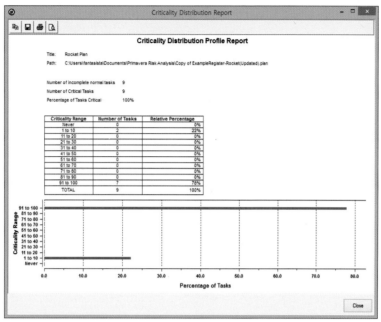

▲ **[그림 6-224]** Criticality Distribution Profile

## | 4 | Compare Plans

Primavera P6의 Claim Digger와 비슷한 기능으로, 현재 Plan과 다른 Plan 사이의 데이터를 손쉽게 비교할 수 있다.

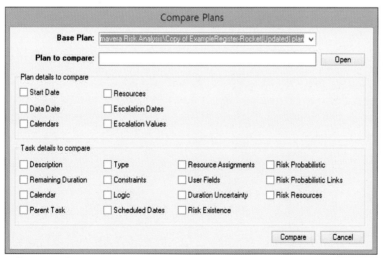

▲ **[그림 6-225]** Compare Plans

Project Risk Manager를 위한 **Primavera Risk Analysis**

P
R
I
M
A
V
E
R
A

CONTENTS

# Planning & Uncertainty 적용

이 장에서는 Primavera Risk Analysis를 활용하여 Plan을 작성하고 기간과 자원의 불확실성(Uncertainty)을 적용하여 Plan에 대한 정량적 분석(Quantitative Analysis)을 수행하는 방법을 설명한다.

PART

7

# Plan 작성

Primavera Risk Analysis를 활용하여 Plan을 작성하는 방법을 설명한다.

Primavera Risk Analysis는 사용자가 직접 Plan을 생성할 수도 있고 저장되어 있는 Plan을 불러올 수도 있다. 또한 Primavera의 XER 파일, P3의 P3, Microsoft Project의 MPP 파일 등을 Import하여 작성할 수 있으며, Primavera Database나 Microsoft Project Server에 직접 접속하여 프로젝트를 열어 사용할 수도 있다.

## PRIMAVERA 01  Plan 생성

### | 1 | Plan 생성

**01** 새로운 Plan을 생성하기 위하여 [그림 7-1]과 같이 화면 좌측 상단의 [New] 아이콘을 클릭하거나 File 메뉴의 [New]를 선택하여 [New Plan]을 선택한다.

▲ **[그림 7-1]** New Plan 생성

## │ 2 │ Plan Information 입력

**01** 새로운 Plan이 생성되면 [그림 7-2]와 같이 Plan 메뉴의 [Plan Information]을 선택하여 Plan에 대한 정보를 입력한다.

▲ [그림 7-2] Plan Information 실행

**02** Plan Information의 [General] 탭에서 TiTle, Planner, Plan Note 등의 정보를 입력한다.

▲ [그림 7-3] [General] 탭

03 Plan Information의 [Dates] 탭에서 Project Start, Data Date 날짜 정보를 입력한다.

▲ [그림 7-4] [Dates] 탭

| Title | Sub Title1 | Planner | Start Date |
|---|---|---|---|
| New Store | Training | 홍길동(본인) | 20XX년 9월 1일 |
| **Plan Note** | | | |

"Project risk is an uncertain event or condition that, if it occurs, has a positive or negative effect on one or more project objectives such as scope, schedule, cost, and quality"

▲ [표 7-1] Plan 정보

## |3| Plan Option 설정

01 Plan Option을 설정하기 위하여 [그림 7-5]와 같이 [Plan] 메뉴의 [Plan Option]을 선택한다.

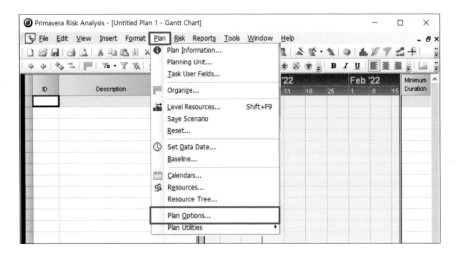

▲ [그림 7-5] Plan Option 실행

$02$ Plan Option에 대한 자세한 설명은 본 교재 Part6. Ch01. Primavera Risk Analysis의 주요 Option → 01. Primavera Risk Analysis Plan Option(Page 146)을 참고한다.

| Plan Option |
| --- |

- 날짜 표기 방법을 YYYY-MM-DD 형식으로 하고, 시간은 표시하지 않도록 설정
- Duration 표시 방법을 00.00d로 설정
- Calendar 설정을 08:00~16:00로 설정
- Scheduling 설정을 'Use retained logic'으로 설정
- Critical 및 Very Critical 설정 내용을 확인

▲ [표 7-2] Plan Option 정보

PRIMA VERA **02** Calendar 생성

## | 1 | Calendar 생성

$01$ Calendar를 생성하기 위하여 [그림 7-6]과 같이 [Plan] 메뉴의 [Calendar]를 선택한다.

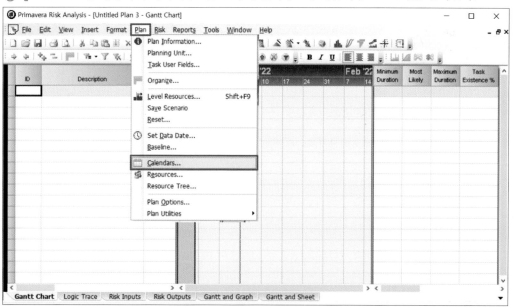

▲ [그림 7-6] Calendar 실행

02 [그림 7-7]과 같이 [New Calendar]를 클릭하여 Calendar를 생성하고 [표 7-3]의 조건으로 Calendar를 설정한다.

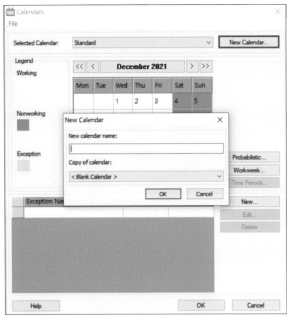

▲ [그림 7-7] New Calendar 생성

03 Calendar 설정에 대한 자세한 설명은 본 교재 Part6 ➞ Ch02. Primavera Risk Analysis 활용 기본 기능 ➞ 05 달력(Calendar)(Page 173)을 참고한다.

| Calendar Name | | | Standard NonWork Day | | |
|---|---|---|---|---|---|
| 5Days_Holidays | | | Saturday, Sunday | | |
| Holidays Information | | | | | |
| 1월 | 2월 | 3월 | 4월 | 5월 | 6월 |
| 1, 24, 25, 26 | – | 1 | 30 | 5, 25 | 6 |
| 7월 | 8월 | 9월 | 10월 | 11월 | 12월 |
| – | 15 | 30 | 1, 2, 3, 9 | – | 25 |

▲ [표 7-3] Calendar 정보

## | 1 | Task 생성

**01** 좌측의 테이블에 WBS Column을 꺼내기 위하여 [그림 7-8]과 같이 [Format] 메뉴의 [Columns]를 선택한다.

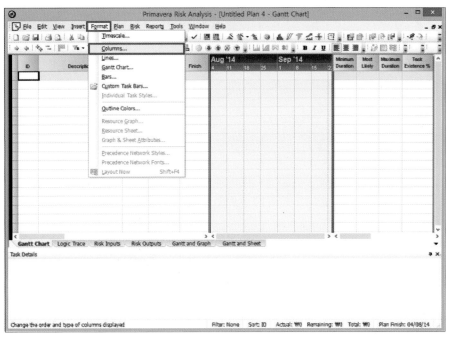

▲ **[그림 7-8]** Column 추가

**02** [그림 7-9]와 같이 [Grouped Fields] 탭의 [General] 그룹에 있는 [Work Breakdown Structure]를 선택하고 ≥ 아이콘을 클릭하여 우측의 [Left Columns] 탭으로 이동시킨다. Up , Down 버튼을 이용하여 Column의 위치를 조정하고 [OK]를 클릭하여 창을 닫는다.

▲ **[그림 7-9]** Column 추가 및 위치 조정

**03** [그림 7-10]과 같이 좌측의 Task 창에 데이터를 입력하여 Task를 생성할 수 있으며, [표 7-4]에 있는 정보로 Task를 생성한다.

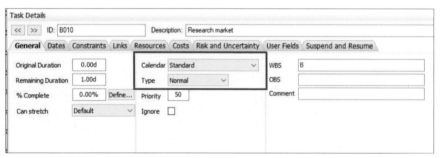

| WBS | ID | Description | Remaining Duration | Start | Sep '22 |
|-----|-----|-------------|--------------------|-------|---------|
| A | A010 | Project Start | 0.00d | 2022-09-01 | 2022-09-01 |
| A | A020 | Project Finish | 0.00d | | 2022-09-01 |
| B | B010 | Research market | 1.00d | 2022-09-01 | |

▲ **[그림 7-10]** Task 생성

**04** Task Type과 Calendar는 [Task Details] 창의 [General] 탭에서 확인 및 설정할 수 있다.

**Task Details**

ID: B010   Description: Research market

**General** Dates Constraints Links Resources Costs Risk and Uncertainty User Fields Suspend and Resume

| Original Duration | 0.00d | | Calendar | Standard | | WBS | B |
| Remaining Duration | 1.00d | | Type | Normal | | OBS | |
| % Complete | 0.00% | Define... | Priority | 50 | | Comment | |
| Can stretch | Default | | Ignore | ☐ | | | |

▲ **[그림 7-11]** Task Detals

| WBS Code | ID | Description | RD | Task Type | Calendar |
|----------|-----|-------------|-----|-----------|----------|
| A | A010 | Project Start | 0 | Start Milestone | 5Days_Holidays |
| A | A020 | Project Finish | 0 | Finish Milestone | 5Days_Holidays |
| B | B010 | Research market | 32 | Normal | 5Days_Holidays |
| B | B020 | Research competition | 20 | Normal | 5Days_Holidays |
| B | B030 | Locate premises | 90 | Normal | 5Days_Holidays |
| B | B040 | Create business plan | 20 | Normal | 5Days_Holidays |
| C | C010 | Obtain bank loan | 30 | Normal | 5Days_Holidays |
| C | C020 | Organize lease | 15 | Normal | 5Days_Holidays |
| C | C030 | Move in | 10 | Normal | 5Days_Holidays |
| C | C040 | Refurbish premises | 90 | Normal | 5Days_Holidays |

| D | D010 | Order and receive computer systems | 90 | Normal | 5Days_Holidays |
|---|------|-----------------------------------|-----|--------|----------------|
| D | D020 | Install and test computer systems | 40 | Normal | 5Days_Holidays |
| D | D030 | Order and receive stock to warehouse | 25 | Normal | 5Days_Holidays |
| D | D040 | Stock store | 15 | Normal | 5Days_Holidays |
| E | E010 | Advertise for staff | 50 | Normal | 5Days_Holidays |
| E | E020 | Interview staff | 25 | Normal | 5Days_Holidays |
| E | E030 | Hire staff | 45 | Normal | 5Days_Holidays |
| E | E040 | Train staff | 22 | Normal | 5Days_Holidays |

▲ [표 7-4] Task 생성 정보

05 Task 생성이 완료되면 [그림 7-12]와 같이 [Plan] 메뉴의 [Organize]를 실행하여 Work Breakdown Structure로 Grouping 한다.

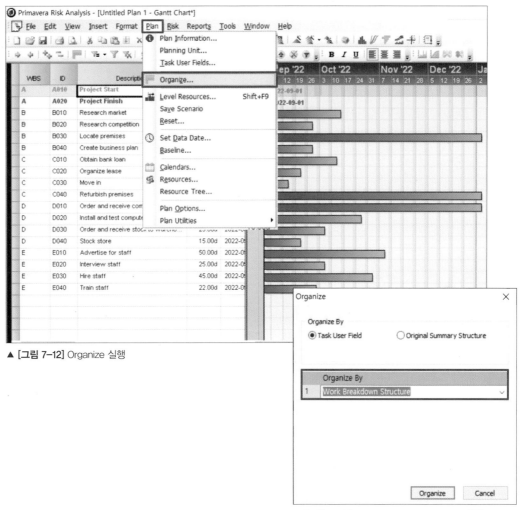

▲ [그림 7-12] Organize 실행

▲ [그림 7-13] Work Breakdown Structure 선택

## | 2 | Task Link 작성

**01** [그림 7-14]와 같이 Task 상세 정보 창을 화면에 나타낸 후 [Links] 탭을 활성화한다. 이때 Task 상세 정보 창이 없다면 [View] 메뉴의 [Task Details]를 선택한다.

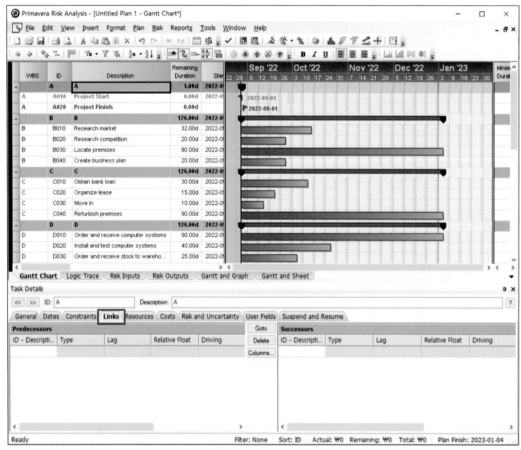

▲ **[그림 7-14]** Task Details의 Links

02 화면 좌측 상단의 Task가 있는 테이블에서 기준이 되는 Task를 선택 후 하단 Task Details의 Links에서 [그림 7-15]와 같이 ID - Description을 선택하여 선행 또는 후행이 될 Task를 지정한다. 하나의 Task가 2개 이상의 선행 또는 후행을 갖는 경우 [그림 7-16]과 같이 마지막 연결 관계 아래의 빈 칸을 클릭하면 새로운 연결 관계를 생성할 수 있다.

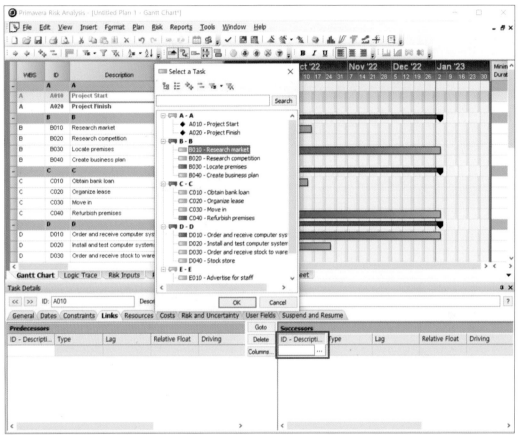

▲ [그림 7-15] 연결할 Task 선택

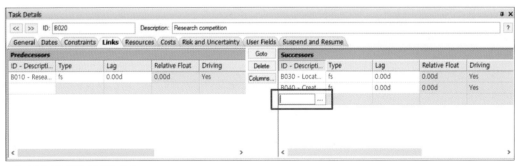

▲ [그림 7-16] 연결 관계의 추가

**03** 연결된 Task 사이의 관계는 상단의 Gantt Chart에서 화살표로 표시되며, 연결 방식과 Lag는 기본적으로 FS와 0의 값을 갖는다. [그림 7-17]과 같이 선행과 후행 Task에 대한 연결 방식(Type)과 지연시간(Lag)을 수정한다.

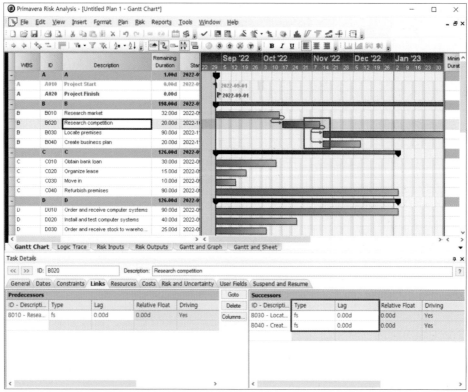

▲ [그림 7-17] Task 사이의 연결 관계 설정

**04** Task의 연결은 Task Details를 통하지 않고 상단의 Gantt Chart에서 바로 수행할 수 있다. 연결할 Task의 시작 지점 또는 종료 지점에 마우스를 올리면 [그림 7-18]과 같이 마우스의 커서가 변경되고, 종료 지점에 올렸다면 "F · ?", 시작 지점에 올렸다면 "S · ?" 문구를 볼 수 있다. 마우스 커서가 변경되고 연결 관계의 시작에 대한 문구가 나온 후 [그림 7-19]와 같이 마우스를 드래그하여 Task와 연결한다.

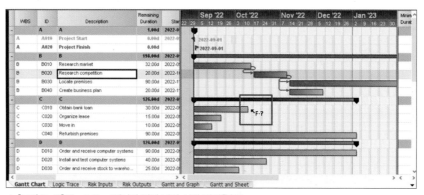

▲ [그림 7-18] Gantt Chart에서의 연결 관계 시작 지점 설정

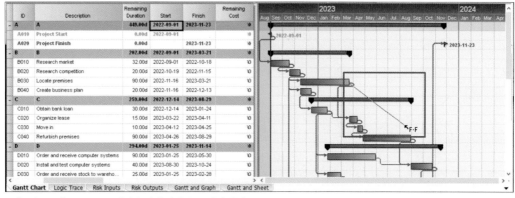

▲ [그림 7-19] Gantt Chart에서의 연결 관계 종료 지점 설정

**05** [그림 7-20]과 [표 7-5]를 참고하여 연결 관계를 설정한다.

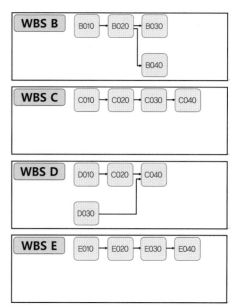

▲ [그림 7-20] WBS 내 Task 연결 관계

| Predecessor | Successor | Type | Lag |
|:---:|:---:|:---:|:---:|
| A010 | B010 | FS | 0 |
| B020 | E010 | FS | 0 |
| B030 | C020 | FS | 0 |
| B040 | C010 | FS | 0 |
| C010 | D010 | FS | 0 |
| C010 | D030 | FS | 0 |
| C040 | D020 | FS | 0 |
| D020 | E040 | FS | 0 |
| D040 | A020 | FS | 0 |
| E040 | A020 | FS | 0 |

▲ [표 7-5] Task 추가 연결 관계

## | 3 | Plan 저장

**01** 현재까지 작성한 Plan을 저장하기 위하여 [그림 7-21]과 같이 File 메뉴의 Save를 선택하거나 🖫 아이콘을 선택한다. 이때 저장하기 단축키는 Ctrl+S 이다.

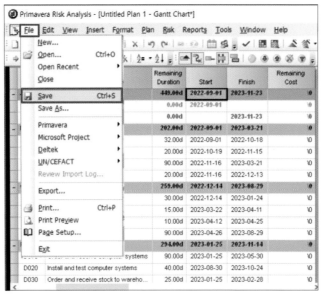

▲ [그림 7-21] File 메뉴의 Save

**02** [그림 7-22]와 같이 파일 이름 및 저장할 경로를 결정하고 [저장] 버튼을 누른다.

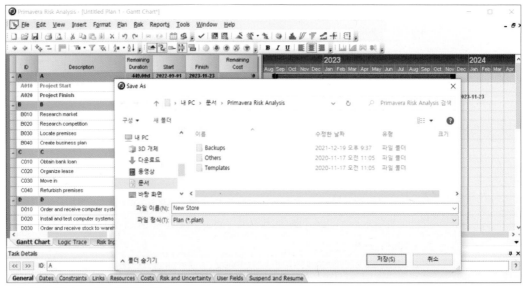

▲ [그림 7-22] Plan 파일 저장 경로 설정

Schedule Check는 리스크 분석을 실행하기 전에 Primavera Risk Analysis에서 작성되거나 Primavera P6 또는 Microsoft Project 등의 프로그램에서 가져오기(import)한 계획 중 Risk 분석에 영향을 미칠 수 있는 내용들을 사전에 점검하는 기능이다.

## | 1 | Schedule Check Options - Check List

Schedule Check Options는 [Report] 메뉴에서 [Schedule Check]를 선택하여 활성화할 수 있다. Schedule Check Options에는 Check List, Rationale, Options 탭이 있는데, 이 중 Check List 탭은 Schedule Check를 수행하면서 찾아낼 내용들과 범위를 설정하는 부분이다.

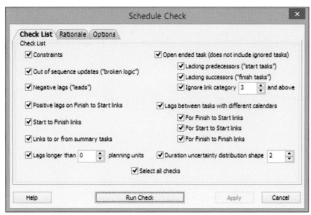

▲ [그림 7-23] Column 설정

① **Constraints** : Task에 시작일 또는 종료일을 강제로 지정한 경우

② **Out of Sequence Updates("Broken Logic")** : 계획된 Logic을 벗어난 형태로 실적이 입력된 경우

③ **Negative Lags("Leads")** : 연결 관계 설정 시 Lag를 음수로 주어 선행의 형태로 표현한 경우

④ **Positive Lags on Finish to Start Links** : FS 연결 관계에 양수의 Lag가 지정된 경우

⑤ **Start to Finish Links** : SF 연결 관계를 갖는 경우

⑥ **Links to or from Summary Tasks** : Summary 형태의 Task와 연결된 경우

⑦ **Lags longer than X Planning Units** : 지정된 기간보다 Lag가 긴 경우

⑧ **Open Ended Task(does not include ignored tasks)** : 선행 또는 후행 Task가 없는 경우

⑨ **Lag Between Tasks with Different Calendars** : 각각 다른 Calendar를 사용하는 Task 사이의 연결 관계에 Lag가 있는 경우

⑩ **Duration Uncertainty Distribution Shape X** : (Maximum/Most Likely)/(Most Likely-Minimum)의 값이 지정된 값보다 큰 경우

## | 2 | Schedule Check Options - Rationale

Rationale은 Schedule Check를 수행하는 항목들에 대하여 각각의 이유를 입력해 놓은 것으로 사용자가 수정할 수 있다.

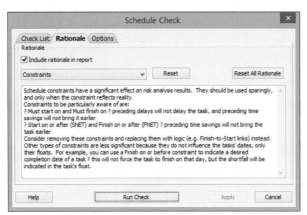

▲ [그림 7-24] Schedule Check – Rationale

① **Include Rationale in Report** : Schedule Check Report에 각 항목별 Rationale 문구를 포함할 것인지 여부를 결정한다.

## | 3 | Schedule Check Options - Options

Schedule Check Report에 대한 기본 Option을 설정한다.

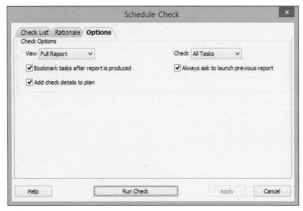

▲ [그림 7-25] Schedule Check – Options

① **View** : Schedule Check Report를 요약 보고서 형태로 할 것인지 여부 설정

② **Check** : Schedule Check를 할 Task의 범위 설정

③ **Bookmark Tasks After Report is Produced** : Schedule Check를 통하여 찾은 Task를 Primavera Risk Analysis 상에서 Bookmark할 것인지 설정

④ **Always Ask to Launch Previous Report** : Schedule Check Report 생성 시 기존의 Report를 열 것인지 묻는 창에 대한 설정

⑤ **Add Check Details to Plan** : Schedule Check를 통하여 나온 내용을 Primavera Risk Analysis의 User Defined Field에 저장할 것인지에 대한 설정

## | 4 | Schedule Check 실행

Schedule Check Option을 통해 설정을 완료한 후 [그림 7-26]과 같이 [Reports] 메뉴의 [Run Schedule Check]를 선택하거나 ☑ 아이콘을 클릭하여 Schedule Check를 실행하고, [그림 7-27]과 같은 Schedule Check Report를 생성한다.

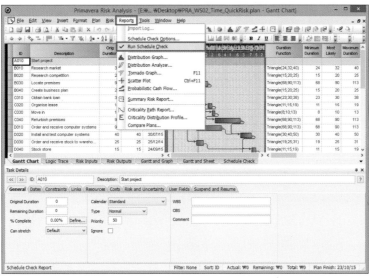

▲ [그림 7-26] Run Schedule Check

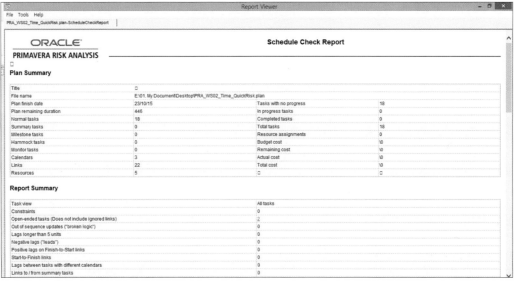

▲ [그림 7-27] Schedule Check Report

# Duration Uncertainty

작성된 Plan의 각 Task에 Duration Uncertainty를 적용하는 방법을 설명한다.

 **Duration Uncertainty 입력**

## | 1 | Duration Quick Risk

01 [그림 7-28]과 같이 [Risk] 메뉴의 [Duration Quick Risk]를 선택하거나 상단에 있는 █ 아이콘을 클릭하여 Duration Quick Risk를 활성화시킨다. 단축키는 Shift + F10 이다.

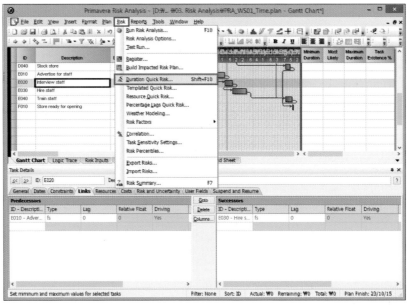

▲ **[그림 7-28]** Duration Quick Risk

02 [그림 7-29]와 같이 기본 설정을 둔 채로 [OK]를 클릭하여 Duration Uncertainty를 적용하면 [그림 7-30]과 같이 Gantt Chart 오른쪽에 각각의 Duration이 입력된다.

▲ **[그림 7-29]** Duration Quick Risk 설정

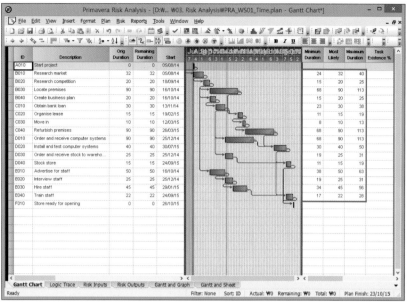

▲ [그림 7-30] Duration Quick Risk 일괄 적용

**03** C020 Task의 Duration Uncertainty를 [그림 7-31]과 같이 임의로 수정한 후 Duration Quick Risk를 실행한다.

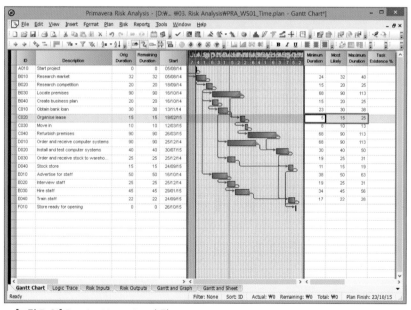

▲ [그림 7-31] Duration Uncertainty 수정

**04** [그림 7-32]와 같이 Apply to를 'Selected tasks only'로 선택하고 [OK]를 클릭하여 Duration Quick Risk의 설정이 C020 Task에 적용되는지 확인한다.

▲ [그림 7-32] 선택된 Task에 Duration Uncertainty

**05** 이미 Duration Uncertainty가 적용되어 있는 경우, Duration Quick Risk를 사용하여도 Duration Uncertainty가 적용되지 않는 것을 확인할 수 있다. 이 때는 [그림 7-33]과 같이 'Overwrite existing estimates and duration distribution notes' 옵션을 선택한 후 [OK]를 클릭하면 적용된다.

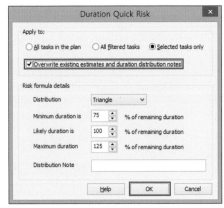

▲ [그림 7-33] 기존의 Duration Uncertainty 수정

## |2| Duration Uncertainty Column 설정

**01** Gantt Chart 오른쪽의 테이블에 현재 적용된 Duration Uncertainty에 대한 정보를 나타내기 위하여 [그림 7-34]와 같이 [Format] 메뉴의 [Columns]를 선택한다.

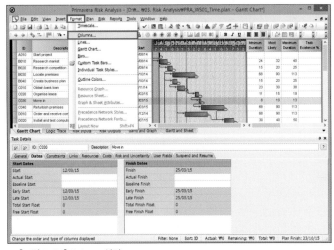

▲ [그림 7-34] Column 설정

02 [그림 7-35]와 같이 [Grouped Fields] 탭의 [Risk Inputs] 그룹에 있는 [Risk Input - Duration Function]을 선택하고 ⫺ 아이콘을 클릭하여 우측의 [Right Columns] 탭으로 이동시킨다. ⎡Up⎤과 ⎡Down⎤ 버튼을 통하여 Column의 위치를 조정하고 [OK]를 클릭하여 창을 닫는다. Risk Input - Duration Function은 현재 해당 Task에 설정되어 있는 Duration Uncertainty에 대한 분포 방식과 범위를 한 번에 보여주는 Column이다.

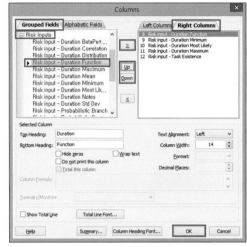

▲ [그림 7-35] Duration Function Column 설정

## |3| Task Details - Duration Uncertainty

01 Duration Uncertainty는 기본적으로 Gantt Chart 오른쪽에 있는 테이블을 통해서 분포 범위를 확인하고 수정할 수 있다. 이에 대한 자세한 설정 및 설명은 [그림 7-36]과 같이 [Task Details] 창의 [Risk and Uncertainty] 탭에 있는 [Duration Uncertainty]에서 확인하고 수정할 수 있다.

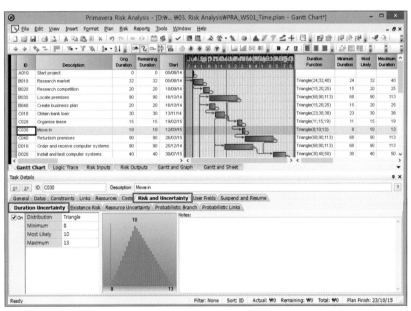

▲ [그림 7-36] Task Detail – Duration Uncertainty

## 02 [표 7-6]과 [표 7-7]을 참고하여 Duration Uncertainty를 입력한다.

| Task ID | Minimum | Most likely | Maximum |
|---------|---------|-------------|---------|
| B010 | 75% | 100% | 125% |
| B020 | 75% | 100% | 125% |
| B030 | 75% | 100% | 125% |
| B040 | 75% | 100% | 125% |
| C010 | 75% | 100% | 125% |
| C020 | 75% | 100% | 125% |
| C030 | 75% | 100% | 125% |
| C040 | 75% | 100% | 125% |

▲ [표 7-6] Duration Quick Risk를 활용한 Uncertainty 입력

| Task ID | Minimum | Most likely | Maximum |
|---------|---------|-------------|---------|
| D010 | 68d | 90d | 113d |
| D020 | 30d | 40d | 50d |
| D030 | 19d | 25d | 31d |
| D040 | 11d | 15d | 19d |
| E010 | 42d | 50d | 67d |
| E020 | 21d | 25d | 33d |
| E030 | 38d | 45d | 60d |
| E040 | 18d | 22d | 29d |

▲ [표 7-7] Column을 활용한 Uncertainty 입력

## 03 [File] 메뉴의 [Save As]를 선택하여 현재까지 작성한 Plan을 새로운 이름으로 저장한다.

## PRIMAVERA 02 Risk Analysis 실행

Risk Analysis는 Latin Hypercube Simulation 또는 Monte Carlo Simulation을 적용하여 해당 Plan을 분석하게 된다. Latin Hypercube Simulation은 입력 값에 대하여 적은 반복 횟수로도 이론적인 수치에 근접하게 결과를 보여줄 수 있는 반면, Monte Carlo Simulation은 많은 반복을 통하여 통계적인 결과를 보여준다는 특징이 있다.

📄 note
- Latin Hypercube Simulation : 중복을 허용하지 않는 기법
- Monte Carlo Simulation : 중복을 허용하는 기법

## | 1 | Risk Analysis Option

● **Risk Data**

▲ **[그림 7-37]** Risk Analysis Options – Risk Data

① **Calculate Duration Sensitivity** : Duration의 민감도를 계산할 것인지 설정

② **Calculate Cost Sensitivity** : Cost의 민감도를 계산할 것인지 설정

③ **Calculate Risk Percentiles** : 시작일, 종료일, 기간, 비용, 여유 시간에 대한 백분위 계산 여부 설정

④ **Save Resource Data** : Risk 분석 시 Resource Data를 분석하여 저장할 것인지 설정

⑤ **Save Probabilistic Cash Flow Data** : 지정된 기간별로 Cash Flow Data의 발생 가능성을 계산하여 저장할 것인지 설정

⑥ **Save NPV and IRR Values** : Cash Flow가 존재하는 경우 NPV와 IRR을 계산하여 저장할 것인지 설정

● **Analysis**

▲ **[그림 7-38]** Risk Analysis Options – Analysis

① **Analyze for X Iterations** : Risk 분석의 반복 횟수 설정

② **Analyze Until Converged or Maximum Iterations are Run** : Risk 분석 시 설정된 최대 반복 횟수 또는 설정된 범위 이내로 값이 수렴할 때까지 반복할 내용을 설정

③ **Show Step Through Analysis Options** : Risk Analysis 실행 시 Step 기능을 사용할 것인지 설정

④ **Set Own Seed for Random Number Generator** : Primavera Risk Analysis에서 발생하는 난수 중 처음 사용될 난수 설정

⑤ **Restore All Ignored Tasks Before Analysis** : Ignore 설정이 되어있는 Task를 Analysis에 포함할 것인지 설정

⑥ **Ignore Correlation Between Risks** : Task의 Distribution과 Task Existence 사이의 Correlation을 무시할 것인지 설정

⑦ **Resource Level After Each Iteration** : Risk 분석이 반복될 때마다 Resource Level을 할 것인지 설정

⑧ **Show Distribution Graph Afterwards** : Risk 분석이 완료된 후 보여줄 그래프 설정

● Warnings

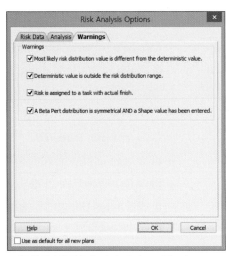

▲ [그림 7-39] Risk Analysis Options-Warnings

① **Most likely risk distribution value is different from the deterministic Value** : Most Likely 값이 Remaining Duration 또는 Units/Period와 다를 경우 경고 발생

② **Deterministic value is outside the risk distribution range** : Remaining Duration 또는 Units/Period 값이 분포 범위를 벗어날 경우 경고 발생

③ **Risk is assigned to a task with actual finish** : Actual Finish가 적용된 Task에 Risk가 적용되어 있을 경우 경고 발생

④ **A Beta Pert distribution is symmetrical AND a Shape value has been entered** : Beta Pert 분포가 대칭을 이루고 Shape에 값이 있을 경우 경고 발생

● Risk Analysis

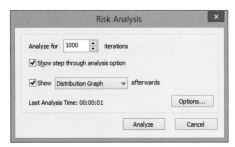

▲ [그림 7-40] Risk Analysis

① **Show Step Through Analysis Option** : Risk Analysis 실행 시 Step 기능을 사용할 것인지 설정
② **Show Distribution Graph Afterwards** : Risk 분석이 완료된 후 보여줄 그래프 설정

## | 2 | Risk Analysis 실행

**01** [그림 7-41]과 같이 [Risk] 메뉴의 [Run Risk Analysis]를 선택하거나 🔲 아이콘을 클릭하여 Risk Analysis를 실행한다.

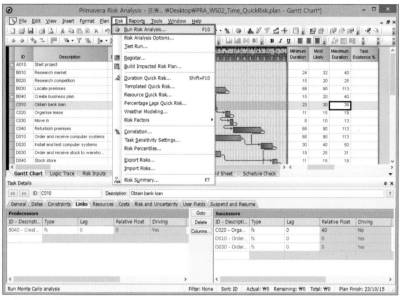

▲ [그림 7-41] Risk Analysis 실행

**02** 반복 횟수 및 Step 기능의 사용 여부, 분석 완료 후 나타낼 그래프를 설정한 후 [Analyze]를 클릭한다.

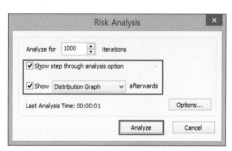

▲ [그림 7-42] Risk Analysis 설정

**03** [그림 7-43]에서 [Go]를 클릭하여 Risk Analysis를 실행하면 [그림 7-44]와 같이 지정된 횟수 만큼 반복하여 Risk가 계산된다. 이때, [Step]을 클릭하면 Risk 분석이 한 번씩 반복되는 과정을 확인 할 수 있고, Risk 분석이 반복되어 진행되는 도중 [Complete]를 클릭하면 더 이상 반복하여 계산하지 않고 Risk 분석이 종료된다.

▲ [그림 7-43] Risk Analysis 실행

▲ [그림 7-44] Risk Analysis 수행

# Risk Analysis Report - Duration

Duration Uncertainty와 관련된 대표적인 Risk 분석 보고서는 Distribution Graph, Tornado Graph, Criticality Path Repot, Criticality Distribution Profile이라고 할 수 있다. 이 Part에서는 Duration Uncertainty와 관련된 보고서의 형태만을 확인한다. 각 보고서에 대한 자세한 설명은 Part 9. Report를 참고한다.

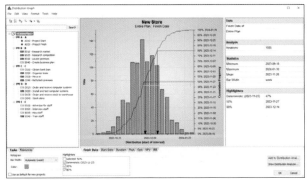

▲ [그림 7-45] Distribution Graph

▲ [그림 7-46] Tornado Graph

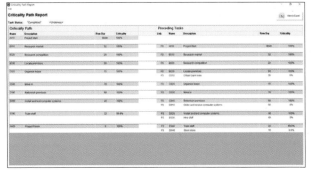

▲ [그림 7-47] Criticality Path Repot

▲ [그림 7-48] Criticality Distribution Profile

# Resource Uncertainty

작성된 Plan의 각 Task에 Resource Uncertainty를 적용하는 방법을 설명한다.

---

### PRIMA VERA 01 Resource 생성

## |1| Resource 생성

01 Resource를 생성하기 위하여 [그림 7-49]와 같이 [Plan] 메뉴의 [Resources]를 선택하거나 아이콘을 클릭한다.

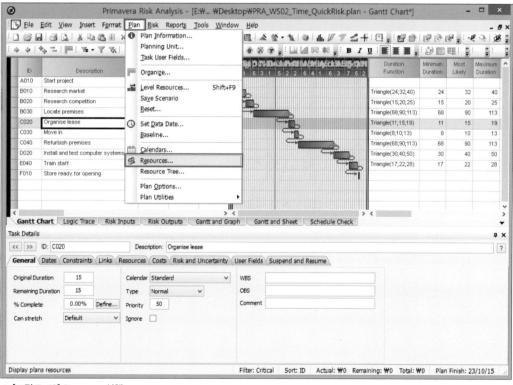

▲ [그림 7-49] Resource 실행

02 [그림 7-50]과 같이 비어있는 행을 클릭하여 [표 7-8]에 있는 Resource 정보를 [그림 7-41]과 같이 입력한다.

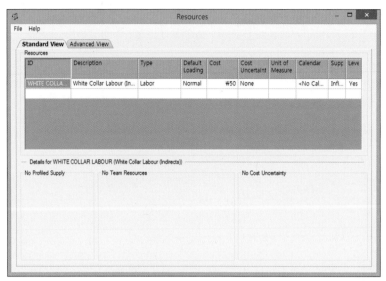

▲ [그림 7-50] Resource 정보 입력

| ID | Description | Type | Default Loading | Cost |
|---|---|---|---|---|
| BLUE COLLAR LABOUR | Blue Collar Labour (Directs) | Labor | Normal | ₩45 |
| EXP | EXPENSE | Expenses | Spread | ₩1 |
| NON LABOR | Non Labor | Non Labor | Normal | ₩146 |
| WHITE COLLAR LABOUR | White Collar Labour (Indirects) | Labor | Normal | ₩50 |

▲ [표 7-8] Resource 정보

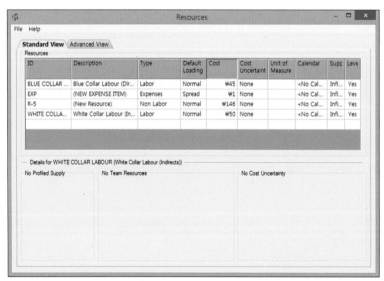

▲ [그림 7-51] Resource 정보

## | 2 | Resource Assignment

**01** [그림 7-52]와 같이 화면 하단의 [Task Details] 창에서 [Resources] 탭을 활성화한다. 이때 [Task Details] 창이 보이지 않으면 [View] 메뉴의 [Task Details]를 선택한다.

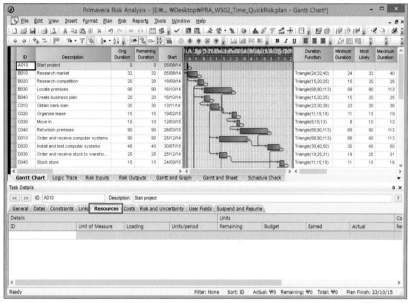

▲ **[그림 7-52]** Task Details의 Resources

**02** 화면 좌측 상단의 Task가 있는 테이블에서 기준이 되는 Task를 선택한 후 [Task Details] 창의 [Resources] 탭에서 [그림 7-53]과 같이 [ID]를 선택하여 해당되는 Resource를 선택한 후 [표 7-9]를 참고하여 Task에 할당된 Resource 정보를 입력한다.

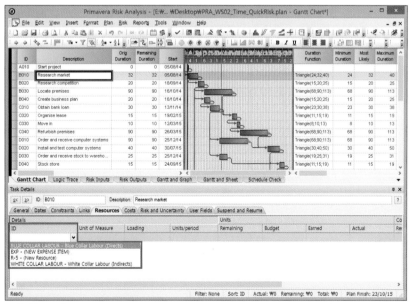

▲ **[그림 7-53]** Resource Assignment

| Task ID | Resource | Loading | Remaining Units | Budget Units |
|---|---|---|---|---|
| B010 | WHITE COLLAR LABOUR | Normal | 256 | 256 |
| B010 | NON LABOUR | Normal | 256 | 256 |
| B010 | EXP | Spread | 1,460 | 1,460 |
| B020 | WHITE COLLAR LABOUR | Normal | 160 | 160 |
| B020 | NON LABOUR | Normal | 160 | 160 |
| B030 | WHITE COLLAR LABOUR | Normal | 720 | 720 |
| B030 | NON LABOUR | Normal | 720 | 720 |
| B040 | WHITE COLLAR LABOUR | Normal | 160 | 160 |
| B040 | NON LABOUR | Normal | 160 | 160 |
| C010 | WHITE COLLAR LABOUR | Normal | 240 | 240 |
| C010 | NON LABOUR | Normal | 240 | 240 |
| C010 | EXP | Spread | 7,298 | 7,298 |
| C020 | BLUE COLLAR LABOUR | Normal | 120 | 120 |
| C020 | NON LABOUR | Normal | 120 | 120 |
| C020 | EXP | Spread | 10,947 | 10,947 |
| C030 | BLUE COLLAR LABOUR | Normal | 80 | 80 |
| C030 | NON LABOUR | Normal | 80 | 80 |
| C040 | BLUE COLLAR LABOUR | Normal | 720 | 720 |
| C040 | NON LABOUR | Normal | 720 | 720 |
| C040 | EXP | Spread | 29,193 | 29,193 |
| D010 | BLUE COLLAR LABOUR | Normal | 720 | 720 |
| D010 | NON LABOUR | Normal | 720 | 720 |
| D020 | BLUE COLLAR LABOUR | Normal | 320 | 320 |
| D020 | NON LABOUR | Normal | 320 | 320 |
| D030 | BLUE COLLAR LABOUR | Normal | 200 | 200 |
| D030 | NON LABOUR | Normal | 200 | 200 |
| D040 | BLUE COLLAR LABOUR | Normal | 120 | 120 |
| D040 | NON LABOUR | Normal | 120 | 120 |
| E010 | BLUE COLLAR LABOUR | Normal | 400 | 400 |
| E010 | NON LABOUR | Normal | 400 | 400 |
| E010 | EXP | Spread | 3,649 | 3,649 |
| E020 | BLUE COLLAR LABOUR | Normal | 200 | 200 |
| E020 | NON LABOUR | Normal | 200 | 200 |
| E030 | BLUE COLLAR LABOUR | Normal | 360 | 360 |
| E030 | NON LABOUR | Normal | 360 | 360 |
| E040 | BLUE COLLAR LABOUR | Normal | 176 | 176 |
| E040 | NON LABOUR | Normal | 176 | 176 |

▲ [표 7-9] Resource Assignment 정보

**03** [그림 7-54]와 같이 [Format] 메뉴의 [Column]을 실행하여 'Show Total Line'에 체크 하면 Total Cost를 확인할 수 있다.

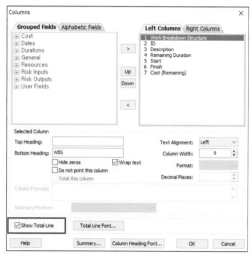

▲ [그림 7-54] Resource Quick Risk를 활용한 Uncertainty 입력

**PRIMA VERA 02** Resource Uncertainty 적용

작성한 Plan의 각 Task에 할당된 Resource에 대한 Uncertainty 적용 방법을 설명한다.(Resource Quick Risk 활용)

## |1| Resource Quick Risk

**01** [그림 7-55]와 같이 [Risk] 메뉴의 [Resource Quick Risk]를 선택한다. Resource Quick Risk는 따로 아이콘과 단축키가 없지만, [Tools] 메뉴의 [Customize]를 통하여 사용자가 단축키를 지 정하여 사용할 수 있다.

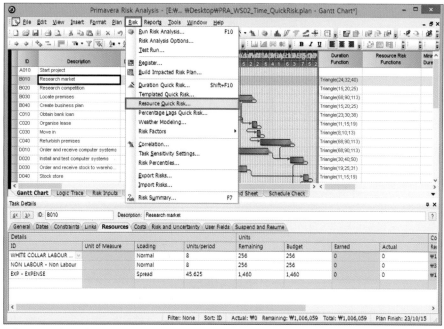

▲ [그림 7-55] Resource Quick Risk

## 02
[그림 7-56]과 같이 Resource Name을 'BLUE COLLAR LABOUR'로 설정하고 다른 설정은 기본으로 한 후 [OK]를 클릭하여 Resource Uncertainty를 적용한다.

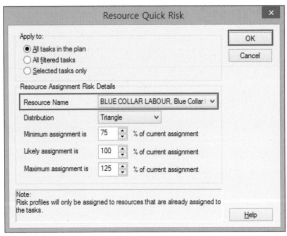

▲ [그림 7-56] Resource Quick Risk 설정

## 03
다른 Resource 역시 Resource Quick Risk를 이용하여 Resource Uncertainty를 적용한다.

### | 2 | Resource Uncertainty Column 설정

## 01
Gantt Chart 오른쪽의 테이블에 현재 적용된 Resource Uncertainty에 대한 정보를 나타내기 위하여 [그림 7-57]과 같이 [Format] 메뉴의 [Columns]를 선택한다.

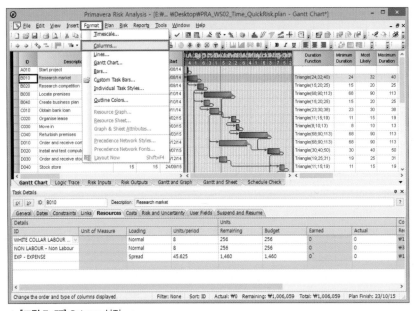

▲ [그림 7-57] Column 설정

02 [그림 7-58]과 같이 [Grouped Fields] 탭의 [Risk Inputs] 그룹에 있는 [Risk Input - Resource Functions]를 선택하고 ≥ 아이콘을 클릭하여 우측의 Right Columns 탭으로 이동시킨다. Up 과 Down 버튼을 이용하여 Column의 위치를 조정하고 [OK]를 클릭하여 창을 닫는다. Risk Input - Resource Function은 현재 해당 Task에 할당되어 있는 Resource 중 Resource Uncertainty가 설정되어 있는 Resource에 대한 분포 방식과 범위를 모두 보여주는 Column이다.

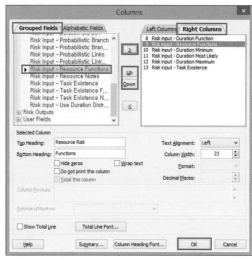

▲ [그림 7-58] Resource Function Column 설정

## | 3 | Task Details - Resource Uncertainty

01 Duration Uncertainty는 Gantt Chart 우측의 Column을 사용하여 간편하게 작성 및 수정이 가능하였지만, Resource Uncertainty는 Column을 사용할 수 없기 때문에 [Task Details] 창의 [Resource Uncertainty]를 사용하여 상세하게 설정한다. Resource Uncertainty는 [그림 7-59]와 같이 [Task Details] 창의 [Risk and Uncertainty] 탭에 있는 [Risk Uncertainty]를 선택하면 볼 수 있다.

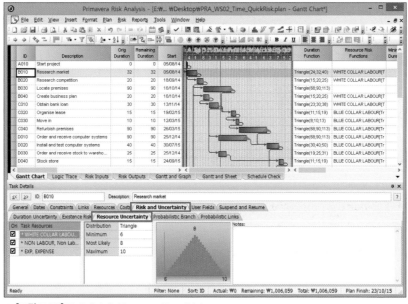

▲ [그림 7-59] Task Detail–Resource Uncertainty

**02** [표 7-10]과 [표 7-11]을 참고하여 Resource Uncertainty를 입력한다.

| Task ID | Minimum | Most likely | Maximum |
|---------|---------|-------------|---------|
| B010 | 75% | 100% | 125% |
| B020 | 75% | 100% | 125% |
| B030 | 75% | 100% | 125% |
| B040 | 75% | 100% | 125% |
| C010 | 75% | 100% | 125% |
| C020 | 75% | 100% | 125% |
| C030 | 75% | 100% | 125% |
| C040 | 75% | 100% | 125% |
| D010 | 90% | 100% | 105% |
| D020 | 90% | 100% | 105% |
| D030 | 90% | 100% | 105% |
| D040 | 90% | 100% | 105% |

▲ [표 7-10] Resource Quick Risk를 활용한 Uncertainty 입력

| Task ID | Resource | Distribution | Minimum/Most/Maximum |
|---------|----------|--------------|----------------------|
| E010 | Blue Collar Labour | Triangle | 6 / 8 / 10 |
| | Non Labour | Triangle | 6 / 8 / 10 |
| | EXP | Triangle | 2,736 / 3,649 / 5,610 |
| E020 | Blue Collar Labour | Triangle | 6 / 8 / 10 |
| | Non Labour | Triangle | 6 / 8 / 10 |
| E030 | Blue Collar Labour | Triangle | 6 / 8 / 10 |
| | Non Labour | Triangle | 6 / 8 / 10 |
| E040 | Blue Collar Labour | Triangle | 6 / 8 / 10 |
| | Non Labour | Triangle | 6 / 8 / 10 |

▲ [표 7-11] Column을 활용한 Uncertainty 입력

**03** [File] 메뉴의 [Save As]를 선택하여 현재까지 작성한 Plan을 새로운 이름으로 저장한다.

Risk Analysis는 Latin Hypercube Simulation 또는 Monte Carlo Simulation을 통하여 해당 Plan을 분석하게 된다. Latin Hypercube Simulation은 입력 값에 대하여 적은 반복 횟수로도 이론적인 수치에 근접하게 결과를 보여줄 수 있는 반면, Monte Carlo Simulation은 많은 반복을 통하여 통계적인 결과를 보여준다는 특징이 있다.

## | 1 | Risk Analysis Options

**01** Resource에 대한 Risk 분석을 위하여 [그림 7-60]과 같이 Resource와 Cost에 대한 분석 옵션을 추가한 후 [OK]를 클릭한다.

▲ **[그림 7-60]** Risk Analysis Options – Risk Data

## | 2 | Risk Analysis 실행

**01** [그림 7-61]과 같이 [Risk] 메뉴의 [Run Risk Analysis]를 선택하거나 🔘 아이콘을 클릭하여 Risk Analysis를 실행한다.

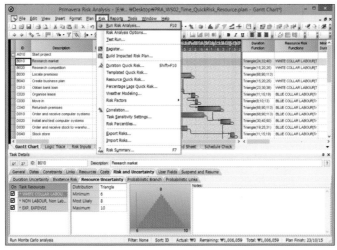

▲ **[그림 7-61]** Risk Analysis 실행

02 반복 횟수 및 Step 기능의 사용 여부, 분석 완료 후 나타낼 그래프를 설정한 후 [Analyze]를 클릭한다.

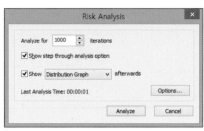

▲ [그림 7-62] Risk Analysis 설정

03 [그림 7-63]의 [Go]를 클릭하여 Risk Analysis를 실행하면 [그림 7-64]와 같이 지정된 횟수만큼 반복하여 Risk를 계산한다. 이때, [Step]을 클릭하면 Risk 분석이 한 번씩 반복되는 과정을 확인할 수 있고, Risk 분석이 반복되어 진행되는 도중 [Complete]를 클릭하면 더 이상 반복하여 계산하지 않고 Risk 분석이 종료된다.

▲ [그림 7-63] Risk Analysis 실행

▲ [그림 7-64] Risk Analysis 수행

Risk Analysis Report - Resource

Resource Uncertainty와 관련된 대표적인 Risk 분석 보고서는 Distribution Graph, Tornado Graph, Scatter Plot, Probability Cash Flow라고 할 수 있다. 이 Part에서는 Duration Uncertainty에서와 같이 관련된 보고서의 형태만 확인한다. 각 보고서에 대한 자세한 설명은 Part 9. Report를 참고한다.

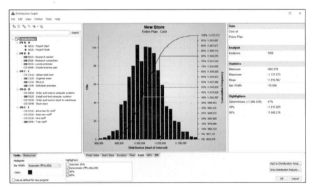

▲ [그림 7-65] Distribution Graph

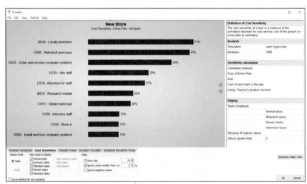

▲ [그림 7-66] Tornado Graph

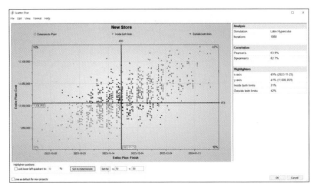

▲ **[그림 7-67]** Scatter Plot

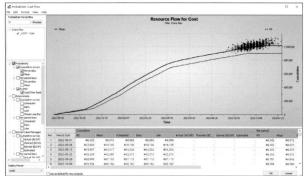

▲ **[그림 7-68]** Probability Cash Flow

# Baseline 생성

Primavera Risk Analysis는 Primavera P6와 같이 Baseline을 통하여 현재의 데이터를 저장함으로써, Baseline 데이터를 기준으로 데이터가 어떻게 변경되었는지 비교할 수 있다.

## PRIMA VERA 01 Baseline 생성

### | 1 | Baseline 생성

**01** Baseline을 생성하기 위하여 [Plan] 메뉴의 [Baseline]을 클릭한다.

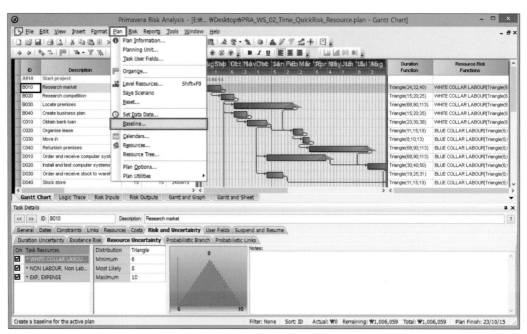

▲ [그림 7-69] Baseline 생성

▲ [그림 7-73] Baseline 적용

02 프로젝트 전체에 대한 Baseline을 생성하기 위하여 [그림 7-70]과 같이 'Entire Project'를 선택하고, 'Copy' 항목을 모두 선택한다.

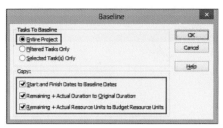

▲ [그림 7-70] Baseline 생성 설정

03 Task에 Baseline 데이터가 있다면 [그림 7-71]과 같은 메시지 창이 열린다. 새로운 Baseline을 생성하기 위하여 [예]를 클릭한다.

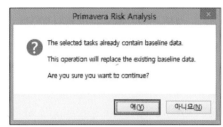

▲ [그림 7-71] Baseline 데이터 덮어쓰기

04 Bar Chart에 Baseline Bar를 보이기 위하여 [예]를 클릭한다.

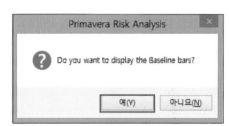

▲ [그림 7-72] Baseline 생성

05 [Task Details] 창의 [Dates] 탭을 보면 'Baseline Start'와 'Finish'에 값이 입력된 것을 알 수 있고, Bar Chart에 Baseline Bar가 회색으로 추가된 것을 확인할 수 있다.

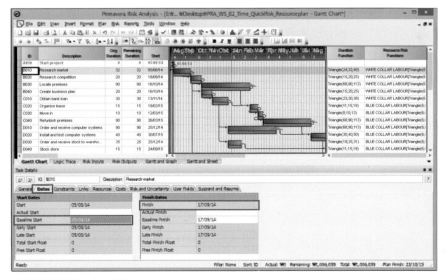

▲ [그림 7-73] Baseline 적용

Project Risk Manager를 위한 **Primavera Risk Analysis**

P
R
I
M
A
V
E
R
A

CONTENTS

# Risk Register

이 장에서는 리스크 관리 계획(Risk Management Plan)에서 정의한 기준을 Launch Risk Register 마법사를 활용하여 생성하고 사건 리스크(Event Risk)를 리스크 등록부(Risk Register)에 작성하는 방법을 설명한다. 또한 등록된 리스크에 대한 정성적 평가(Qualitative Assessment)를 사전(Pre), 사후(Post)에 수행하고, Plan의 각 Task에 리스크를 Mapping하여 정량적 평가(Quantitative Assessment)를 적용하는 방법을 설명한다.

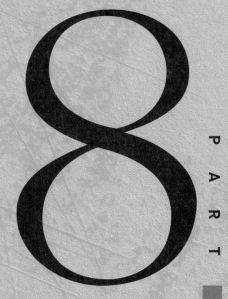

PART

# Risk Register
# (Qualitative & Quantitative)

Primavera Risk Analysis의 Risk Register 기능을 활용하여 Risk Register(리스크 등록부)를 작성하고 정성적·정량적 평가를 수행하는 방법을 설명한다.

## | 1 | Risk Register Wizard

**01** Risk Register를 실행하기 위하여 [그림 8-1]과 같이 [Risk] 메뉴의 [Register]를 선택하거나 ▥ 아이콘을 클릭한다.

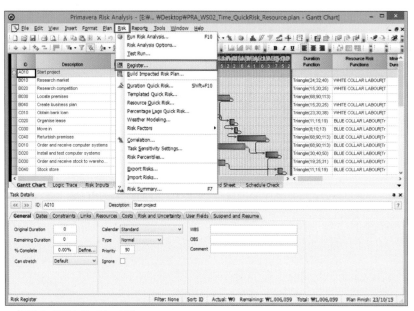

▲ [그림 8-1] Risk Register 실행

**02** Risk Register Wizard를 실행하기 위하여 [그림 8-2]와 같이 'Launch Risk Register Wizard'를 선택하고 [OK]를 클릭한다.

▲ [그림 8-2] Risk Register Wizard 선택

**03** [그림 8-3]과 같이 Risk Wizard에 대한 설명을 확인하고 [다음]을 클릭한다.

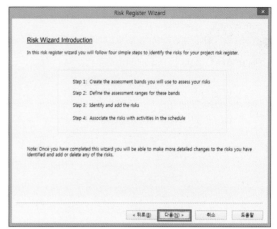

▲ **[그림 8-3]** Risk Wizard Introduction

**04** [그림 8-4]와 같이 Probabilistic Impact Diagram에 사용할 Band의 폭을 결정하고 [다음]을 클릭한다. 본 교재에서는 [Probabilistic Bands]와 [Impact Bands] 모두 기본 값인 '5'로 설정한다.

📄 **note**
이 기준은 Risk Management Plan에서 정의된다.

▲ **[그림 8-4]** Risk Scoring

**05** [그림 8-5]와 같이 앞서 결정한 각 Risk Band에 대한 평가를 확인한 후 [다음]을 클릭한다. 본 교재에서는 기본 값으로 설정한다.

📄 **note**
이 기준은 Risk Management Plan에서 정의된다.

▲ **[그림 8-5]** Risk Assessment

**06** [표 8-1]의 Risk를 [그림 8-6]과 같이 입력한 후 [Add Risk]를 클릭하고 [다음]을 클릭한다.

| ID | 1 |
| --- | --- |
| Title | Loan application rejected |
| Type | Threat |
| Cause | Company Carrying significant debt. |
| Effect | Would delay schedule, increase costs, and could damage company reputation. |
| Probability | L |
| Cost | H |
| Schedule | H |
| Performance | L |

▲ [표 8-1] Risk 입력

▲ [그림 8-6] Risk 입력

**07** Risk를 Task와 연결하는 화면으로 [그림 8-7]과 같이 Task를 선택하지 않고 [마침]을 클릭한다.

▲ [그림 8-7] Associate the Risk with Task

## | 2 | Risk Register

**01** [표 8-1] Risk 1의 등록을 완료하기 위하여 [그림 8-8]과 같이 Risk Register의 [Risk Details] 탭에서 화면 우측의 [Status]를 'Proposed'로 설정하고, 중앙의 [Description]을 'Lender may reject loan due to existing debt.'로 수정한다.(Risk Register 화면은 [Risk] 메뉴의 [Register]를 선택한다.)

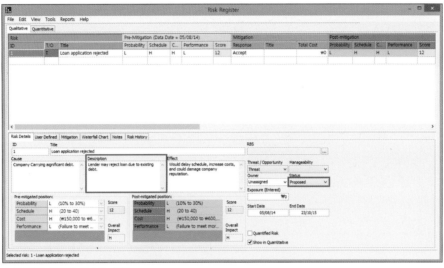

▲ [그림 8-8] Risk Details 수정

**02** Risk Register의 [Mitigation] 탭으로 이동하고 [그림 8-9]와 같이 [Title]에 'Strengthen application efforts'라고 입력한다. [Response]를 'Reduce'로 수정하고 'Use Detailed Actions'에 체크한다.

▲ [그림 8-9] Mitigation 설정

**03** [표 8-2]를 참고하여 [그림 8-10]과 같이 Mitigation Action을 입력한다.

| Description | Remaining Cost |
|---|---|
| Submit applications to multiple lenders | 10,000 |
| Secure loan guarantee from parent company | 15,000 |
| Accept less favorable terms on loan | 0 |

▲ [표 8-2] Mitigation Action

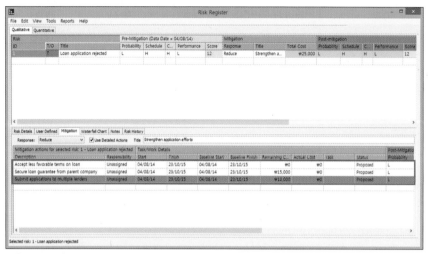

▲ [그림 8-10] Mitigation Action 입력

04 [표 8-3]과 [표 8-4]를 확인하여 다른 Risk를 등록한다.

| Risk | | | Pre-mitigation | | | |
|---|---|---|---|---|---|---|
| ID | Type | Title | Probability | Schedule | Cost | Performance |
| 2 | Threat | Key resource unavailable | H | H | H | H |
| 3 | Opportunity | Reuse interior design work | M | M | M | H |
| 4 | Threat | Computer systems delivery delayed | VL | L | L | M |
| 5 | Threat | Computer systems testing fails | M | VH | VH | VH |
| 6 | Threat | Retail stock backordered | L | H | H | VH |

▲ [표 8-3] Risk 입력

| Risk | Response | | Post-mitigation | | | |
|---|---|---|---|---|---|---|
| ID | Type | Total Cost | Probability | Schedule | Cost | Performance |
| 2 | Reduce | 75,000 | VL | H | M | H |
| 3 | Exploit | 0 | VH | H | M | H |
| 4 | Accept | 0 | VL | L | L | M |
| 5 | Transfer | 50,000 | VL | VH | VH | VH |
| 6 | Reduce | 200,000 | VL | L | H | M |

▲ [표 8-4] Risk 입력

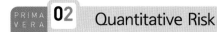

## 02 Quantitative Risk

### | 1 | Mapping Pre-Mitigated Risk to Schedule

01 Pre-Mitigated Risk를 Schedule에 연결하기 위하여 [그림 8-11]과 같이 [Quantitative] 탭의 [Pre-Mitigated] 탭을 선택한다. 하위의 Risk View와 Task View는 보는 방식에 차이가 있을 뿐 Risk와 Schedule의 연동은 동일하다.

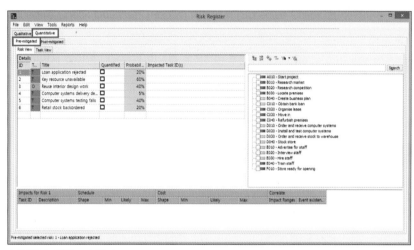

▲ [그림 8-11] Pre-Mitigate

02 [그림 8-12]와 같이 Risk ID가 '1'인 'Loan application rejected'를 선택하고 우측 창에서 'C010' Task에 체크하면, 좌측 창의 Impacted Task ID(s)에 'C010'이 나오는 것을 확인할 수 있다.

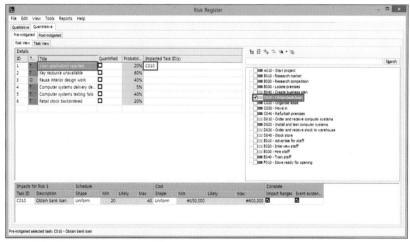

▲ [그림 8-12] Pre-Mitigated Risk 연동

**03** [표 8-5]를 참고하여 나머지 Risk를 Schedule과 연동시키면 [그림 8-13]과 같다.

| Risk and Impacted Task | | | |
|---|---|---|---|
| Risk ID | Risk Title | Impacted Task ID | Task Description |
| 1 | Loan application rejected | C010 | Obtain bank loan |
| 2 | Key resource unavailable | B040 | Create business plan |
| 2 | Key resource unavailable | C010 | Obtain bank loan |
| 2 | Key resource unavailable | C020 | Organize lease |
| 3 | Reuse interior design work | C040 | Refurbish premises |
| 4 | Computer systems delivery delayed | D010 | Order and receive computer systems |
| 5 | Computer systems testing fails | D020 | Install and test computer systems |
| 6 | Retail stock backordered | D030 | Order and receive stock to warehouse |

▲ [표 8-5] Pre–Mitigated Risk 연동

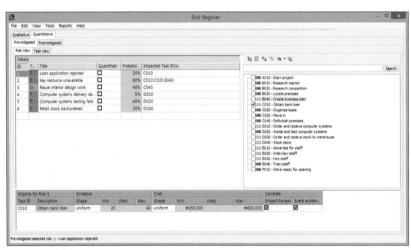

▲ [그림 8-13] Pre–Mitigated Risk 연동

## | 2 | Adjusting Pre-Mitigated Probability and Impacts

**01** Quantitative Risk의 Pre-Mitigation을 Qualitative Risk의 Pre-Mitigation과 분리하기 위하여 [그림 8-14]와 같이 Risk ID '1'의 'Quantified' 체크 박스에 체크하면 Probability와 하단의 Impacts for Risk 1의 항목들을 수정할 수 있는 것을 확인할 수 있다. Risk ID '1'의 'Probability'를 '25'로 변경한다.

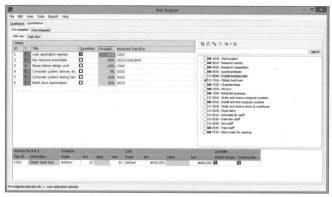

▲ [그림 8-14] Adjusting Probability – Risk 1

📝 note
----------------------------------------------------------------
기본 Probability는 Probability Scale 기준의 중간값이 기본으로 적용된다.

**02** Risk ID '2'를 선택하고 'Quantified' 체크 박스에 체크한 후 [표 8-6]을 참고하여 [그림 8-15] 와 같이 하단의 Impacts for Risk 2를 수정한다.

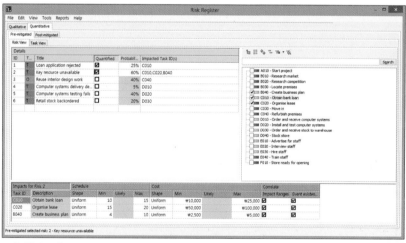

▲ [그림 8-15] Adjusting Pre–Mitigated Impacts – Risk 2

| Pre–Mitigated Impact for Risk 2 | | | | |
|---|---|---|---|---|
| Task ID | Schedule Min | Schedule Max | Cost Min | Cost Max |
| B040 | 6 | 15 | 3,000 | 6,000 |
| C010 | 15 | 20 | 12,000 | 27,000 |
| C020 | 20 | 25 | 60,000 | 120,000 |

▲ [표 8-6] Pre–Mitigated Impact for Risk 2

## | 3 | Adjusting Post-Mitigated Probability and Impacts

**01** Post-Mitigation을 수정하기 위하여 [그림 8-16]과 같이 [Quantitative] 탭의 [Post-Mitigated] 탭을 선택한다. 하위의 Risk View와 Task View는 보는 방식에 차이가 있을 뿐 Risk와 Schedule의 연동은 동일하다.

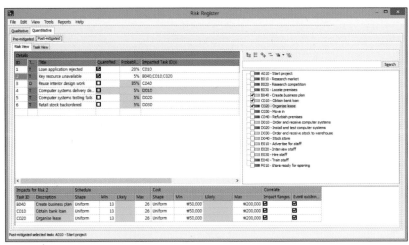

▲ **[그림 8-16]** Post-Mitigated 화면

**02** Quantitative Risk의 Post-Mitigation을 Qualitative Risk의 Post-Mitigation과 분리하기 위하여 [그림 8-17]와 같이 Risk ID '2'의 'Quantified' 체크 박스에 체크한다.

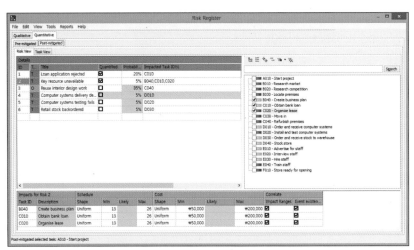

▲ **[그림 8-17]** Quantified 확인

## 03 [표 8-7]을 참고하여 Impact for Risk 2를 [그림 8-18]과 같이 수정한다.

| Post-Mitigated Impact for Risk 2 | | | | |
|---|---|---|---|---|
| Task ID | Schedule Min | Schedule Max | Cost Min | Cost Max |
| B040 | 4 | 10 | 2,500 | 5,000 |
| C010 | 10 | 15 | 10,000 | 25,000 |
| C020 | 15 | 20 | 50,000 | 100,000 |

▲ [표 8-7] Post-Mitigated Impact for Risk 2

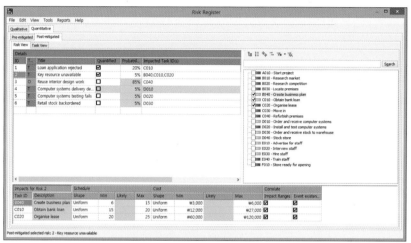

▲ [그림 8-18] Adjusting Post-Mitigated Impacts – Risk 2

## | 4 | Build Impacted Risk Plan

## 01 Risk Impact를 적용하기 위하여 [그림 8-19]와 같이 Risk Register 화면의 [Tools] 메뉴에서 [Build Impacted Risk Plan(s)]를 선택한다.

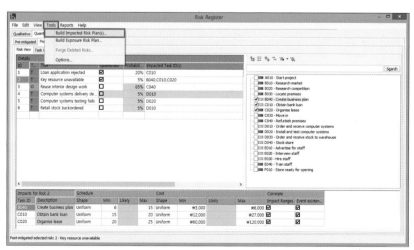

▲ [그림 8-19] Build Impacted Risk Plan

02 [그림 8-20]과 같이 [Risk Plans]의 'Pre-Mitigated'와 'Post-Mitigated'를 모두 선택하고, [Proposed Risks]의 항목 역시 모두 선택한 후 [Build]를 클릭한다.

▲ [그림 8-20] Impacted Risk Plan 선택

03 Impacted Risk Plan이 적용되면 Risk Register 화면이 닫히고 [그림 8-21]과 같이 Plan에 Impacted Risk가 적용된다.

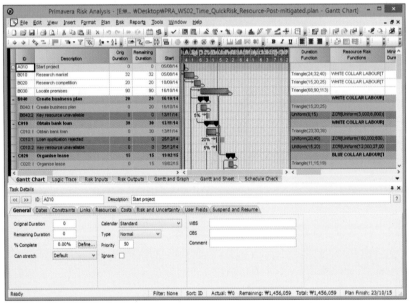

▲ [그림 8-21] Build Impacted Risk Plan

# Risk Matrix & Risk Scoring

Risk Matrix와 Risk Scoring에 대해 설명한다.

**01** Risk Matrix

## | 1 | Show Risk Matrix

**01** [그림 8-22]와 같이 Risk Register 화면의 [View] 메뉴에서 [Show Risk Matrix]를 클릭한다.

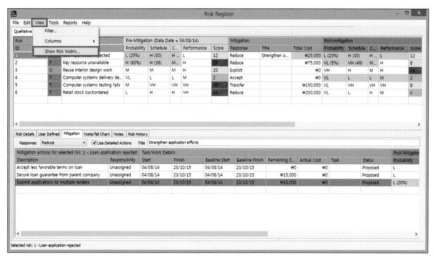

▲ **[그림 8-22]** Show Risk Matrix 선택

**02** Risk Matrix에서는 [그림 8-23]과 같이 'Pre-Mitigated Risk'일 때 또는 'Post-Mitigated Risk'일 때 Task가 어느 Risk Matrix에 위치해 있는지를 볼 수 있다. 이때 설정에 따라 해당 위치에 있는 Risk ID 또는 Risk의 개수를 X로 표현할 수 있다.

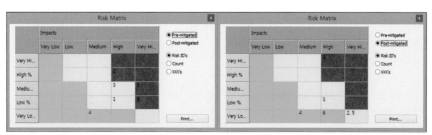

▲ **[그림 8-23]** Risk Matrix

## | 2 | Risk Matrix Report

**01** Risk Matrix Report를 출력하기 위하여 [그림 8-24]와 같이 Risk Register 화면의 [Reports] 메뉴에서 [Risk Matrix]를 클릭한다.

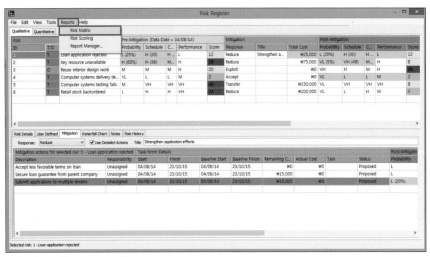

▲ [그림 8-24] Risk Matrix 메뉴

**02** Risk Matrix Report는 [그림 8-25]와 같이 Risk Register에 적용된 Risk에 대한 요약을 보여준다. 이 화면은 직접 인쇄하거나 웹브라우저로 볼 수 있다. 뿐만 아니라 웹 형식의 파일 또는 MS Office Word 파일로 저장할 수도 있다.

▲ [그림 8-25] Risk Scoring Report

## | 1 | Risk Scoring 수정

**01** [그림 8-26]과 같이 Risk Register 화면의 [Edit] 메뉴에서 [Risk Scoring]을 클릭한다.

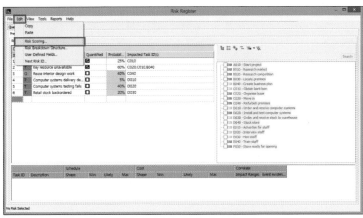

▲ **[그림 8-26]** Risk Scoring 메뉴

**02** Risk Scoring의 수정 메뉴는 [그림 8-27]과 같이 크게 네 부분으로 나뉜다. 상단의 Probability Scale과 Impact Scales & Type에서는 앞서 Risk Register Wizard에서 설정한 Band의 크기를 정할 뿐만 아니라 Probability 수정, Impact의 종류 및 그 범위를 지정할 수 있다. 좌측 하단의 Tolerance Scale은 우측 하단에서 볼 수 있는 PID의 Tolerance를 지정하는 곳으로, 각 Tolerance별 점수를 지정할 수 있다. 우측 하단의 Probability and Impact Scoring에서는 Qualitative Risk 작성 시 계산되는 점수를 Highest Impact, Average of Impacts, Average of Individual Impact Scores 중 어떤 것을 기준으로 할 것인지를 지정한다.

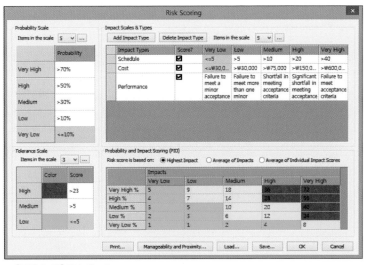

▲ **[그림 8-27]** Risk Scoring

📄 **note**
Risk Scoring에 대한 자세한 사항은 Part 6의 Chapter 4에서 설명한다.

## | 2 | Risk Scoring Report

**01** Risk Scoring Report를 출력하기 위하여 [그림 8-28]과 같이 Risk Register 화면의 [Reports] 메뉴에서 [Risk Scoring]을 클릭한다.

▲ **[그림 8-28]** Risk Scoring Reports 메뉴

**02** Risk Scoring Report는 [그림 8-29]와 같이 Risk Register에 적용된 Risk에 대한 요약을 보여준다. 이 화면은 직접 인쇄하거나 웹브라우저로 볼 수 있다. 뿐만 아니라 웹 형식의 파일 또는 MS Office Word 파일로 저장할 수도 있다.

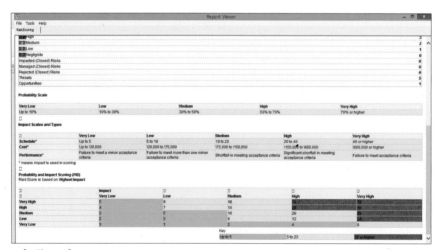

▲ **[그림 8-29]** Risk Scoring Report

부정적인 생각에 대한 허용만이
프로젝트를 진행할 때
리스크로 인해 고통 받는 미래 상황을 피해 갈
유일한 방법이다.
**톰 디마르코**

Project Risk Manager를 위한 **Primavera Risk Analysis**

P
R
I
M
A
V
E
R
A

CONTENTS

# Report

이 장에서는 Primavera Risk Management에서 제공하는 Graph 형태의 Report와 Criticality Report에 대하여 설명한다.

# Risk Graph Report

Primavera Risk Analysis에서 제공하는 Graph 형태의 5가지 Report, 즉 Distribution Graph, Distribution Analyzer, Tornado Graph, Scatter Plot, Probabilistic Cash Flow를 각각 설명한다.

## 01 Distribution Graph

Distribution Graph는 각 Risk들이 가지고 있는 분포 및 확률들을 Monte Carlo Simulation이나 Latin Hypercube Sampling 기법을 토대로 사용자가 설정한 횟수만큼 반복하여 계산한 분포를 그래프로 표현한 것이다. 이때 각 값들이 몇 번 나타났고 이를 누적하였을 경우 해당 값은 몇 %의 확률로 달성되는지 그래프를 통하여 알 수 있다.

### |1| Distribution Graph 화면 구성

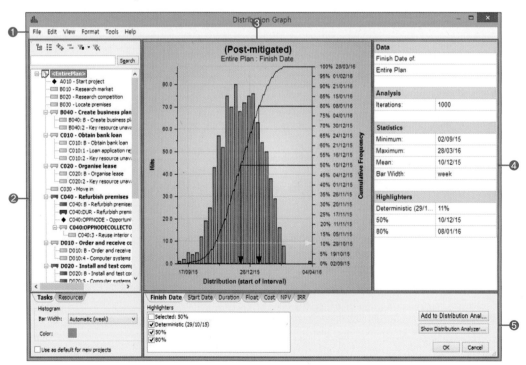

▲ [그림 9-1] Distribution Graph

❶ **Menu** : Distribution Graph에 속한 명령어들의 모음으로 File, Edit, View, Format, Tools, Help가 있다.

❷ **Task Tree** : Task 또는 Resource에 대하여 Tree 형태로 정보를 제공한다. 계층 구조 또는 리스트 형태로 볼 수 있으며, 필터를 사용하여 원하는 데이터만 볼 수도 있다.

❸ **Distribution Graph** : Task Tree에서 선택된 Task 또는 Resource에 대한 Distribution 그래프를 표시한다. Distribution Graph는 X축에 데이터(날짜, 금액, 기간 등), 좌측 Y축에 발생 횟수, 우측 Y축에 해당 데이터에 완료할 수 있는 확률을 표시한다.

❹ **Statistics** : Task Tree에서 선택된 Task 또는 Resource에 대한 분석 데이터를 텍스트 형식으로 표시한다.

❺ **Controls** : 그래프의 축 간격 및 색상, Statistics의 Highlighters에 나타낼 내용 등을 설정한다. 또한 Distribution Analyzer에서 나타낼 내용을 추가하여 바로 볼 수 있다.


## | 2 | Distribution Graph Menu

● **File**

▲ **[그림 9-2]** Distribution Graph의 File 메뉴

- **Print** : 현재 화면을 인쇄
- **Print Preview** : 인쇄할 화면 미리보기
- **Page Setup** : 인쇄용지, 여백, 머리말, 꼬리말 설정
- **Export Graph Data** : Distribution Graph Data를 CSV 형식의 파일로 저장
- **Export Risk Data** : Risk의 반복 계산 데이터를 CSV 형식의 파일로 저장
- **Close** : Distribution Graph 화면 닫기


● **Edit**

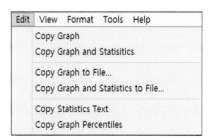

▲ **[그림 9-3]** Distribution Graph의 Edit 메뉴

- Copy Graph : Distribution Graph를 그림 형태로 클립보드에 복사
- Copy Graph and Statistics : Distribution Graph와 화면 우측의 Statistics 데이터를 그림 형태로 복사
- Copy Graph to File : Distribution Graph를 EMF, BMP, JPG, PNG 파일로 저장
- Copy Graph and Statistics to File : Distribution Graph와 화면 우측의 Statistics 데이터를 EMF, GIF, JPG 파일로 저장
- Copy Statistics Text : Distribution Statistics를 텍스트 형태로 복사
- Copy Graph Percentiles : Distribution Graph 우측 세로축의 발생 확률별 일자를 텍스트 형태로 복사

● View

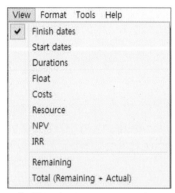

▲ [그림 9-4] Distribution Graph의 View 메뉴

- Finish Dates : 프로젝트 또는 해당 Task가 끝날 수 있는 날짜에 대한 Distribution Graph를 표시
- Start Dates : 프로젝트 또는 해당 Task가 시작할 수 있는 날짜에 대한 Distribution Graph를 표시
- Durations : 프로젝트 또는 해당 Task를 수행하는 기간에 대한 Distribution Graph를 표시
- Float : 프로젝트 또는 해당 Task의 여유 시간에 대한 Distribution Graph를 표시
- Costs : 프로젝트 또는 해당 Task에 투입되는 비용에 대한 Distribution Graph를 표시
- Resource : Resource의 투입량에 대한 Distribution Graph를 표시
- NPV : 프로젝트의 NPV에 대한 Distribution Graph를 표시
- IRR : 프로젝트의 IRR에 대한 Distribution Graph를 표시
- Remaining : Distribution Data를 Remaining Data를 기준으로 표시
- Total(Remaining + Actual) : Distribution Data에 Actual을 포함하여 표시

● **Format**

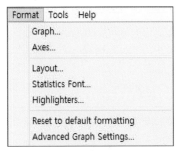

▲ **[그림 9-5]** Distribution Graph의 Format 메뉴

- **Graph** : Distribution Graph의 누적곡선과 히스토그램 그래프에 대한 설정

- **Axes** : 가로축, 세로축(좌), 세로축(우)에 대한 설정

- **Layout** : Distribution Graph 전체 화면 구성 및 Statistic에 보여줄 데이터에 대한 설정

- **Statistics Font** : Statistic에 사용될 글꼴 설정

- **Highlighters** : Statistic의 Highlighter에 사용될 데이터 및 데이터 종류에 대한 설정

- **Reset to Default Formatting** : Distribution Graph 화면을 기본 설정으로 되돌림

- **Advanced Graph Settings** : Distribution Graph 화면에 대한 고급 설정

● **Tools**

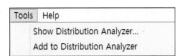

▲ **[그림 9-6]** Distribution Graph의 Tools 메뉴

- **Show Distribution Analyzer** : Distribution Analyzer 화면을 보여 줌

- **Add to Distribution Analyzer** : 해당 Distribution Data를 Distribution Analyzer로 보내 비교할 수 있도록 함

● **Help**

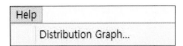

▲ **[그림 9-7]** Distribution Graph에 대한 도움말

- **Distribution Graph** : Distribution Graph에 대한 도움말

## | 3 | Distribution Graph

Distribution Graph는 프로젝트 전체 또는 각각의 Task별로 Finish Date, Start Date, Duration, Float, Cost에 대한 Distribution Data를 볼 수 있다. NPV와 IRR의 경우는 프로젝트 전체에 대하여 확인할 수 있다.

① [그림 9–8]과 같이 화면 좌측의 Task Tree에서 'B010 – Research Market'을 선택한다.

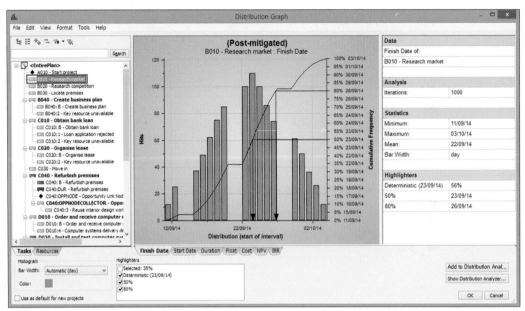

▲ **[그림 9–8]** Finish Date Distribution Graph – Task B010

② 화면 우측 Data를 통하여 'B010 – Research Market' Task의 Finish Date에 대한 데이터를 보고 있음을 알 수 있다.

③ 화면 우측 Analysis를 통하여 1000회 반복한 값에 대한 데이터라는 것을 알 수 있다.

④ 화면 우측 Statistics를 통하여 해당 Task는 2014년 9월 11일에 끝날 수 있는 확률이 0%이고, 2014년 10월 3일에 끝날 수 있는 확률은 100%이며, 평균적으로 2014년 9월 22일에 끝날 수 있을 것이라는 것을 알 수 있다. Bar Width는 Distribution Graph의 히스토그램 Bar 하나당 하루를 나타내는 것임을 의미한다.

⑤ 화면 우측 Highlighters에 있는 Deterministic(23/09/14)을 통하여 해당 Task의 계획 종료일인 2014년 9월 23일에 끝날 수 있는 확률은 56%임을 알 수 있다. 또한 50%, 80%의 Percentile 값을 통하여 해당 Task가 2014년 9월 23일에 끝날 수 있는 확률은 50%, 2014년 9월 26일에 끝날 수 있는 확률은 80%라는 것을 알 수 있다.

⑥ Distribution Graph를 통하여 특정 확률에 대한 날짜를 확인할 수 있다. [그림 9–9]와 같이 Distribution Graph의 우측 세로축에서 20%의 확률을 선택하면, 화면 우측 Highlighter에 20% 확률에 대한 날짜가 출력된다.

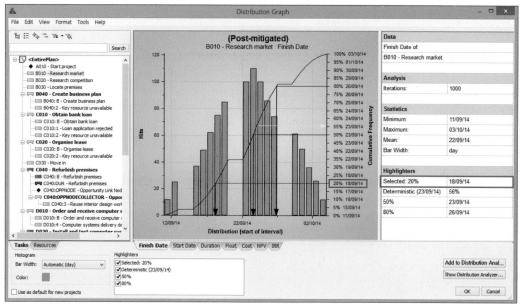

▲ [그림 9-9] 선택된 확률과 해당 종료일

⑦ 특정 확률에 대한 날짜를 Highlighters에 항상 표시하기 위하여 [Format] 메뉴의 [Highlighters]를 선택하고 [그림 9-10]과 같이 Arrow를 추가할 수 있다.

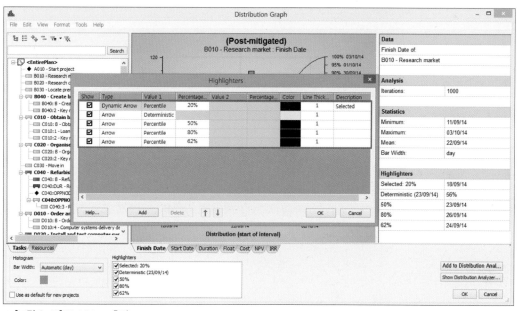

▲ [그림 9-10] Highlighter 추가

## PRIMAVERA 02 Distribution Analyzer

Distribution Analyzer는 Risk Analysis를 실행하면서 저장된 여러 계획들의 Finish Date, Start Date, Cost, Duration, Float, NPV, IRR 값을 동시에 비교할 수 있다. 이는 여러 가지 Mitigation Plan들을 동시에 비교하여 최선의 방안을 모색할 수 있는 기능이다.

### | 1 | Distribution Analyzer 화면 구성

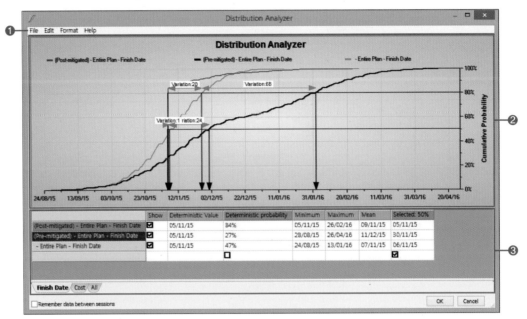

▲ [그림 9-11] Distribution Analyzer

❶ **Menu** : Distribution Analyzer에 속한 명령어들의 모음으로 File, Edit, Format, Help가 있다.

❷ **Graph** : Distribution Data에 대한 그래프가 표시되는 곳으로 프로젝트 전체 계획별 또는 Task별로 각각의 계획을 비교할 수 있다.

❸ **Table** : Distribution Analyzer 그래프에 대한 Data를 텍스트로 표시한 곳으로 Column 설정에 따라 다양한 데이터를 확인할 수 있다.

## | 2 | Distribution Analyzer Menu

### ● File

▲ [그림 9-12] Distribution Analyzer의 File 메뉴

- **Import Data** : Distribution Analyzer에 나타낼 Plan 파일과 데이터를 선택
- **Clear Report** : 현재 Distribution Analyzer에 나타난 데이터를 모두 삭제
- **Open** : Risk Distribution 파일 열기
- **Save** : Risk Distribution 파일로 저장
- **Save As** : Risk Distribution 파일로 다른 이름 저장
- **Print** : 현재 화면을 인쇄
- **Print Preview** : 인쇄할 화면 미리보기
- **Page Setup** : 인쇄용지, 여백, 머리말, 꼬리말 설정
- **Close** : Distribution Analyzer 닫기

### ● Edit

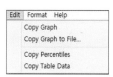

▲ [그림 9-13] Distribution Analyzer의 Edit 메뉴

- **Copy Graph** : Distribution Analyzer Graph를 그림 형태로 클립보드에 복사
- **Copy Graph to File** : Distribution Analyzer Graph를 EMF, BMP, JPG, PNG 파일로 저장
- **Copy Percentiles** : Percentile을 텍스트 형태로 복사
- **Copy Table Data** : Table에 있는 데이터를 텍스트 형태로 복사

### ● Format

▲ [그림 9-14] Distribution Analyzer의 Format 메뉴

- **Graph** : Distribution Analyzer의 S–Curve 및 Histogram 그래프 설정

- **Distribution Properties** : 각 Distribution 그래프의 이름, 색상, 형태를 설정

- **Columns** : Table에 나타낼 Column을 설정

- **Highlighters** : Distribution Analyzer Graph와 Column 상에 나타낼 해당 확률 설정

- **Add Annotation** : Distribution Analyzer Graph 상에 주석 추가

- **Reset to Default Formatting** : Distribution Analyzer Graph 화면을 기본 설정으로 되돌림

- **Advanced Graph Settings** : Distribution Analyzer Graph 화면에 대한 고급 설정


● **Help**

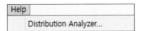

▲ **[그림 9–15]** Distribution Analyzer의 Help 메뉴


- Distribution Analyzer : Distribution Analyzer 도움말


## | 3 | Distribution Analyzer

**01** Distribution Analyzer를 실행하기 위해서는 Distribution Data가 있어야 한다. 이때 Distribution Data는 각 Plan별로 [그림 9-16]과 같이 Distribution Graph에서 [Add to Distribution Analyzer]를 클릭하여 불러오거나 Distribution Analyzer 화면에서 [File] 메뉴의 [Import Data]를 통하여 [그림 9-17]와 같이 여러 개의 Plan 파일을 불러올 수 있다.

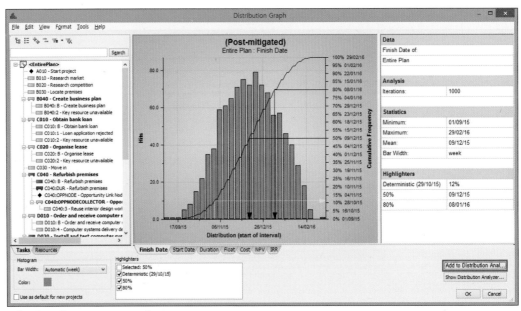

▲ **[그림 9–16]** Distribution Graph의 Add to Distribution Analyzer

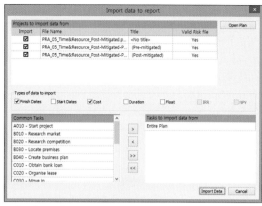

▲ [그림 9-17] Open Plan Files

02 [그림 9-18]은 Uncertainty만 적용된 주황색의 Plan과 Pre-Mitigation이 적용된 검정색 Plan, Post-Mitigation이 적용된 붉은색 Plan을 동시에 비교하는 화면이다. 하단의 Table Data를 통하여 해당 프로젝트는 2015년 11월 5일에 종료할 수 있는 확률이 47%였으나 Risk Register에 의하여 27%로 떨어진 상태에서 Post-Mitigation을 통하여 84%까지 끌어올려졌음을 알 수 있다.

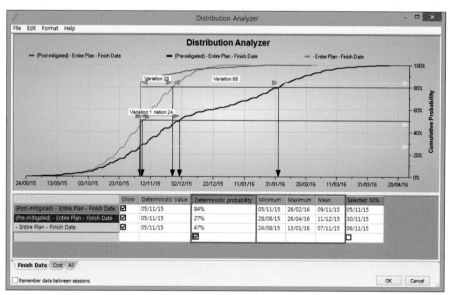

▲ [그림 9-18] Deterministic Probability 비교

03 [그림 9-18]의 Table 데이터 중 Minimum은 해당 프로젝트 계획이 Minimum에 해당되는 날짜에 끝날 수 있는 확률이 거의 없다는 의미이고, 반대로 Maximum은 해당 날짜에 끝날 수 있는 확률이 100%에 수렴한다는 의미이다. 이때 Mean은 반복해서 확률을 계산하는 동안 나온 값들의 평균을 의미한다.

04 Distribution Analyzer를 실행하기 위해서는 Distribution Data가 있어야 한다. 이때 Distribution Data는 각 Plan별로 [그림 9-16]과 같이 Distribution Graph에서 [Add to Distribution Analyzer]를 클릭하여 불러오거나 Distribution Analyzer 화면에서 [File] 메뉴의 [Import Data]를 통하여 [그림 9-17]와 같이 여러 개의 Plan 파일을 불러올 수 있다.

▲ [그림 9-19] Format – Highlighters 메뉴

## PRIMAVERA 03 Tornado Graph

Tornado Graph는 프로젝트에 영향을 미치는 Task를 판별하여 관리하기 위한 목적으로 사용한다. Tornado Graph를 통해 Duration Sensitivity, Cost Sensitivity, Criticality Index, Duration Cruciality, Schedule Sensitivity Index의 데이터를 볼 수 있다.

### | 1 | Tornado Graph 화면 구성

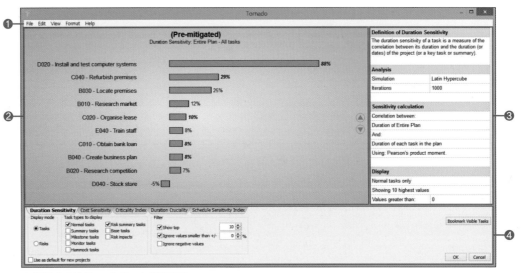

▲ [그림 9-20] Tornado Graph 화면 구성

❶ **Menu** : Tornado Graph에 속한 명령어들의 모음으로 File, Edit, View, Format, Help가 있다.

❷ **Graph** : Duration Sensitivity, Cost Sensitivity, Criticality Index, Duration Cruciality, Schedule Sensitivity Index 화면에서 각각의 데이터를 확인할 수 있다.

❸ **Statistics** : 해당 그래프에 대한 설명, 분석 기법, 보여줄 데이터의 조건 등을 텍스트 형식으로 표시한다.

❹ **Controls** : Tornado Graph에 표시할 Task 또는 Risk에 대하여 정의한다.

## | 2 | Tornado Graph 메뉴

● **File**

▲ [그림 9-21] Tornado Graph의 File 메뉴

- **Print** : 현재 화면을 인쇄
- **Print Preview** : 인쇄할 화면 미리보기
- **Page Setup** : 인쇄 용지, 여백, 머리말, 꼬리말 설정
- **Export Graph Data** : Tornado Graph Data를 CSV 형식의 파일로 저장
- **Close** : Tornado Graph 화면 닫기

● **Edit**

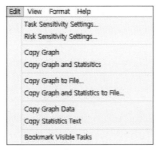

▲ [그림 9-22] Tornado Graph의 Edit 메뉴

- **Task Sensitivity Settings** : Duration과 Cost에 대하여 각각 또는 모든 Task와 프로젝트 전체의 연관관계를 Pearson's Product Moment 또는 Spearman's Rank Correlation 기법을 통하여 계산하는 방법을 설정
- **Risk Sensitivity Settings** : Duration과 Cost에 대하여 존재하는 모든 Risk와 각각의 Task 또는 프로젝트 전체의 연관관계를 Pearson's Product Moment 기법을 통하여 계산하는 방법을 설정
- **Copy Graph** : Tornado Graph를 그림 형태로 클립보드에 복사

- Copy Graph and Statistics : Tornado Graph와 화면 우측의 Statistics 데이터를 그림 형태로 복사
- Copy Graph to File : Tornado Graph를 EMF, BMP, JPG, PNG 파일로 저장
- Copy Graph and Statistics to File : Tornado Graph와 화면 우측의 Statistics 데이터를 EMF, GIF, JPG 파일로 저장
- Copy Graph Data : Tornado Graph의 데이터를 텍스트 형태로 복사
- Copy Statistics Text : Tornado Statistics를 텍스트 형태로 복사
- Bookmark Visible Tasks : Tornado Graph에 나타난 Task에 Bookmark를 설정. Bookmark는 기본 화면에서 Task ID 좌측에 🔲 표시가 생기고 [Edit] 메뉴의 [Bookmark]에서 해당 기능을 사용할 수 있다.

● View

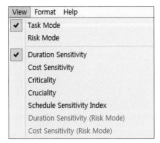

▲ [그림 9-23] Tornado Graph의 View 메뉴

- Task Mode : 분석 결과를 Task를 기준으로 그래프 상에 나타내도록 설정
- Risk Mode : 분석 결과를 Risk를 기준으로 그래프 상에 나타내도록 설정
- Duration Sensitivity : 해당 Task의 날짜 또는 기간이 프로젝트 전체 또는 특정 Task의 날짜 또는 기간과 얼마나 상관관계가 있는지에 대한 분석 화면을 나타냄
- Cost Sensitivity : 해당 Task의 비용이 프로젝트 전체 또는 특정 Task의 비용과 얼마나 상관관계가 있는지에 대한 분석 화면을 나타냄
- Criticality : 반복 분석을 수행하면서 해당 Task가 Critical Path 상에 존재하는 확률을 분석한 화면을 나타냄
- Cruciality : Duration Sensitivity와 Criticality Index를 곱한 값으로 해당 Task가 Critical Path가 되어 프로젝트 기간에 미칠 수 있는 영향력을 분석한 화면을 나타냄
- Schedule Sensitivity Index : {(Criticality Index × Task의 분산) / 프로젝트 전체 분산}으로 계산된 값으로 해당 Task가 Critical Path가 되어 프로젝트 일정에 미칠 수 있는 영향력을 분석한 화면을 나타냄
- Duration Sensitivity(Risk Mode) : 해당 Risk의 발생이 프로젝트 전체 또는 특정 Task의 날짜 또는 기간과 얼마나 상관관계가 있는지에 대한 분석 화면을 나타냄
- Cost Sensitivity(Risk Mode) : 해당 Risk의 발생이 프로젝트 전체 또는 특정 Task의 비용과 얼마나 상관관계가 있는지에 대한 분석 화면을 나타냄

● Format

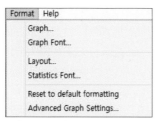

▲ [그림 9-24] Tornado Graph의 Format 메뉴

- **Graph** : Tornado Graph에 표시할 Task의 종류와 개수, 값에 대한 Filter와 그래프의 색상, 표시할 텍스트 등에 대한 설정
- **Graph Font** : 그래프 상에 나타낼 글꼴 설정
- **Layout** : Title, Statistics, Controls 부분을 화면에 나타낼 것인지에 대한 설정
- **Statistics Font** : 화면 우측 Statistics 부분의 글꼴 설정
- **Reset to Default Formatting** : Tornado Graph 화면을 기본 설정으로 되돌림
- **Advanced Graph Settings** : Tornado Graph 화면에 대한 고급 설정

● Help

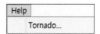

▲ [그림 9-25] Tornado Graph의 Help 메뉴

- **Tornado** : Tornado Graph에 대한 도움말

| 3 | Tornado Graph

**0 1** Task Sensitivity를 설정하기 위하여 [그림 9-26]과 같이 [Edit] 메뉴의 [Task Sensitivity Settings]를 선택한다.

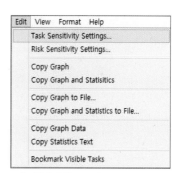

▲ [그림 9-26] Task Sensitivity Settings

02 [그림 9-27]과 같이 Task의 Duration 과 Cost에 대한 민감도를 계산할 방법과 범위를 설정한다. [그림 9-27]은 Spearman's Rank Correlation 방법을 통하여 B040 Task의 Duration과 다른 Task들의 Duration 사이의 연관관계를 계산하도록 설정한 것이다.

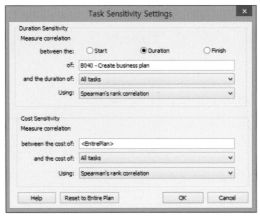

▲ [그림 9-27] Task Sensitivity – Duration 설정

03 [그림 9-27]의 Task Sensitivity Settings 화면 좌측 하단에서 [Reset to Entire Plan]을 클릭하여 원래의 상태로 돌아간 후 [OK]를 클릭한다.

04 프로젝트 전체에 대한 각 Task들의 연관관계 및 영향력은 Duration Sensitivity, Cost Sensitivity, Criticality Index, Duration Cruciality, Schedule Sensitivity Index 탭을 통하여 알 수 있다. 예를 들어 [그림 9-28]의 Duration Sensitivity는 프로젝트 전체 기간의 증감과 각 Task 기간의 증감이 갖는 연관성을 보여주고 이를 토대로 우선적으로 관리할 Task를 결정하는 데 도움을 줄 수 있다.

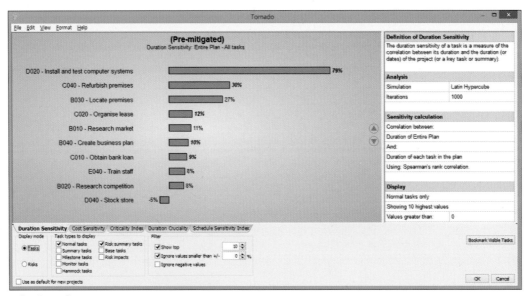

▲ [그림 9-28] Tornado Graph – Duration Sensitivity

**05** [그림 9-29]의 Cost Sensitivity는 Duration Sensitivity와 마찬가지로 프로젝트 전체의 비용과 각 Task의 비용 사이의 상관관계를 나타내는 것으로, 비용 경감을 위하여 어떤 Task를 우선적으로 관리할 것인가에 대한 데이터를 볼 수 있다.

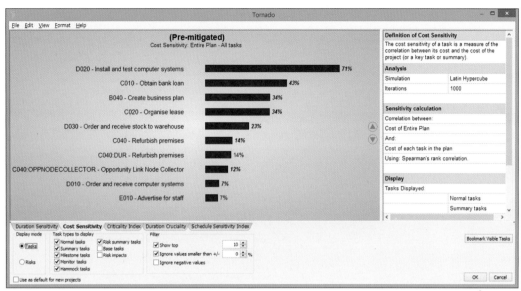

▲ **[그림 9-29]** Tornado Graph – Cost Sensitivity

**06** [그림 9-30]의 Criticality Index는 Risk 분석을 반복하는 도중 해당 Task가 몇 번이나 Critical Path에 있었는지를 보여주는 데이터이다.

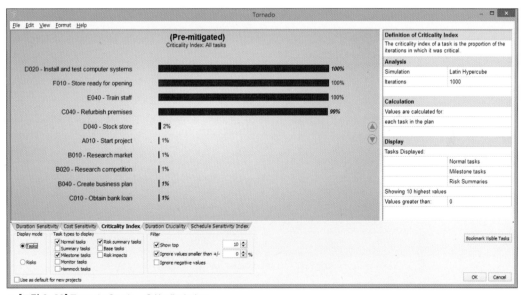

▲ **[그림 9-30]** Tornado Graph – Criticality Index

**07** 프로젝트 전체 기간 또는 일정은 프로젝트 전체와 각 Task 간의 상관관계뿐만 아니라 해당 Task가 얼마나 Critical Path에 위치하는지를 동시에 분석하여야 한다. [그림 9-31]의 Duration Cruciality는 Duration Sensitivity와 Criticality Index를 곱한 값으로 해당 Task가 Critical Path가 되어 프로젝트 기간에 미칠 수 있는 영향력을 분석하여 보여준다.

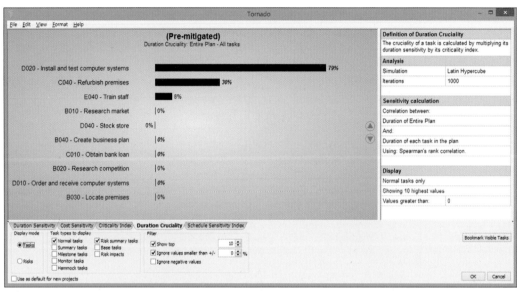

▲ **[그림 9-31]** Tornado Graph – Duration Cruciality

**08** [그림 9-32]의 Schedule Sensitivity Index는 {(Criticality Index × Task의 분산) / 프로젝트 전체 분산}으로 계산된 값으로 해당 Task가 Critical Path가 되어 프로젝트 일정에 미칠 수 있는 영향력을 분석하여 보여준다.

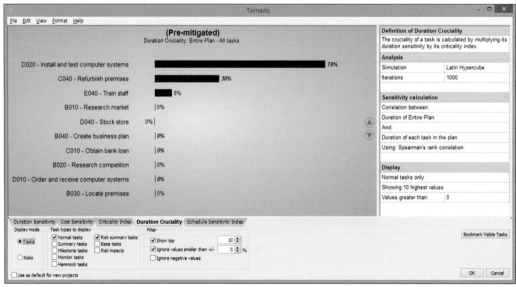

▲ **[그림 9-32]** Tornado Graph – Schedule Sensitivity Index

Scatter Plot은 일정과 비용에 대한 반복 분석 결과의 상관관계를 나타낸 그래프이다. Risk 분석을 반복할 때마다 나오는 일정과 비용에 해당하는 값을 그래프에 점으로 나타낸 것으로 일정과 비용 사이의 상관관계뿐만 아니라 원하는 일정과 비용 안에 Plan을 완료할 수 있는 확률을 볼 수 있다.

## | 1 | Scatter Plot 화면 구성

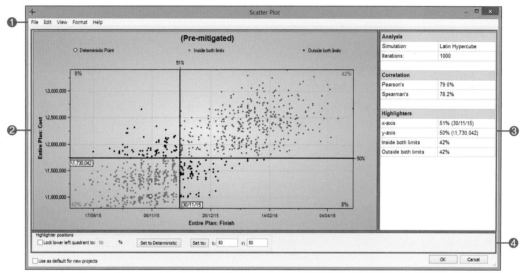

▲ [그림 9-33] Scatter Plot

❶ **Menu** : Scatter Plot에 속한 명령어들의 모음으로 File, Edit, View, Format, Help가 있다.

❷ **Graph** : 일정과 비용에 대한 산점을 표시하고 사용자가 지정한 일정과 비용을 기준으로 사분면을 만들어 각 사분면별 확률을 나타낸다.

❸ **Statistics** : 일정과 비용의 상관관계, 사분면의 기준점 정보 및 사분면의 확률을 텍스트 형태로 나타낸다.

❹ **Controls** : 사분면의 기준점을 산점도 또는 일정 및 비용의 확률을 기준으로 설정한다.

## | 2 | Scatter Plot 메뉴

● **File**

▲ [그림 9-34] Scatter Plot의 File 메뉴

- Print : 현재 화면을 인쇄
- Print Preview : 인쇄할 화면 미리보기
- Page Setup : 인쇄 용지, 여백, 머리말, 꼬리말 설정

● Edit

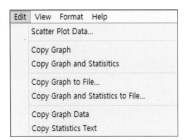
▲ [그림 9-35] Scatter Plot의 Edit 메뉴

- Scatter Plot Data : 산점도의 기준이 되는 X축과 Y축에 대한 설정
- Copy Graph : Scatter Plot을 그림 형태로 클립보드에 복사
- Copy Graph and Statistics : Scatter Plot과 화면 우측의 Statistics 데이터를 그림 형태로 복사
- Copy Graph to File : Scatter Plot을 EMF, BMP, JPG, PNG 파일로 저장
- Copy Graph and Statistics to File : Scatter Plot과 화면 우측의 Statistics 데이터를 EMF, GIF, JPG 파일로 저장
- Copy Graph Data : Scatter Plot의 데이터를 텍스트 형태로 복사
- Copy Statistics Text : Scatter Plot Statistics를 텍스트 형태로 복사

● View

▲ [그림 9-36] Scatter Plot의 View 메뉴

- Remaining : Scatter Plot을 Remaining Data를 기준으로 산점 표시
- Total(Remaining + Actual) : Scatter Plot에 Actual을 포함한 산점 표시

● Format

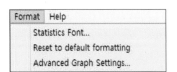
▲ [그림 9-37] Scatter Plot의 Format 메뉴

- **Statistics Font** : 화면 우측 Statistics 부분의 글꼴 설정
- **Reset to Default Formatting** : Scatter Plot 화면을 기본 설정으로 되돌림
- **Advanced Graph Settings** : Scatter Plot 화면에 대한 고급 설정

● **Help**

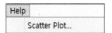

▲ **[그림 9-38]** Scatter Plot의 Help 메뉴

- **Scatter Plot** : Scatter Plot에 대한 도움말

| 3 | Scatter Plot

01 Scatter Plot은 사분면의 기준을 세 가지 방법으로 설정할 수 있다. 사분면의 기준이 설정되면, 우측 Statistics의 Highlighters에서 X축 값(기본 값은 Finish Date)과 Y축 값(기본 값은 Cost)을 기준으로 완료할 수 있는 확률을 각각 확인할 수 있을 뿐만 아니라 X축과 Y축을 동시에 만족하거나 만족하지 않는 확률도 확인할 수 있다.

02 [그림 9-39]와 같이 [Set to Deterministic]을 클릭하여 Risk가 적용되지 않은 초기 프로젝트 계획의 일정과 비용에 완료될 수 있는 확률을 확인할 수 있다.

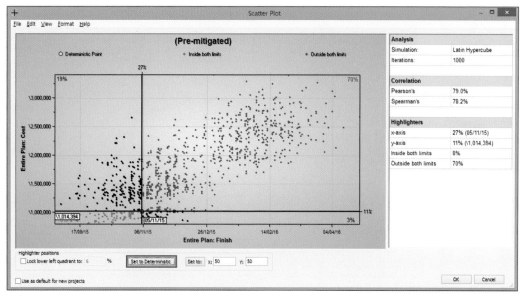

▲ **[그림 9-39]** Scatter Plot 사분면 설정 – Set to Deterministic

03 [그림 9-40]과 같이 [Lock Lower Left Quadrant to]에 체크하고 확률을 입력하면, 해당 확률로 완료할 수 있는 일정과 비용에 대한 확률을 확인할 수 있다.

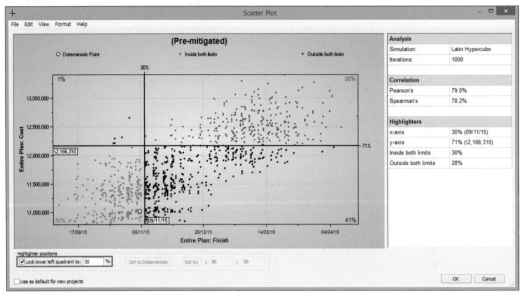

▲ [그림 9-40] Scatter Plot 사분면 설정 – Lock Lower Left Quadrant to

04 [그림 9-41]과 같이 X축의 완료 확률과 Y축의 완료 확률을 입력하고 [Set to]를 클릭하면, 해당 기간과 비용에 완료할 수 있는 확률을 확인할 수 있다.

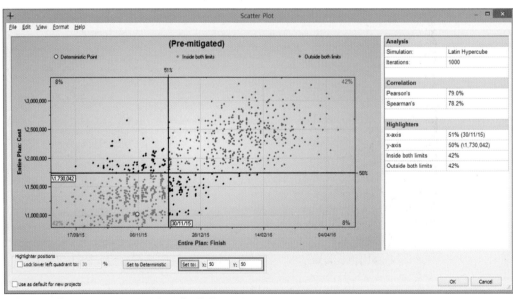

▲ [그림 9-41] Scatter Plot 사분면 설정 – X축 Y축 확률 설정

프로젝트에 지정된 불확실성에 의하여 일정과 비용의 편차가 생기고 이에 따라 Earned Value Index들이 달라질 수 있다. Probabilistic Cash Flow는 프로젝트의 Cash Flow에 대한 불확실성을 그래프로 표현하여 보여준다.

## | 1 | Probabilistic Cash Flow 화면 구성

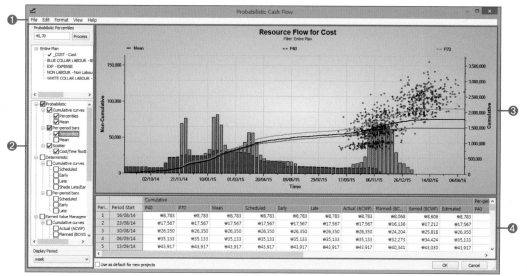

▲ [그림 9-42] Probabilistic Cash Flow

❶ **Menu** : Probabilistic Cash Flow에 속한 명령어들의 모음으로 File, Edit, Format, View, Help가 있다.

❷ **Tree** : Probabilistic Cash Flow에 표현할 Resource를 선택하고, 해당 Resource를 통하여 화면에 나타낼 데이터 및 그래프를 선택한다.

❸ **Graph** : Tree에서 선택된 항목을 Graph에 나타낸다.

❹ **Table** : 각 기간별로 발생하는 금액에 대한 정보를 당기 및 누적으로 보여준다.

## | 2 | Probabilistic Cash Flow 메뉴

● File

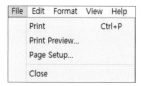

| File | Edit | Format | View | Help |
| --- | --- | --- | --- | --- |
| | Print | | | Ctrl+P |
| | Print Preview... | | | |
| | Page Setup... | | | |
| | Close | | | |

▲ [그림 9-43] Probabilistic Cash Flow의 File 메뉴

- **Print** : 현재 화면을 인쇄
- **Print Preview** : 인쇄할 화면 미리보기
- **Page Setup** : 인쇄 용지, 여백, 머리말, 꼬리말 설정
- **Close** : Probabilistic Cash Flow 화면 닫기

● **Edit**

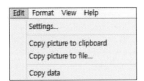

▲ **[그림 9-44]** Probabilistic Cash Flow의 Edit 메뉴

- **Settings** : Probabilistic Cash Flow에 나타낼 Resource Data 및 데이터 기간 설정
- **Copy Picture to Clipboard** : Probabilistic Cash Flow Graph를 그림 형태로 클립보드에 복사
- **Copy Picture to File** : Probabilistic Cash Flow Graph를 EMF, BMP, JPG, PNG 파일로 저장
- **Copy Data** : Probabilistic Cash Flow Graph와 관련된 정보를 텍스트 형태로 복사

● **Format**

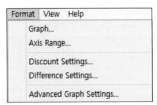

▲ **[그림 9-45]** Probabilistic Cash Flow의 Format 메뉴

- **Graph** : 확률에 대한 곡선 위치 맞바꿈 설정
- **Axes Range** : 시간 축에 대한 시작일과 종료일 설정
- **Discount Settings** : 할인율, 할인율 적용 기간, 할인율 적용 시점 설정
- **Difference Settings** : Difference 그래프에 적용할 값 설정
- **Advanced Graph Settings** : Probabilistic Cash Flow 화면에 대한 고급 설정

● **View**

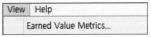

▲ **[그림 9-46]** Probabilistic Cash Flow의 View 메뉴

- **Earned Value Metrics** : 프로젝트에 적용된 실적을 바탕으로 계산된 EVMS Index

● Help

▲ **[그림 9-47]** Probabilistic Cash Flow의 Help 메뉴

- **Probabilistic Cash Flow** : Probabilistic Cash Flow에 대한 도움말
- **About Pertmaster** : Risk Analysis 프로그램에 대한 정보
- **Pertmaster Web Page** : Risk Analysis 프로그램 홈페이지 바로가기

## | 3 | Probabilistic Cash Flow

01 Probabilistic Cash Flow를 사용하기 위해서는 [그림 9-48]과 같이 Risk Analysis Options에서 [Save Probabilistic Cash Flow Data] 옵션을 선택한 후 Risk Analysis를 실행하여야 한다.

▲ **[그림 9-48]** Risk Analysis Options

02 Probabilistic Cash Flow 화면 상단 [Edit] 메뉴의 [Settings]을 선택하고 [그림 9-49]와 같이 그래프에서 보고자 하는 Resource와 Resource 데이터의 시작일 및 데이터 기간을 선택한다.

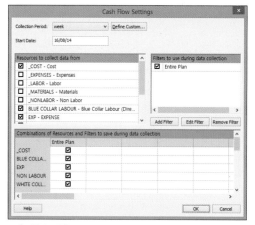

▲ **[그림 9-49]** Probabilistic Cash Flow Settings

03 40%와 70% 확률의 그래프를 동시에 보기 위하여 [그림 9-50]과 같이 [Probabilistic Percentile]에 '40, 70'을 입력하고 [Process]를 클릭한 후, Probabilistic Cash Flow 그래프에서 사용할 Resource를 선택하고 'Probabilistic'과 그 하위 그래프를 선택한다. 이때 그래프는 누적치를 곡선으로 보여주는 Cumulative Curves와 당기에 해당하는 값을 보여주는 Per-Period Bars, 산점을 나타내는 Scatter로 나뉜다.

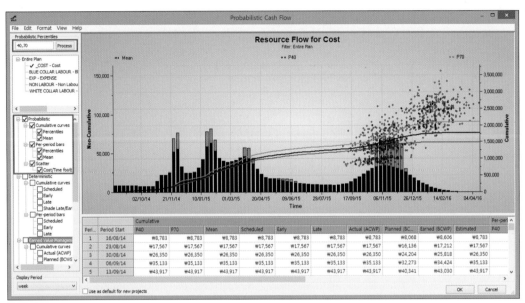

▲ [그림 9-50] Probabilistic Graph

04 [그림 9-51]과 같이 'Probabilistic' Graph를 해제하고 'Deterministic'과 그 하위 그래프를 선택한다. 'Deterministic'은 해당 프로젝트의 Early와 Late 일정을 기준으로 Cash Flow 그래프를 작성한다.

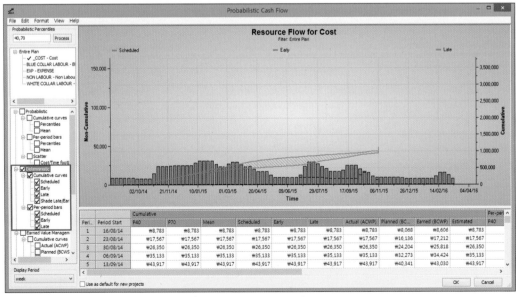

▲ [그림 9-51] Deterministic Graph

05 [그림 9-52]와 같이 'Deterministic' Graph를 해제하고 'Earned Value Management'와 그 하위 그래프를 선택한다. Earned Value Management Graph는 Baseline과 실적을 바탕으로 계산된 EVMS Index를 누적곡선(Cumulative Curves)과 당기 차트(Per-Period Bars)로 볼 수 있다. 이때 EVMS Index들은 [View] 메뉴의 [Earned Value Metrics]에서 확인할 수 있고, 각 기간에 해당하는 값은 화면 하단의 Table에서 확인할 수 있다.

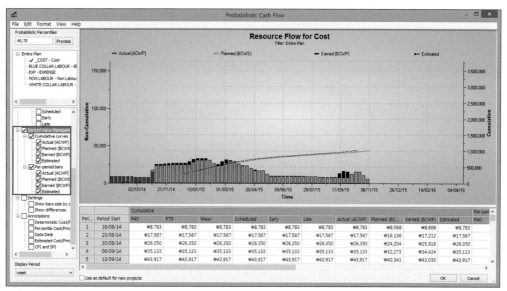

▲ [그림 9-52] Earned Value Management Graph

06 Probabilistic Cash Flow 화면에서 당기 값을 나타내는 Histogram 그래프는 특별한 설정이 없으면 하나의 기간에 하나의 그래프로 겹쳐져서 표현된다. 이때 'Settings'의 'Show Bars Side by Side'를 선택하면 [그림 9-53]과 같이 해당 기간에 있는 그래프를 나누어서 각각 볼 수 있다.

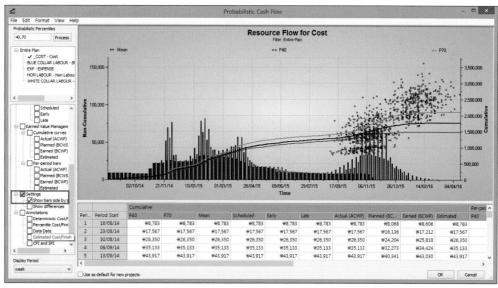

▲ [그림 9-53] Settings – Show Bars Side by Side

**07** Probabilistic Cash Flow 화면에서 당기 값을 나타내는 Histogram 그래프는 특별한 설정이 없으면 하나의 기간에 하나의 그래프로 겹쳐져서 표현된다. 이때 'Settings'의 'Show Bars Side by Side'를 선택하면 [그림 9-53]과 같이 해당 기간에 있는 그래프를 나누어서 각각 볼 수 있다.

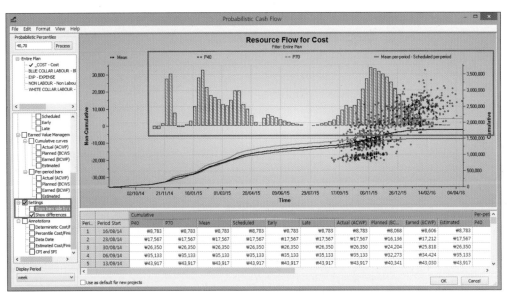

▲ **[그림 9-54]** Settings – Show Differences

**08** 'Annotations'에서는 [그림 9-55]와 같이 Probabilistic Cash Flow 그래프 상에 Deterministic Cost/Finish, Percentile Cost/Finish, Data Date, Estimated Cost/Finish, CPI and SPI의 값을 표시하여 바로 볼 수 있도록 설정할 수 있다.

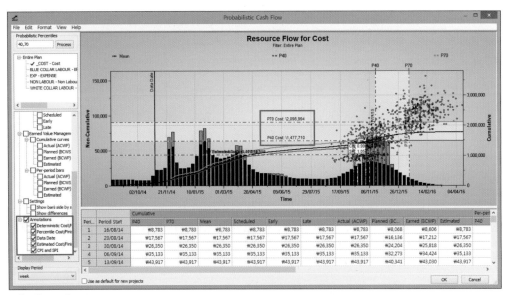

▲ **[그림 9-55]** Annotations

# Criticality Report

Primavera Risk Analysis가 제공하는 Criticality Report에 대하여 설명한다.

## PRIMA VERA 01 Criticality Path Report

Criticality Path Report는 선택한 Task를 시작으로 연결된 Task들이 Critical Path가 될 수 있는 확률을 보여준다.

### | 1 | Criticality Path Report

**01** [그림 9-56]과 같이 Criticality Path의 시작점이 될 Task를 선택하고 진행할 경로를 결정한 후 [Show Report]를 클릭한다. 이때, 'List Task Predecessors'는 선택된 Task를 시작으로 선행 Task의 경로를 따라가는 것을 의미하고, 'Show Only Predecessors/Successors where Criticality 〉 0%'는 Criticality가 0% 초과인 Task만 보여준다는 설정이다. 'Colored Fields'는 Criticality가 높은 Task에 색을 입혀 가시성을 높이는 것에 대한 설정이다.

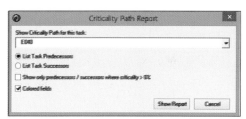

▲ [그림 9-56] Criticality Path Report 설정

**02** [그림 9-57]은 앞서 설정한 Criticality Path Report에 의하여 작성된 Report이다. E040 Task를 기준으로 선행 Task가 Critical Path에 있을 확률을 보여준다.

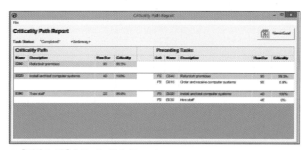

▲ [그림 9-57] Criticality Path Report

Criticality Distribution Report는 Task들의 Criticality를 Criticality Range 별로 정리하여 Network Schedule이 얼마나 견고하게 작성되어 있는지를 보여준다.

## | 1 | Criticality Distribution Report

**01** [그림 9-58]과 같이 Criticality Distribution Report는 프로젝트에 속한 Task들이 각각 Critical Path에 들어갈 확률을 보여준다. 이때 Percentage of Tasks Critical은 전체 Task 중 Critical Task의 비율을 나타낸다. 이 수치가 높을수록 Critical Task 또는 Criticality가 높은 Task들을 잘 관리하면 프로젝트를 성공적으로 마칠 수 있는 확률이 높다는 의미이다.

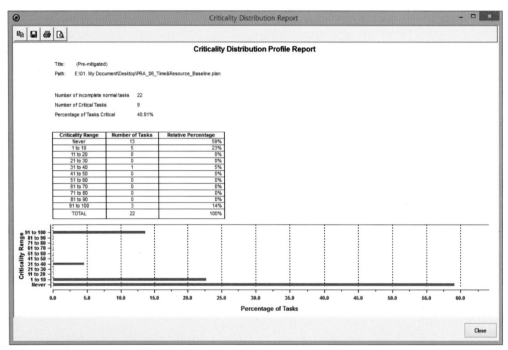

▲ [그림 9-58] Criticality Distribution Report

**02** Criticality Distribution Report는 📋 아이콘을 클릭하여 하단의 그래프만 복사하거나 💾 아이콘을 클릭하여 EMF, BMP, JPG, PNG 형식의 그림 파일로 저장할 수 있다.

1번의 대형사고가 발생했을 경우
그 전에 유사한 29번의 경미한 사고가 있었고
그 주변에서는 300번의
이상징후가 감지된다.
하인리히의 법칙

Project Risk Manager를 위한 **Primavera Risk Analysis**

P
R
I
M
A
V
E
R
A

CONTENTS

# Import & Export

이 장에서는 Primavera Risk Analysis에서 제공하는 Import와 Export 기능에 대하여 설명한다.

# 10

# File Import & Export

Primavera의 XER 파일과 Microsoft Project의 MPP 파일을 Import하고 Export하는 데 쓰이는 메뉴를 살펴본다.

## Primavera

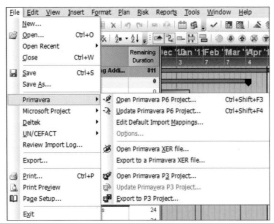

▲ [그림 10-1] Primavera Import/Export Options

① **Open Primavera XER File** : Primavera P6 XER 파일을 불러온다.

② **Export to a Primavera XER File** : Primavera P6 XER 파일로 내보낸다.

③ **Open Primavera P3 Project** : Primavera P3 파일을 불러온다.

④ **Update Primavera P3 Project** : Primavera Risk Analysis를 통하여 나온 결과 값 등을 Primavera P3 파일에 갱신하여 입력한다.

⑤ **Export P3 Project** : Primavera P3 파일로 내보낸다.

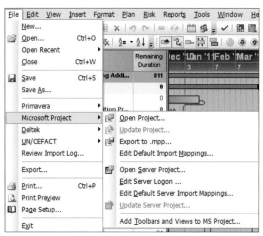

▲ [그림 10-2] Microsoft Project Import/Export Options

① **Open Project** : Microsoft Project 파일(.mp*)을 불러온다.

② **Update Project** : Primavera Risk Analysis를 통하여 나온 결과 값 등을 Microsoft Project 파일에 갱신하여 입력한다.

③ **Export to .mpp** : MPP 형식의 파일로 내보낸다.

④ **Edit Default Import Mappings** : Microsoft Project와 Primavera Risk Analysis 사이에 정의되지 않은 영역을 맞춰 입력한다.

# Database 연결의 Import와 Export

Database에 연결하여 Import와 Export를 하는 방법을 설명한다. 이 책에서는 Primavera P6 Database만 다룬다.

## PRIMAVERA 01 Primavera P6 Database

01 [File] 메뉴의 [Primavera]를 선택한 후 [Open Primavera P6 Project]를 선택한다.

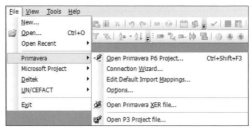

▲ [그림 10-3] Open Primavera P6 Project

02 Primavera P6 Database에 로그인한다.

📝 note
연결이 되지 않을 경우는 Technical Support를 요청한다.

▲ [그림 10-4] Login to Primavera P6

03 Primavera P6 Database에 있는 프로젝트 중 불러올 프로젝트를 선택한다.

▲ [그림 10-5] Select the Primavera P6 Project to Import

04 Primavera P6와 Primavera Risk Analysis는 기본적으로 로 각 데이터 항목들에 대한 연결이 정의되어 있다. 그 외 추가적인 부분들은 [그림 10-6]에서 설정한다.

▲ [그림 10-6] Primavera P6 Import Settings

05 Primavera P6의 프로젝트를 Primavera Risk Analysis에서 바로 불러올 수 있다.

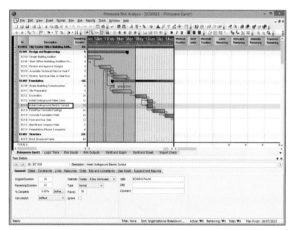

▲ [그림 10-7] Import 완료

06 Primavera Risk Analysis를 통하여 나온 결과 값 등을 Primavera P6 Database 에 바로 업데이트한다.

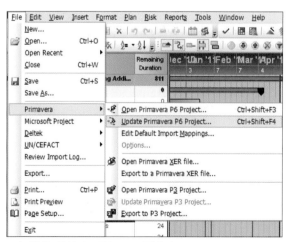

▲ [그림 10-8] Update Primavera P6 Project

Project Risk Manager를 위한 **Primavera Risk Analysis**

P R I M A V E R A

CONTENTS

# PMI-RMP
# (Risk Management Professional)
# 응시가이드

이 장에서는 PMI-RMP 시험에 응시할 경우 필요한 응시가이드를 설명한다.

# RMP 응시가이드

PMI-PMP 응시에 필요한 사항 및 방법을 설명한다.

PRIMA VERA **01** PMI 유료회원등록(무료회원 가입도 가능)

01 www.pmi.org 사이트에 접속하여 오른쪽 상단의 [Register]를 클릭한다.

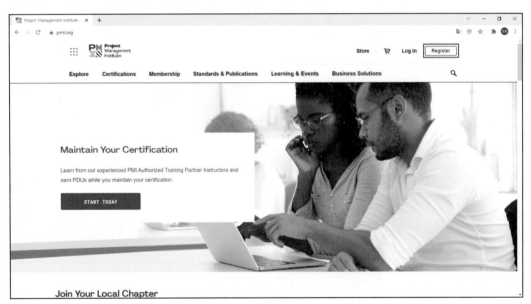

# 02 각 항목을 입력하고 [CREATE ACCOUNT]를 클릭한다.

**Project Management Institute.**

## Create an Account

Already have a PMI username and password? Log in

### Personal Information

First Name

Last Name

Primary Email

Please note that your primary email will be your user name when signing into your PMI account

Email Preference (optional)
☐ I would like to receive updates about PMI products, services, and events
Further information on PMI's processing of your personal data can be found in PMI's **Privacy Policy**

Country

Select ⌄

### Tell Us More About You

We want to better understand you so we can customize your experience, deliver relevant content and develop products to support you at every stage of your career.
Please tell us more about yourself.
Company Name

If you are not a part of a company, please put "None"

Which of the following best matches or describes your current job title?

Select ⌄

How many total years of full-time work experience do you currently have?

Select ⌄

How many years of experience do you have managing projects that last over 4 weeks?

Select ⌄

Which best describes how you view project management as it relates to your career?

Select ⌄

Does your organization have a project/program management office (PMO), or a group devoted to project management?

Select ⌄

Area of Focus (optional)

Select ⌄

### Account Information

Password

5-50 characters. Can include any letter, number, or special character excluding spaces or angle brackets (< >)

Confirm Password

Security Question

Select ⌄

Answer

**CREATE ACCOUNT**

This will create your login credentials

If you applied for PMI Membership using a paper application, you should have received an email with instructions on how to create an account.
If you have not received or cannot locate this email, please contact Customer Care

**Project Management Institute.**

Privacy    Sitemap    Terms of Use    Purchasing Terms and Conditions    Advertising Sponsorship

© 2021 Project Management Institute, Inc.   |   14 Campus Blvd, Newtown Square, PA 19073-3299 USA

# 03 무료회원 가입 완료를 확인하고 [GO TO PMI HOME PAGE]를 클릭한다.

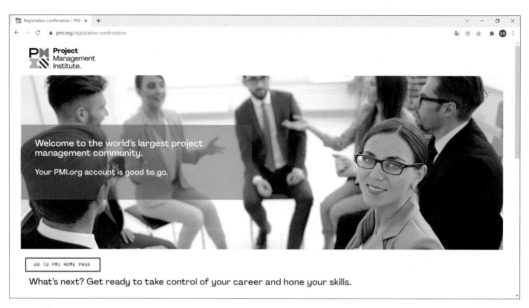

# 04 자동 로그인이 되며 유료회원 등록을 위하여 [Membership] 메뉴의 [Become a Member]를 선택한다.

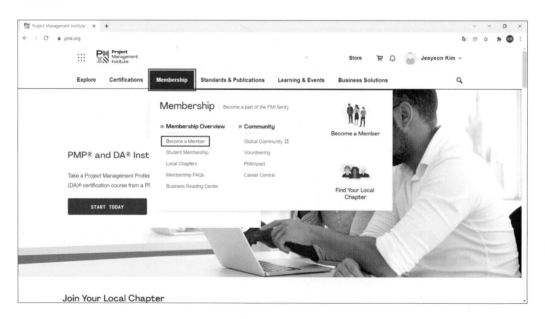

## 05 [JOIN PMI]를 클릭한다.

## 06 PMI Chapter 가입을 원치 않는 경우 휴지통 아이콘을 클릭하여 삭제한다.(Chapter 가입을 하지 않아도 시험 신청 및 응시 가능)

## 07 $139를 확인하고 [Continue to Checkout]을 클릭한다.

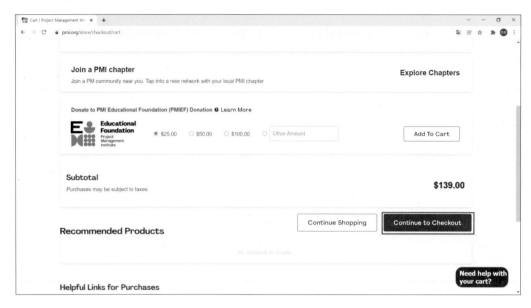

## 08 [Address]를 입력하고 금액을 확인한 뒤 [Continue to Payment/Voucher]를 클릭하여 절차에 따라 결제를 완료한다.

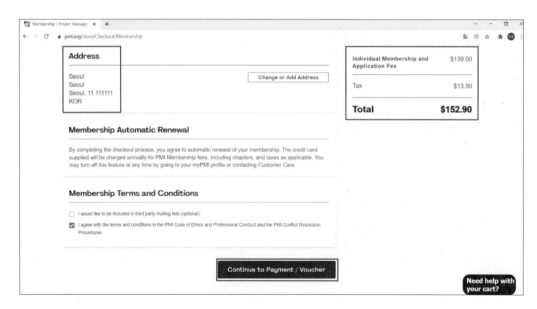

09 결제를 하지 않고 무료회원으로 가입 이후 [Dashboard] 화면에서 언제든지 유료회원으로 결제 가능하다.

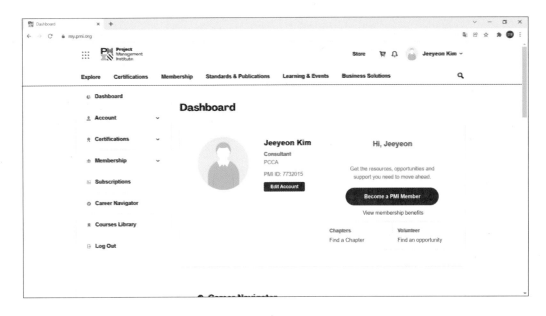

**02** 시험 신청

01 www.pmi.org 사이트에 접속하여 [Certifications] 메뉴의 [RMP]를 선택한다.

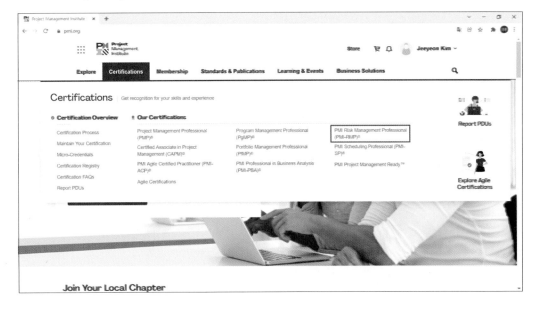

## 02 화면 오른쪽의 [APPLY NOW FOR YOUR RMP]를 클릭한다.

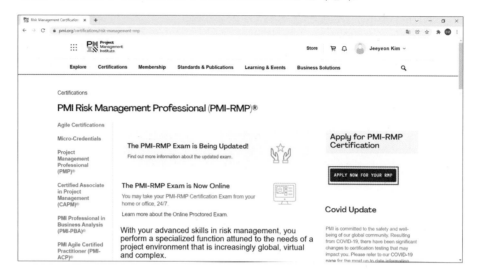

## 03 최종 학력 입력 후 [Save Education], PMI 인증 공식 교육을 수료한 정보를 입력 후 [Save Education]을 클릭한다.

**04** RMP 시험 신청을 위해서는 교육 횟수와 상관없이 총 30시간 이상의 공식 교육 수료가 필요하며, 교육이력은 수료한 횟수만큼 추가할 수 있다.

## Professional Education

Enter your Professional Education courses related to this certification, starting with the most recent

Practice Risk Management

Provider Name
PCCA
Course Dates                    Hours
March 2021 - March 2021         24

🗑 Remove Education   ✏ Edit Education

Risk Analysis Training

Provider Name
PCCA
Course Dates                    Hours
April 2021 - April 2021         8

🗑 Remove Education   ✏ Edit Education

**Continue To Experience**

### Professional Summary

| Practice Risk Management | 24 Hours |
|---|---|
| Risk Analysis Training | 8 Hours |
| Total | ✔ 30 Hours |

**05** Education 부분 입력 완료 후 [Continue To Experience]를 클릭한다.

## Professional Education

Enter your Professional Education courses related to this certification, starting with the most recent

Practice Risk Management

Provider Name
PCCA
Course Dates                    Hours
March 2021 - March 2021         24

🗑 Remove Education   ✏ Edit Education

Risk Analysis Training

Provider Name
PCCA
Course Dates                    Hours
April 2021 - April 2021         8

🗑 Remove Education   ✏ Edit Education

**Continue To Experience**

### Professional Summary

| Practice Risk Management | 24 Hours |
|---|---|
| Risk Analysis Training | 8 Hours |
| Total | ✔ 30 Hours |

## 06 Experience 내용 입력 후 [Save Experience]를 클릭한다.

## 07 필수 경력 기간인 24개월이 충족되면 [Continue To Exam Details]를 클릭한다.

# 08 시험 신청을 위한 개인 정보를 입력하고 저장한다.

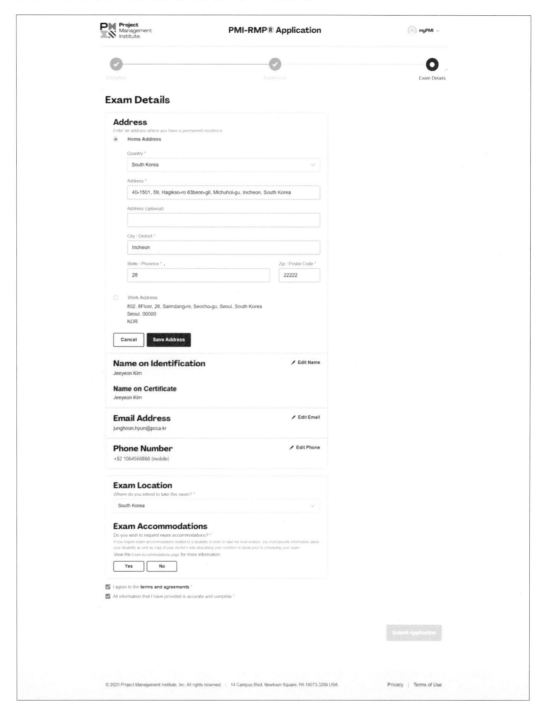

## 09 아래 약관 동의 체크박스에 체크한 후 [Submit Application]을 클릭한다.

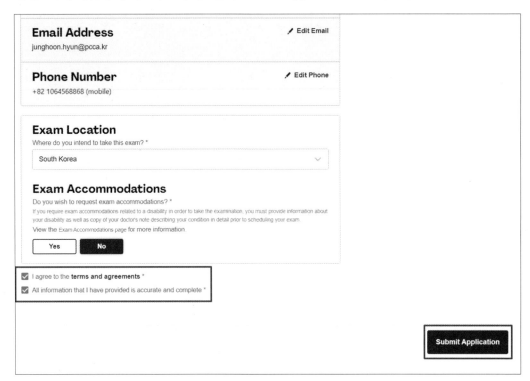

## 10 PMI에서 검토를 위한 제출이 완료됨을 확인한다.

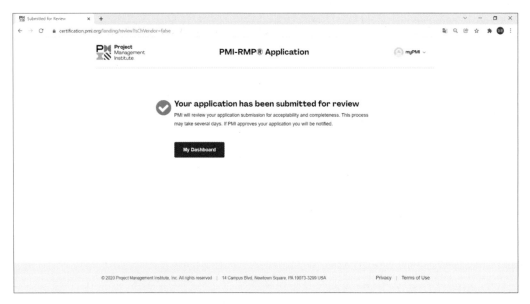

**11** 제출을 완료하면 등록했던 메일로 다음과 같은 메일을 확인할 수 있다.

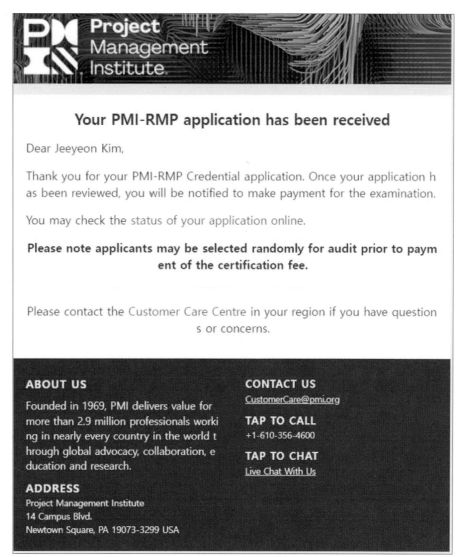

**12** PMI 사이트에 로그인하여 Dashboard에서도 현재 서류 검토 중인 것을 확인할 수 있다.

PMI 시험 응시료는 Credit Card 또는 Voucher로 결재할 수 있으며, 본 교재에서는 Voucher로 진행하는 방법을 설명한다.

PMI 시험 등록 서류가 승인되면 승인과 함께 결재 안내 메일을 받게 된다. PMI-RMP 응시료 및 자격 갱신료는 다음과 같다.

\* 부가세 별도

| 구분 | 비회원 | 회원(가입비 $139) |
|---|---|---|
| 최초 응시료 | $670 | $520 |
| 재시험 응시료 | $435 | $335 |
| 자격 갱신료 | $150 | $60 |

PMI 시험 응시료 결제 시 Voucher를 구매하면 약 10%~15% 할인된 금액으로 결제가 가능하며, Voucher는 국내 PMI-ATP 기관인 ㈜PCCA에 문의 가능하다.

**01** www.pmi.org 사이트에 로그인하여 [Dashboard]의 [Pay for Exam]을 클릭한다.

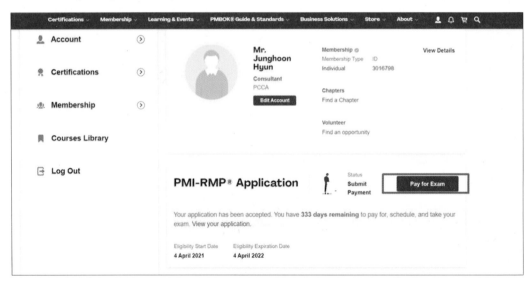

**02** 시험 비용을 확인하고 'Donate to PMI…'에서 [Other Amount]를 선택한 후 [Continue to Checkout]을 클릭한다.

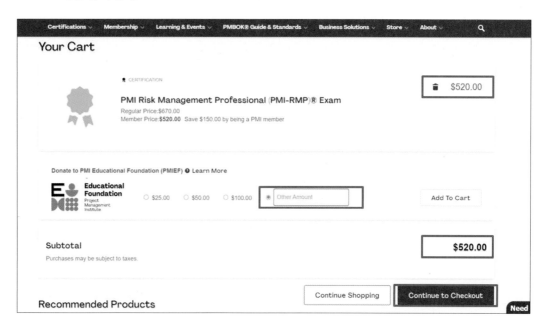

**03** Promo Code와 Voucher Code를 입력하고 [Apply]를 클릭한다.

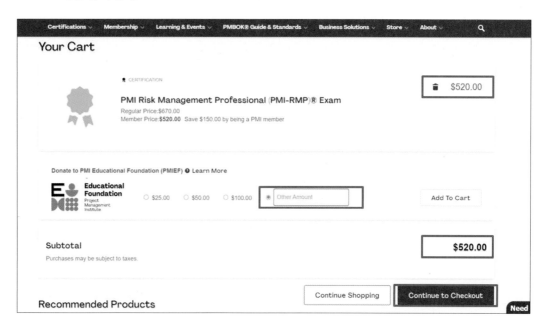

**04** Total 비용이 $0.00으로 적용된 것을 확인하고 [Review Order]를 클릭한다.

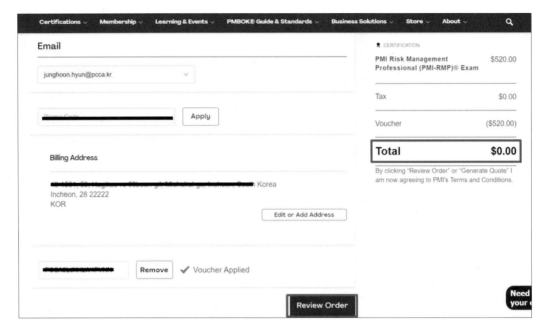

**05** Location 정보 입력 후 [Submit]을 클릭한다.

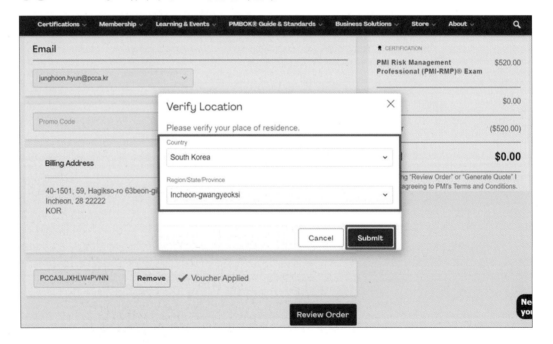

# 06 [OK]를 클릭한다.

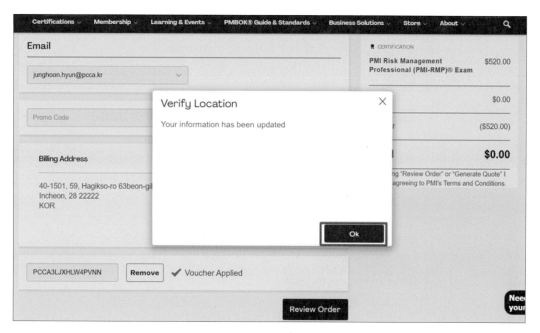

# 07 Total 비용이 $0.00인 것을 확인 후 [Place Order]를 클릭한다.

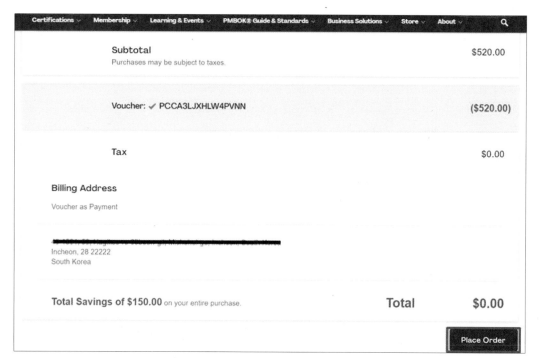

## 08 결제가 완료되면 다음과 같은 메일을 확인할 수 있다.

# Thank you Junghoon, for your purchase.

**Your order summary is listed below.**

**Order Number:** 005295306
**Purchase Date:** 06 May 2021 11:18:38 AM

<u>Click here</u> to access your newly purchased products and services.

| Qty | Item Name | Price |
|-----|-----------|-------|
| 1 | PMI Risk Management Professional (PMI-RMP)® Exam | $520.00 |

| | | |
|---|---|---|
| Order Subtotal: | $520.00 |
| Discount: | $0.00 |
| Taxes: | $0.00 |
| **Total:** | **$0.00** |

**Billing Address:**
Junghoon Hyun
~~10-1581, 58, Hagikso-ro 88beon-gil,~~
~~Michuhol-gu, Incheon, South Korea~~
Incheon, 22222
South Korea

**Payment:**

Type: No Payment Method Required

# 01 www.pmi.org 사이트에 로그인하여 [Dashboard]의 [Schedule Exam]을 클릭한다.

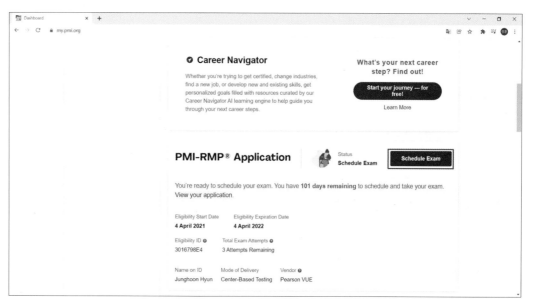

# 02 PMI-RMP를 클릭한다.

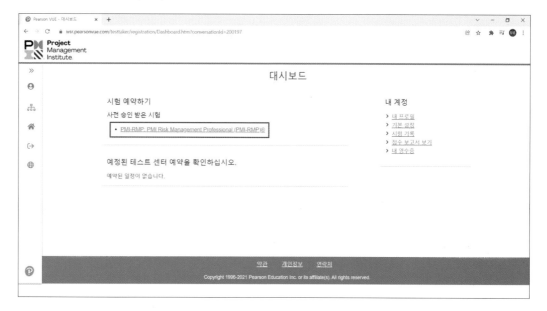

## 03 시험 옵션을 선택한다.

## 04 [시험 센터에서]를 선택한 경우 다음과 같은 준비 사항 안내를 확인할 수 있다.

**05** [자택 또는 사무실에서 온라인]을 선택한 경우 다음과 같은 준비 사항 안내를 확인할 수 있다.

**06** 본 교재는 [시험 센터에서]를 선택한 경우로 설명한다. 시험 옵션에서 [시험 센터에서]를 선택하고 [다음]을 클릭한다.

**07** PMI 정책을 확인하고 [동의합니다]를 클릭한다.

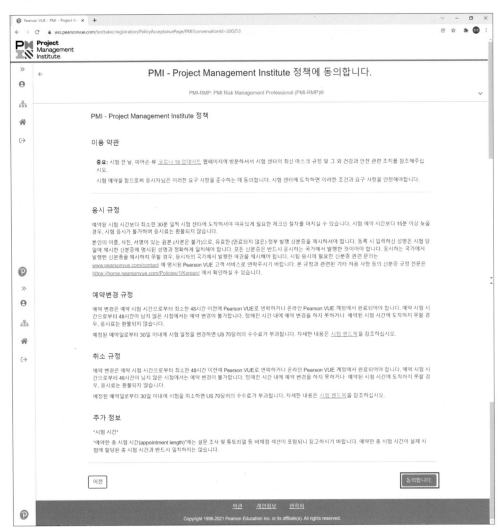

**08** 응시자가 응시 가능한 지역의 영문 주소를 입력하고 [검색]을 클릭하면 해당 주소 근처의 시험장이 검색된다.

**09** PMI-RMP는 2021년 기준 서울과 대구 두 군데에서 응시가 가능한 것을 확인할 수 있다. 응시할 장소를 선택하고 [다음]을 클릭한다.

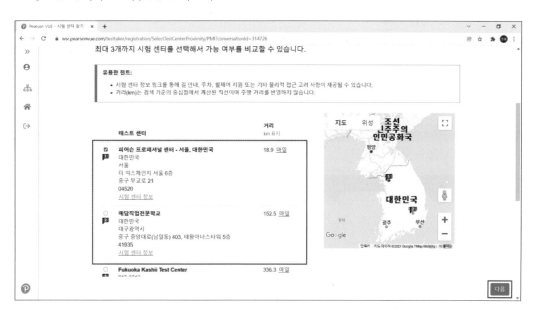

**10** 달력에서 응시 가능한 날짜와 시간을 선택한다.

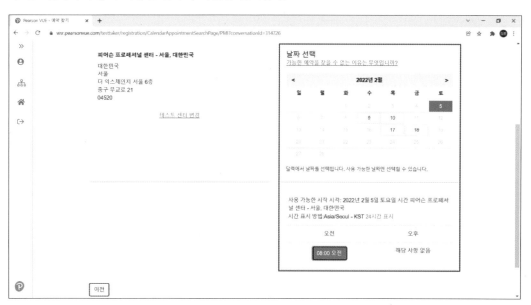

**11** 응시 정보를 확인하고 [다음]을 클릭한다.

## 12 [접수 완료]를 클릭한다.

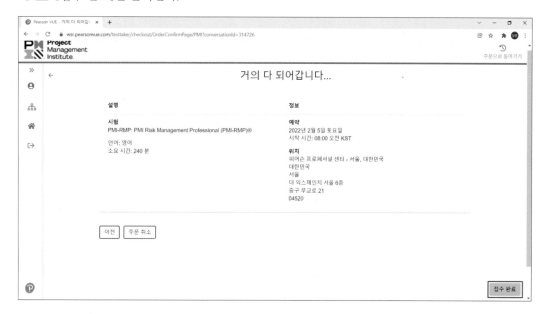

## 13 시험 예약이 완료된 것을 확인한다.

Project Risk Manager를 위한 **Primavera Risk Analysis**

P R I M A V E R A

## CONTENTS

# Oracle Primavera Risk Analysis Basic Workshop

이 장에서 제공되는 Workshop을 학습하면서 리스크 관리에서 사용되는 정량적 계산 방법을 이해하고, Primavera Risk Analysis의 기본 사용 방법을 쉽게 습득한다.

APPENDIX

BASIC WORKSHOP BK-01
# 3점 추정(Three Point Estimation)

## | 1 | Objectives
- 3점 추정의 개념을 이해하고 계산할 수 있다.

## | 2 | Simulations
- 3점에 대한 각 기간이 다음 표와 같다.

| 3점(Three Point) | 기간(Duration) |
|---|---|
| Pessimistic | 30 |
| Most Likely | 14 |
| Optimistic | 9 |

## | 3 | Questions
- 산술 평균과 PERT 평균, 표준편차를 각각 계산하시오.

| 평균 | 값 |
|---|---|
| 산술 평균 | |
| PERT 평균 | |
| 표준편차 | |

절취선

BASIC WORKSHOP BK-02
# Expected Monetary Value

## | 1 | Objectives

- 기대화폐가치(EMV)의 개념을 이해하고 계산할 수 있다.

## | 2 | Simulations

- Risk와 발생가능성(Probability), 영향력(Impact)이 다음과 같다.

| Risk | Type | 발생가능성(P) | 영향력(I) | EMV |
|---|---|---|---|---|
| Risk 1 | T | 20 % | −$ 25,000 | |
| Risk 2 | O | 45 % | $ 35,000 | |
| Risk 3 | T | 35 % | −$ 20,000 | |
| Risk 4 | T | 40 % | −$ 26,000 | |
| Risk 5 | T | 20 % | −$ 55,000 | |
| Total | | | | |

## | 3 | Questions

- 각각의 Risk별 EMV 값을 계산하고, 총 얼마의 우발적 예비비(Contingency Reserve)를 준비해야 하는가?

- 만약 Risk 4가 발생하였을 경우 얼마의 우발적 예비비(Contingency Reserve)가 남아 있겠는가?

primavera

BASIC WORKSHOP BK-03
# Decision Tree(의사결정나무)

## | 1 | Objectives

- 의사결정나무(Decision Tree)의 개념을 이해하고 계산할 수 있다.

## | 2 | Simulations

- 아래와 같이 의사결정나무가 주어졌을 경우 다음을 계산하시오.

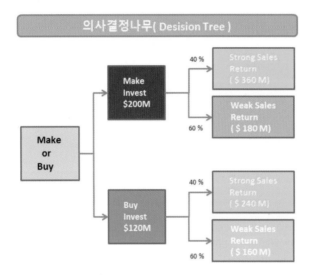

의사결정나무( Desision Tree )

Make or Buy

Make Invest $200M
- 40 % Strong Sales Return ( $ 360 M)
- 60 % Weak Sales Return ( $ 180 M)

Buy Invest $120M
- 40 % Strong Sales Return ( $ 240 M)
- 60 % Weak Sales Return ( $ 160 M)

## | 3 | Questions

- Make Decision의 EMV를 계산하시오.

- Buy Decision의 EMV를 계산하시오.

- EMV 계산을 통해 최적의 의사결정을 한다면 어떠한 것으로 결정해야 하는가?

BASIC WORKSHOP BK-04

# 일정 불확실성의 정량화

## |1| Objectives

• PERT의 개념을 활용하여 일정 전체의 달성 확률을 계산할 수 있다.

## |2| Simulations

• 다음의 표를 토대로 일정을 작성한다.

| Task | Predecessor | Optimistic | Most Likely | Pessimistic | Average | Variance |
|---|---|---|---|---|---|---|
| A | – | 4 | 6 | 8 | | |
| B | – | 1 | 4.5 | 5 | | |
| C | A | 3 | 3 | 3 | | |
| D | A | 4 | 5 | 6 | | |
| E | A | 0.5 | 1 | 1.5 | | |
| F | B,C | 3 | 4 | 5 | | |
| G | B,C | 1 | 1.5 | 5 | | |
| H | E,F | 5 | 6 | 7 | | |
| I | E,F | 2 | 5 | 8 | | |
| J | D,H | 2.5 | 2.75 | 4.5 | | |
| K | G,I | 3 | 5 | 7 | | |

## |3| Questions

• PERT의 3점 평균과 PDM 방식을 이용하여 Network Logic Diagram을 작성하시오.

• Critical Path를 기술하시오.

- 첨부된 표준정규분포표를 참고하여 이 Project가 24일 이내에 완료될 확률(Probability)을 계산하시오.

- 첨부된 표준정규분포표를 참고하여 이 Project가 전체 기간의 90% 이내에 완료될 확률(Probability)을 계산하시오.

- 표준정규분포표

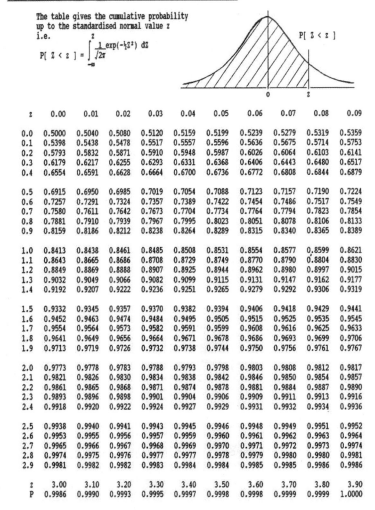

### STANDARD STATISTICAL TABLES

### 1. Areas under the Normal Distribution

The table gives the cumulative probability up to the standardised normal value $z$ i.e.

$$P[ Z < z ] = \int_{-\infty}^{z} \frac{1}{\sqrt{2\pi}} \exp(-\tfrac{1}{2}Z^2) \, dZ$$

$P[ Z < z ]$

| z | 0.00 | 0.01 | 0.02 | 0.03 | 0.04 | 0.05 | 0.06 | 0.07 | 0.08 | 0.09 |
|---|------|------|------|------|------|------|------|------|------|------|
| 0.0 | 0.5000 | 0.5040 | 0.5080 | 0.5120 | 0.5159 | 0.5199 | 0.5239 | 0.5279 | 0.5319 | 0.5359 |
| 0.1 | 0.5398 | 0.5438 | 0.5478 | 0.5517 | 0.5557 | 0.5596 | 0.5636 | 0.5675 | 0.5714 | 0.5753 |
| 0.2 | 0.5793 | 0.5832 | 0.5871 | 0.5910 | 0.5948 | 0.5987 | 0.6026 | 0.6064 | 0.6103 | 0.6141 |
| 0.3 | 0.6179 | 0.6217 | 0.6255 | 0.6293 | 0.6331 | 0.6368 | 0.6406 | 0.6443 | 0.6480 | 0.6517 |
| 0.4 | 0.6554 | 0.6591 | 0.6628 | 0.6664 | 0.6700 | 0.6736 | 0.6772 | 0.6808 | 0.6844 | 0.6879 |
| 0.5 | 0.6915 | 0.6950 | 0.6985 | 0.7019 | 0.7054 | 0.7088 | 0.7123 | 0.7157 | 0.7190 | 0.7224 |
| 0.6 | 0.7257 | 0.7291 | 0.7324 | 0.7357 | 0.7389 | 0.7422 | 0.7454 | 0.7486 | 0.7517 | 0.7549 |
| 0.7 | 0.7580 | 0.7611 | 0.7642 | 0.7673 | 0.7704 | 0.7734 | 0.7764 | 0.7794 | 0.7823 | 0.7852 |
| 0.8 | 0.7881 | 0.7910 | 0.7939 | 0.7967 | 0.7995 | 0.8023 | 0.8051 | 0.8078 | 0.8106 | 0.8133 |
| 0.9 | 0.8159 | 0.8186 | 0.8212 | 0.8238 | 0.8264 | 0.8289 | 0.8315 | 0.8340 | 0.8365 | 0.8389 |
| 1.0 | 0.8413 | 0.8438 | 0.8461 | 0.8485 | 0.8508 | 0.8531 | 0.8554 | 0.8577 | 0.8599 | 0.8621 |
| 1.1 | 0.8643 | 0.8665 | 0.8686 | 0.8708 | 0.8729 | 0.8749 | 0.8770 | 0.8790 | 0.8804 | 0.8830 |
| 1.2 | 0.8849 | 0.8869 | 0.8888 | 0.8907 | 0.8925 | 0.8944 | 0.8962 | 0.8980 | 0.8997 | 0.9015 |
| 1.3 | 0.9032 | 0.9049 | 0.9066 | 0.9082 | 0.9099 | 0.9115 | 0.9131 | 0.9147 | 0.9162 | 0.9177 |
| 1.4 | 0.9192 | 0.9207 | 0.9222 | 0.9236 | 0.9251 | 0.9265 | 0.9279 | 0.9292 | 0.9306 | 0.9319 |
| 1.5 | 0.9332 | 0.9345 | 0.9357 | 0.9370 | 0.9382 | 0.9394 | 0.9406 | 0.9418 | 0.9429 | 0.9441 |
| 1.6 | 0.9452 | 0.9463 | 0.9474 | 0.9484 | 0.9495 | 0.9505 | 0.9515 | 0.9525 | 0.9535 | 0.9545 |
| 1.7 | 0.9554 | 0.9564 | 0.9573 | 0.9582 | 0.9591 | 0.9599 | 0.9608 | 0.9616 | 0.9625 | 0.9633 |
| 1.8 | 0.9641 | 0.9649 | 0.9656 | 0.9664 | 0.9671 | 0.9678 | 0.9686 | 0.9693 | 0.9699 | 0.9706 |
| 1.9 | 0.9713 | 0.9719 | 0.9726 | 0.9732 | 0.9738 | 0.9744 | 0.9750 | 0.9756 | 0.9761 | 0.9767 |
| 2.0 | 0.9773 | 0.9778 | 0.9783 | 0.9788 | 0.9793 | 0.9798 | 0.9803 | 0.9808 | 0.9812 | 0.9817 |
| 2.1 | 0.9821 | 0.9826 | 0.9830 | 0.9834 | 0.9838 | 0.9842 | 0.9846 | 0.9850 | 0.9854 | 0.9857 |
| 2.2 | 0.9861 | 0.9865 | 0.9868 | 0.9871 | 0.9874 | 0.9878 | 0.9881 | 0.9884 | 0.9887 | 0.9890 |
| 2.3 | 0.9893 | 0.9896 | 0.9898 | 0.9901 | 0.9904 | 0.9906 | 0.9909 | 0.9911 | 0.9913 | 0.9916 |
| 2.4 | 0.9918 | 0.9920 | 0.9922 | 0.9924 | 0.9927 | 0.9929 | 0.9931 | 0.9932 | 0.9934 | 0.9936 |
| 2.5 | 0.9938 | 0.9940 | 0.9941 | 0.9943 | 0.9945 | 0.9946 | 0.9948 | 0.9949 | 0.9951 | 0.9952 |
| 2.6 | 0.9953 | 0.9955 | 0.9956 | 0.9957 | 0.9959 | 0.9960 | 0.9961 | 0.9962 | 0.9963 | 0.9964 |
| 2.7 | 0.9965 | 0.9966 | 0.9967 | 0.9968 | 0.9969 | 0.9970 | 0.9971 | 0.9972 | 0.9973 | 0.9974 |
| 2.8 | 0.9974 | 0.9975 | 0.9976 | 0.9977 | 0.9977 | 0.9978 | 0.9979 | 0.9980 | 0.9980 | 0.9981 |
| 2.9 | 0.9981 | 0.9982 | 0.9982 | 0.9983 | 0.9984 | 0.9984 | 0.9985 | 0.9985 | 0.9986 | 0.9986 |

| z | 3.00 | 3.10 | 3.20 | 3.30 | 3.40 | 3.50 | 3.60 | 3.70 | 3.80 | 3.90 |
|---|------|------|------|------|------|------|------|------|------|------|
| P | 0.9986 | 0.9990 | 0.9993 | 0.9995 | 0.9997 | 0.9998 | 0.9998 | 0.9999 | 0.9999 | 1.0000 |

BASIC WORKSHOP WS-01
# Plan 생성

## | 1 | Objectives

- Primavera Risk Analysis에서의 Plan 생성 방법과 기본 Setting을 이해한다.

## | 2 | Simulations

- 프로그램을 실행한 후 화면 좌측 상단의 [New] 아이콘을 클릭하거나 [File] 메뉴의 [New]를 선택하고 [New Plan]을 선택한다.

- [Plan] 메뉴의 [Plan Information]과 [Planning Option]의 [Date]에서 Plan의 내용을 입력하고 설정할 수 있다.

| Title | Sub Title1 | Planner | Start Date |
|---|---|---|---|
| New Store | Training | 홍길동(본인) | 20XX년 9월 1일 |

| Plan Note |
|---|
| "Project risk is an uncertain event or condition that, if it occurs, has a positive or negative effect on one or more project objectives such as scope, schedule, cost, and quality" |

| Plan Option |
|---|
| ■ 날짜 표기 방법을 YYYY-MM-DD 형식으로 하고 시간은 표시하지 않도록 설정 |
| ■ Duration 표시 방법을 00.00d로 설정 |
| ■ Calendar 설정을 08:00~16:00로 설정 |
| ■ Scheduling 설정을 'Use retained logic'으로 설정 |
| ■ Critical 및 Very Critical 설정 내용을 확인 |

- Planning Unit과 Calendar는 기본값(Default)을 사용한다. [Plan] 메뉴의 [Planning Unit]와 [Calendar]에서 변경 설정할 수 있다.

| Data Date | Planning Unit | | Calendar | |
|---|---|---|---|---|
| Project 시작일 | Day | Default Setting | Standard | Default Setting |

- [File] 메뉴의 [Save as]를 이용하여 New Store_WS-001로 저장한다.

## | 3 | Questions

- Planning Unit의 단위가 아닌 것은?

  ① Day          ② Hour          ③ Quarter hour          ④ Week

- [Plan] 메뉴의 [Plan Options]의 [Default Task]에서 설정할 수 없는 것은?

  ① ID Format          ② WBS          ③ OBS          ④ Calendar          ⑤ Date

BASIC WORKSHOP WS-02
## Calendar 생성 및 적용

### | 1 | Objectives

- Primavera Risk Analysis에서 Calendar를 생성하는 방법과 각 Task에 적용하는 방법을 이해한다.

### | 2 | Simulations

- Calendar 아이콘을 클릭하거나 [Plan] 메뉴의 [Calendar]를 클릭한다.
- 다음과 같이 Calendar를 생성하시오.

| Calendar Name | | | Standard NonWork Day | | |
|---|---|---|---|---|---|
| 5Days_Holidays | | | Saturday, Sunday | | |
| **Holidays Information** | | | | | |
| 1월 | 2월 | 3월 | 4월 | 5월 | 6월 |
| 1, 24, 25, 26 | – | 1 | 30 | 5, 25 | 6 |
| 7월 | 8월 | 9월 | 10월 | 11월 | 12월 |
| – | 15 | 30 | 1, 2, 3, 9 | – | 25 |

### | 3 | Questions

- Calendar 표현의 최소 단위는?

  ① Day        ② Hour        ③ Half hour        ④ Quarter hour

- Primavera Risk Analysis에서는 Calendar를 몇 개까지 생성할 수 있는가?

  ① 5        ② 20        ③ 500        ④ 제한이 없다.

- Calendar의 Exception 날짜는 어떤 Color인가?

  ① Yellow        ② Blue        ③ Black        ④ Red

- Probabilistic Calendar 기능을 이용하여 해당 날짜 또는 기간에 Risk가 발생할 확률을 설정하여 생성할 수 있다. ( True / False )

BASIC WORKSHOP WS-03

# Task 생성

## | 1 | Objectives

- Task를 생성하는 방법을 이해하고 활용할 수 있다.

## | 2 | Simulations

- 다음 표와 같이 Task를 생성한다.
- Column 또는 [Task Detail] – [General]의 WBS에 WBS를 입력한다.

| WBS Code | ID | Description | RD | Task Type | Calendar |
|---|---|---|---|---|---|
| A | A010 | Project Start | 0 | Start Milestone | 5Days_Holidays |
| A | A020 | Project Finish | 0 | Finish Milestone | 5Days_Holidays |
| B | B010 | Research market | 32 | Normal | 5Days_Holidays |
| B | B020 | Research competition | 20 | Normal | 5Days_Holidays |
| B | B030 | Locate premises | 90 | Normal | 5Days_Holidays |
| B | B040 | Create business plan | 20 | Normal | 5Days_Holidays |
| C | C010 | Obtain bank loan | 30 | Normal | 5Days_Holidays |
| C | C020 | Organize lease | 15 | Normal | 5Days_Holidays |
| C | C030 | Move in | 10 | Normal | 5Days_Holidays |
| C | C040 | Refurbish premises | 90 | Normal | 5Days_Holidays |
| D | D010 | Order and receive computer systems | 90 | Normal | 5Days_Holidays |
| D | D020 | Install and test computer systems | 40 | Normal | 5Days_Holidays |
| D | D030 | Order and receive stock to warehouse | 25 | Normal | 5Days_Holidays |
| D | D040 | Stock store | 15 | Normal | 5Days_Holidays |
| E | E010 | Advertise for staff | 50 | Normal | 5Days_Holidays |
| E | E020 | Interview staff | 25 | Normal | 5Days_Holidays |
| E | E030 | Hire staff | 45 | Normal | 5Days_Holidays |
| E | E040 | Train staff | 22 | Normal | 5Days_Holidays |

## 3 | Questions

- Task Details는 화면 하단에 항상 고정(Docking)시킬 수 있다. ( True / False )

- 고정(Docking) 상태일 경우에 Auto Hide를 설정할 수 있다. ( True / False )

- Primavera Risk Analysis의 Task Type이 아닌 것은?

  ① Start Milestone　　② Finish Milestone　　③ Hammock　　④ Monitor

  ⑤ Normal　　⑥ Task Dependent　　⑦ Summary

- Task는 Remaining Duration을 입력할 경우 Original Duration이 자동으로 입력된다. ( True & False )

- Constraints의 종류가 아닌 것을 모두 선택하시오.

  ① Start on　　② Finish on　　③ Start on or before　　④ Start On or after

  ⑤ Finish on or before　　⑥ Finish on or after　　⑦ Mandatory start　　⑧ Mandatory finish

  ⑨ Must start　　⑩ Must finish　　⑪ As late as possible

- WBS는 50Level까지 입력이 가능하다. ( True / False )

04
primavera

BASIC WORKSHOP WS-04
# Task Link 작성

## | 1 | Objectives

- Primavera Risk Analysis의 Link 특성을 이해하고 Task에 PDM(FS, FF, SS, SF)의 연관관계를 여러 가지 방법으로 적용할 수 있다.

## | 2 | Simulations

- Link의 정보는 아래와 같다.
- [Task Details]의 [Links]를 선택하여 Link 화면을 활성화한 후 아래 표를 참고하여 연결한다.
- 또한 Column에 Succeeding Tasks를 이용하여 연결할 수 있다.

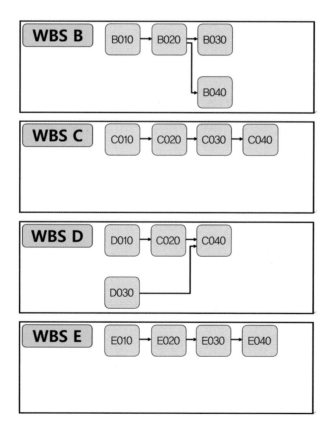

| Predecessor | Successor | Type | Lag |
|---|---|---|---|
| A010 | B010 | FS | 0 |
| B020 | E010 | FS | 0 |
| B030 | C020 | FS | 0 |
| B040 | C010 | FS | 0 |
| C010 | D010 | FS | 0 |
| C010 | D030 | FS | 0 |
| C040 | D020 | FS | 0 |
| D020 | E040 | FS | 0 |
| D040 | A020 | FS | 0 |
| E040 | A020 | FS | 0 |

## | 3 | Questions

- Link는 [Task Details]의 Links에서만 지정할 수 있다. ( True / False )
- Link Tasks(Ctrl + L) 기능을 이용하여 동시에 여러 Task를 연결할 수 있다. ( True / False )
- Unlink Tasks(Ctrl + U) 기능을 이용하여 동시에 여러 Task의 Link를 제거할 수 있다. ( True / False )
- Gantt Chart 상에서도 Mouse를 이용하여 Task와 Task를 Link할 수 있다. ( True / False )
- Lag에 Calendar를 적용하여 Schedule을 계산할 수 있다. ( True / False )
- Link Tasks(Ctrl + L)의 기본 Link Type은 FS(Finish to Start)이다. ( True / False )
- Link Tasks(Ctrl + L) 기능을 활용할 경우 Lag는 [Task Details]의 Links에서 적용해야 한다. ( True / False )
- Primavera Risk Analysis는 기본 설정의 경우 Schedule 계산을 자동으로 수행한다. ( True / False )
- Primavera Risk Analysis의 Schedule 계산을 수동으로 하기 위한 설정은 어디에 있는가?

- [File] 메뉴의 [Save as]를 이용하여 New Store_WS-004로 저장한다.

# Schedule Check & Baseline

## | 1 | Objectives
- Schedule Check의 기능을 이해하고 실행할 수 있다.

## | 2 | Simulations
- [Reports] 메뉴의 [Schedule Check Options]를 클릭한다.
- Check List를 설정한다.
- 보고서에 표시할 설명을 결정한다.
- 보고서에 대한 옵션을 결정한다.
- [Run Check]를 클릭하여 보고서를 생성한다.
- Schedule Check 후 Schedule에 대한 특이사항이 없는지 확인한다.
- Schedule 체크 항목은 다음과 같다. 체크 후에 이상이 없으면 Baseline을 생성한다.

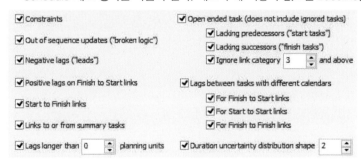

- [Plan] 메뉴의 [Baseline]으로 Baseline을 생성한다.
- Baseline을 Gantt Chart에 표시한다.

## | 3 | Questions
- Schedule Check는 Risk Analysis의 Quality를 높이는 데 도움이 된다. ( True / False )
- Schedule Check 결과는 Excel로 변환하여 활용할 수 있다. ( True / False )
- Baseline은 Gantt Chart에 3가지 Type으로 표현할 수 있다. ( True / False )

BASIC WORKSHOP WS-06
# Duration Uncertainty 적용

## | 1 | Objectives

- Duration Uncertainty를 적용하는 다양한 방법에 대하여 이해한다.

## | 2 | Simulations

● 다음의 Duration Uncertainty를 [Duration Quick Risk]를 활용하여 적용한다.

| ID | Minimum Duration(75%) | Most likely(100%) | Maximum Duration(125%) |
|----|----|----|----|
| B010 | 24 | 32 | 40 |
| B020 | 15 | 20 | 25 |
| B030 | 68 | 90 | 113 |
| B040 | 15 | 20 | 25 |
| C010 | 23 | 30 | 38 |
| C020 | 11 | 15 | 19 |
| C030 | 8 | 10 | 13 |
| C040 | 68 | 90 | 113 |

- [Risk] 메뉴의 [Duration Quick Risk]를 통하여 Duration Uncertainty를 적용한다.
- Apply to를 [Selected tasks only]로 선택한다.
- Distribution을 [Triangle]로 선택한다.
- Minimum duration is를 [75%]로 설정한다.
- Likely duration is를 [100%]로 설정한다.
- Maximum duration을 [125%]로 설정한다.
- [OK]를 클릭하여 Duration Quick Risk를 적용한다.

● 다음 Duration Uncertainty를 Column의 Duration Function을 활용하여 적용한다.

| ID | Minimum Duration | Most likely | Maximum Duration |
|----|----|----|----|
| E010 | 38 | 50 | 63 |
| E020 | 19 | 25 | 31 |
| E030 | 34 | 45 | 56 |

절취선

| ID | Minimum Duration | Most likely | Maximum Duration |
|---|---|---|---|
| E040 | 17 | 22 | 28 |

- Column의 [Risk Input]의 [Duration Function]을 이용하여 각 Task의 Duration Uncertainty를 설정한다.

- 다음 Duration Uncertainty를 [Task Details]의 [Risk and Uncertainty] 탭의 Duration Uncertainty를 활용하여 적용한다.

| ID | Minimum Duration | Most likely | Maximum Duration |
|---|---|---|---|
| D010 | 68 | 90 | 113 |
| D020 | 30 | 40 | 50 |
| D030 | 19 | 25 | 31 |
| D040 | 11 | 15 | 19 |

- [Task Details]의 [Risk and Uncertainty] 탭에 있는 [Duration Uncertainty]의 [On]을 클릭한 후 Distribution, Minimum, Most Likely, Maximum을 입력한다.
- New Store_Apply Duration Uncertainty_WS-006으로 저장한다.


| 3 | Questions

- Duration Quick Risk를 이용한 Uncertainty 적용 방법이 아닌 것은?
  ① All task in the plan    ② All filtered tasks    ③ Selected task only    ④ Random

- 적용 가능한 Distribution의 Type을 모두 고르시오.
  ① Triangle    ② Uniform    ③ BetaPert    ④ Enhanced

- Duration Function의 입력 Format을 작성하시오.



- [Risk and Uncertainty] 탭의 [Duration Uncertainty]에 적용할 수 있는 Distribution의 종류를 모두 기술하시오.

BASIC WORKSHOP WS-07

# Risk Analysis with Duration Uncertainty

## | 1 | Objectives

- Duration Uncertainty를 적용한 Risk Analysis를 실행하는 방법을 이해한다.

## | 2 | Simulations

- [Risk] 메뉴에서 [Run Risk Analysis]를 클릭한다.
- [Risk analysis] 대화상자에 있는 Analyze for iterations 항목에 "1000"을 입력한다.
- Show step through analysis option 항목의 체크 박스에 체크되어 있는지 확인한다.
- Show afterward의 체크 박스에 체크되어 있는지 확인하고 Distribution Graph가 하위 항목에 선택되어 있는지 확인한다.
- [Analyze]를 클릭한다.
- [Risk analysis] 대화상자에서 [Step]을 선택하면 난수표에 의해 Manual로 Simulation하는 상황을 확인할 수 있다.
- [Step]을 선택하면 1 by 1로 Simulation이 진행된다.
- [Go]를 선택하면 Auto로 1000 iterations을 Simulation한다.
- [Complete]를 선택하면 Simulation화면을 생략하고 결과(Distribution Graph)를 확인힐 수 있다.

## | 3 | Questions

- New Store의 완료 예정일에 완료될 확률은 얼마인가?
- 이 분석으로 New Store Plan이 100% 완료될 수 있는 일자는 언제인가?
- 이 분석으로 New Store Plan이 50% 완료될 수 있는 일자는 언제인가?
- 이 분석으로 New Store Plan이 80% 완료될 수 있는 일자는 언제인가?
- 아래 내용을 Distribution Graph의 [Finish Date]와 [Duration] 탭을 각각 선택한 후 Statistic에서 찾아서 작성하시오.

  | | | |
  |---|---|---|
  | — Entire Plan | Skewness : | — Kurtosis : |
  | — C020 | Skewness : | — Kurtosis : |
  | — C020 | Skewness : | — Kurtosis : |
  | — Entire Plan | Standard Deviation : | — Mean : |

# Resource 생성

## | 1 | Objectives

- Resource의 개념을 이해하고 이를 생성할 수 있다.

## | 2 | Simulations

- 아래의 정보를 바탕으로 Resource를 생성한다.

| ID | Description | Type | Default Loading | Cost |
|---|---|---|---|---|
| BLUE COLLAR LABOUR | Blue Collar Labour (Directs) | Labor | Normal | ₩45 |
| EXP | EXPENSE | Expenses | Spread | ₩1 |
| NON LABOR | Non Labor | Non Labor | Normal | ₩146 |
| WHITE COLLAR LABOUR | White Collar Labour (Indirects) | Labor | Normal | ₩50 |

## | 3 | Questions

- Resource에 Calendar를 적용할 수 없다. ( True / False )

- Resource Type을 모두 고르시오.

  ① Labor      ② Non Labor      ③ Expenses      ④ Materials      ⑤ TEAM

- Resource Loading Type을 모두 고르시오.

  ① Normal      ② Speed      ③ Back      ④ Front

- Supply Type을 모두 고르시오.

  ① Constants      ② Infinite      ③ Profile      ④ Distribution

BASIC WORKSHOP WS-09

# Resource Assignment

## | 1 | Objectives

• Resource를 해당 Task에 지정할 수 있다.

## | 2 | Simulations

• Resource Assignment 정보는 아래와 같다.

| Task ID | Resource | Loading | Remaining Units | Budget Units |
|---------|----------|---------|-----------------|--------------|
| B010 | WHITE COLLAR LABOUR | Normal | 256 | 256 |
| B010 | NON LABOUR | Normal | 256 | 256 |
| B010 | EXP | Spread | 1,460 | 1,460 |
| B020 | WHITE COLLAR LABOUR | Normal | 160 | 160 |
| B020 | NON LABOUR | Normal | 160 | 160 |
| B030 | WHITE COLLAR LABOUR | Normal | 720 | 720 |
| B030 | NON LABOUR | Normal | 720 | 720 |
| B040 | WHITE COLLAR LABOUR | Normal | 160 | 160 |
| B040 | NON LABOUR | Normal | 160 | 160 |
| C010 | WHITE COLLAR LABOUR | Normal | 240 | 240 |
| C010 | NON LABOUR | Normal | 240 | 240 |
| C010 | EXP | Spread | 7,298 | 7,298 |
| C020 | BLUE COLLAR LABOUR | Normal | 120 | 120 |
| C020 | NON LABOUR | Normal | 120 | 120 |
| C020 | EXP | Spread | 10,947 | 10,947 |
| C030 | BLUE COLLAR LABOUR | Normal | 80 | 80 |
| C030 | NON LABOUR | Normal | 80 | 80 |
| C040 | BLUE COLLAR LABOUR | Normal | 720 | 720 |
| C040 | NON LABOUR | Normal | 720 | 720 |
| C040 | EXP | Spread | 29,193 | 29,193 |
| D010 | BLUE COLLAR LABOUR | Normal | 720 | 720 |
| D010 | NON LABOUR | Normal | 720 | 720 |

| Task ID | Resource | Loading | Remaining Units | Budget Units |
|---------|----------|---------|-----------------|--------------|
| D020 | BLUE COLLAR LABOUR | Normal | 320 | 320 |
| D020 | NON LABOUR | Normal | 320 | 320 |
| D030 | BLUE COLLAR LABOUR | Normal | 200 | 200 |
| D030 | NON LABOUR | Normal | 200 | 200 |
| D040 | BLUE COLLAR LABOUR | Normal | 120 | 120 |
| D040 | NON LABOUR | Normal | 120 | 120 |
| E010 | BLUE COLLAR LABOUR | Normal | 400 | 400 |
| E010 | NON LABOUR | Normal | 400 | 400 |
| E010 | EXP | Spread | 3,649 | 3,649 |
| E020 | BLUE COLLAR LABOUR | Normal | 200 | 200 |
| E020 | NON LABOUR | Normal | 200 | 200 |
| E030 | BLUE COLLAR LABOUR | Normal | 360 | 360 |
| E030 | NON LABOUR | Normal | 360 | 360 |
| E040 | BLUE COLLAR LABOUR | Normal | 176 | 176 |
| E040 | NON LABOUR | Normal | 176 | 176 |

- [File] 메뉴의 [Save as]를 이용하여 New Store_Apply Duration Uncertainty & Resource로 저장한다.

## | 3 | Questions

- 총 Cost는 얼마인가?

- WHITE COLLAR LABOUR의 총 Cost는 얼마인가?

- NON LABOR의 총 Cost는 얼마인가?

- EXP의 총 Cost는 얼마인가?

- BLUE COLLAR LABOUR의 총 Cost는 얼마인가?

- WHITE COLLAR LABOUR의 총 Cost는 얼마인가?

- Resource Assignment는 [Task Detail]의 [Resource]에서만 지정 가능하다. ( True / False )

BASIC WORKSHOP WS-10

# Resource Uncertainty

## | 1 | Objectives

- Resource Uncertainty를 적용하는 다양한 방법에 대하여 이해한다.

## | 2 | Simulations

● 다음의 Resource Uncertainty를 [Resource Quick Risk]를 활용하여 적용한다.

| Task ID | Minimum | Most likely | Maximum |
|---------|---------|-------------|---------|
| B010 | 75% | 100% | 125% |
| B020 | 75% | 100% | 125% |
| B030 | 75% | 100% | 125% |
| B040 | 75% | 100% | 125% |
| C010 | 75% | 100% | 125% |
| C020 | 75% | 100% | 125% |
| C030 | 75% | 100% | 125% |
| C040 | 75% | 100% | 125% |
| D010 | 90% | 100% | 105% |
| D020 | 90% | 100% | 105% |
| D030 | 90% | 100% | 105% |
| D040 | 90% | 100% | 105% |

- Column의 B010~C040까지 선택한다.

- [Risk] 메뉴의 [Resource Quick Risk]를 통하여 Resource Uncertainty를 적용한다.

  - Apply to를 Selected tasks only로 선택한다.

  - Distribution을 Triangle로 선택한다.

  - Minimum duration is를 75%로 설정한다.

  - Likely duration is를 100%로 설정한다.

  - Maximum duration을 125%로 설정한다.

  - OK 버튼을 클릭하여 Resource Quick Risk를 적용한다.

- Column의 D010~D040까지 선택한다.

- [Risk] 메뉴의 [Resource Quick Risk]를 통하여 Resource Uncertainty를 적용한다.
  - Apply to를 Selected tasks only로 선택한다.
  - Distribution을 Triangle로 선택한다.
  - Minimum duration is를 90%로 설정한다.
  - Likely duration is를 100%로 설정한다.
  - Maximum duration을 105%로 설정한다.
  - OK 버튼을 클릭하여 Resource Quick Risk를 적용한다.

- 다음 Resource Uncertainty를 [Task Details]의 [Risk and Uncertainty] 탭의 Resource Uncertainty를 활용하여 적용한다.

| Task ID | Resource | Distribution | Minimum/Most/Maximum |
|---------|----------|--------------|----------------------|
| E010 | Blue Collar Labour | Triangle | 6 / 8 / 10 |
| | Non Labour | Triangle | 6 / 8 / 10 |
| | EXP | Triangle | 2,736 / 3,649 / 5,610 |
| E020 | Blue Collar Labour | Triangle | 6 / 8 / 10 |
| | Non Labour | Triangle | 6 / 8 / 10 |
| E030 | Blue Collar Labour | Triangle | 6 / 8 / 10 |
| | Non Labour | Triangle | 6 / 8 / 10 |
| E040 | Blue Collar Labour | Triangle | 6 / 8 / 10 |
| | Non Labour | Triangle | 6 / 8 / 10 |

- [Task Details]의 [Risk and Uncertainty] 탭에 있는 [Resource Uncertainty]의 [On]을 클릭한 후 Distribution, Minimum, Most Likely, Maximum을 입력한다.

- New Store _ Apply Duration Uncertainty & Resource Uncertainty로 저장한다.


## | 3 | Questions

- Resource Quick Risk를 이용한 Uncertainty 적용 방법이 아닌 것은?
  ① All task in the plan  ② All filtered tasks  ③ Selected task only  ④ Random

- Resource Quick Risk에서 적용 가능한 Distribution의 Type을 모두 고르시오.
  ① Triangle  ② Uniform  ③ BetaPert  ④ Enhanced

- [Risk and Uncertainty] 탭의 [Resource Uncertainty]에 적용할 수 있는 Distribution의 종류를 모두 기술하시오.

# Risk Analysis With Resource Uncertainty

## | 1 | Objectives

- Resource가 포함된 Plan에 대한 Risk Analysis를 실행할 수 있다.

## | 2 | Simulations

- [Risk] 메뉴에서 [Run Risk Analysis]를 클릭한다.

- [Risk analysis] 대화상자에서 [Options]를 선택한다.

- [Risk Data] 탭에 있는 항목을 모두 선택한다.

- [OK]를 클릭하여 창을 닫는다.

- [Risk analysis] 대화상자에 있는 Analyze for iterations 항목에 "1000"을 입력한다.

- Show step through analysis option 항목의 체크 박스에 체크가 되어 있는지 확인한다.

- Show afterward 체크 박스에 체크가 되어 있는지 확인하고 Distribution Graph가 하위 항목에 선택되어 있는지 확인한다.

- [Analyze]를 클릭한다.

- [Risk analysis] 대화상자에서 [Step]을 선택하면 난수표에 의해 Manual로 Simulation하는 상황을 확인할 수 있다.

- [Go]를 선택하면 Auto로 1000 iterations를 Simulation한다.

- [Complete]를 선택하면 Simulation 화면을 생략하고 결과(Distribution Graph)를 확인할 수 있다.

## | 3 | Questions

- New Store의 예상 Budgeted Cost에 완료될 확률은 얼마인가?

- 이 분석으로 New Store Plan이 100% 완료될 수 있는 비용은 얼마인가?

- 이 분석으로 New Store Plan이 50% 완료될 수 있는 비용은 얼마인가?

- 이 분석으로 New Store Plan이 80% 완료될 수 있는 비용은 얼마인가?

- 아래 내용을 Distribution Graph의 [Cost] 탭 선택 후 Statistic에서 찾아서 작성하시오

  - Entire Plan          Skewness :          Kurtosis :
  - C020               Skewness :          Kurtosis :
  - C020               Skewness :          Kurtosis :
  - Entire Plan          Standard Deviation :     Mean

# Distribution Graph

## | 1 | Objectives

- Uncertainty 적용에 따라 리스크 분석을 한 분포 그래프(Distribution Graph)를 통하여 Plan의 시뮬레이션 결과를 확인할 수 있다.

- Plan 전체나 선택한 각각의 Task에 대한 분포 그래프를 확인할 수 있다.

- Distribution Graph에서는 다음 7가지 항목을 확인할 수 있다.

  - 마감 날짜(Finish Dates)
  - 시작 날짜(Start Dates)
  - 기간(Durations)
  - 여유 시간(Float)
  - 비용(Cost)
  - NPV(Net Present Value)
  - IRR(Internal Rate of return)

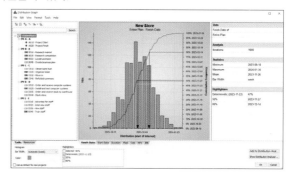

## | 2 | Simulations

- Distribution Graph에서 [Finish Date(마감 날짜)] 등의 탭을 클릭한다.

- 왼쪽 창에 위치한 [Entire Plan]을 클릭하고 오른쪽 창에 있는 그래프와 정보 목록을 확인한다.

- highlighters 데이터를 변화시키기 위해 그래프에서 오른쪽 수직축의 확률(%) 표시를 클릭한다.
  : 수직축의 확률(%)은 일치하는 마감 날짜(finish date)나 기간(duration), 혹은 비용(cost)을 달성하는 것에 대한 통계적 가능성을 나타낸다.

- 왼쪽 창에서 해당되는 Activity의 항목을 선택하여 해당 Activity의 상황을 확인한다.

- 일치하는 데이터의 종류를 확인하기 위해서 그래프 아래에 있는 다른 탭들을 선택하여 확인한다.

- 분포 그래프를 닫기 위해 [OK]를 클릭한다.

## | 3 | Questions

- Distribution Graph의 모든 결과는 저장해 놓은 Plan을 Open하면 다시 확인할 수 있다. ( True / False )

- Resource와 Task별로 각각의 결과를 Monitoring할 수 있다. ( True / False )

- Statistics에서 확인할 있는 Data를 모두 선택하시오.

  ① Minimum  ② Maximum  ③ Mean  ④ Median  ⑤ Mode .  ⑥ Max Hits

  ⑦ Standard Deviation  ⑧ Variance  ⑨ Skewness  ⑩ Kurtosis  ⑪ Hightlighter

BASIC WORKSHOP WS-13
# Tornado Graph

## | 1 | Objectives

• Tornado Graph는 리스크 분석에 따른 다른 형태의 분석 data를 제공한다.

• Tornado Graph에서는 다음 5가지 항목을 확인할 수 있다.

  – Duration Sensitivity

  – Cost Sensitivity

  – Criticality Index

  – Duration Cruciality

  – Schedule Sensitivity Index

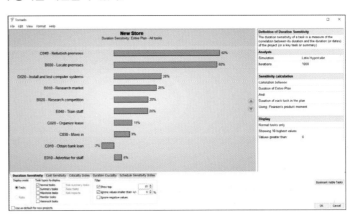

• 그래프의 오른쪽에 있는 수직축의 날짜를 클릭하면 표시된 부분을 옮기고 오른쪽 창의 목록에 있는 값들을 변화시킨다.

## | 2 | Simulations

• [Report] 메뉴에서 Tornado Graph를 선택하여 아래 사항을 확인한다.

[Duration Sensitivity], [Cost Sensitivity], [Criticality Index], [Duration Cruciality], [Schedule Sensitivity Index] 탭을 클릭하여 각 화면을 확인할 수 있다.

## | 3 | Questions

• Primavera Risk Analysis 수행 시 활용되는 Simulation 방법을 고르시오.

  ① Monte-Carlo     ② Litin-Hypercube     ③ Decision Tree     ④ EMV

• Sensitivity 분석 수행 시 활용되는 Correlation 측정 방법으로 옳은 것은?

  ① Peason's product moment     ② Spearman's Rank correlation     ③ 두 방식 모두 사용

• Duration Cruciality 계산 공식을 기술하시오.

• Schedule Sensitivity Index(SSI) 계산 공식을 기술하시오.

# Templated Quick Risk

## | 1 | Objectives

- Primavera Risk Analysis의 Templated Quick Risk를 이용하여 Task에 불확실성을 빠르고 쉽게 적용하는 방법을 이해한다.

## | 2 | Simulations

### ● Templated Quick Risk

Templated Quick Risk는 멀티태스킹의 효율성과 단일 업무 조절의 정밀함을 결합한 것으로, 프로젝트 업무 간의 서로 다른 불확실성 정도를 적용시키기 위해 활용된다. Duration Quick Risk에서 Template는 남은 기간 의 비율에 기반한 기간 불확실성을 분배한다. 프로젝트 일정에 저장되어 있으므로 언제라도 프로젝트 Activity 를 검토, 수정 및 재적용할 수 있다. Template은 저장할 수 있으며 다른 프로젝트 계획에 재사용할 수 있다. Templated Quick Risk를 사용하기 전에 사용자는 어떻게 프로젝트 업무를 구별하고 적절한 Template을 만 들 것인지 결정해야 한다.

- New Store_ Apply Duration Uncertainty and Resource Uncertainty를 Open한다.
- [Plan] 메뉴에서 [Task User Fields]를 클릭한다.
- [Task User Fields] 대화상자에서 위 창에 있는 스크롤을 바닥으로 내려 Field Name 세로 칸의 비어있는 첫 번째 공간을 클릭한다.
- [Field Name] 항목에 Risk Level을 입력한다.
- Type 항목을 더블클릭하고 하위 항목 목록에서 Code를 선택한 후 다음과 같이 입력한다.

| Risk Level Code | |
|---|---|
| Code | Description |
| VH | Very High Risk |
| H | High Risk |
| M | Medium Risk |
| L | Low Risk |
| VL | Very Low Risk |

- [Format] 메뉴에서 column을 선택한다.
- Right Columns에 Risk Level을 클릭하여 활성화한다.
- 다음과 같이 입력한다.

| Risk Level Codes | | |
|---|---|---|
| Task ID | Description | Risk Level |
| B010 | Research market | VH |
| B020 | Research competition | VH |
| B030 | Locate premises | H |
| B040 | Create business plan | VL |
| C010 | Obtain bank loan | L |
| C020 | Organize lease | M |
| C030 | Move in | M |
| C040 | Refurbish premises | VH |
| D010 | Order and receive computer systems | M |
| D020 | Install and test computer systems | H |
| D030 | Order and receive stock to warehouse | M |
| D040 | Stock store | L |
| E010 | Advertise for staff | M |
| E020 | Interview staff | M |
| E030 | Hire staff | M |
| E040 | Train staff | L |

- [Risk] 메뉴에서 [Templated Quick Risk]를 클릭한다.
- 대화상자의 Field column을 drop-down하여 Task User Fields에서 생성한 Risk Level을 선택한다.
- 다음과 같이 입력한다.

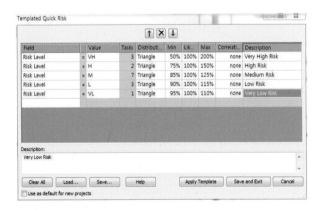

- [Templated Quick Risk]의 [Save]를 이용하여 New Store_Risk Levels WS−018로 저장한다.
- [File] 메뉴의 [Save as]를 이용하여 New Store_Apply Template Quick Risk로 저장한다.
- Quick Risk Template에서 [Apply Template]를 클릭한다.
- [Risk] 메뉴에서 [Run Risk Analysis]를 실행한다. (단축키 F10)

## | 3 | Questions

- Finish Date에 마무리될 확률은 얼마인가?
- New Store_Apply Duration Uncertainty Plan의 확률과의 차이는 얼마인가?

# Task Existence Risk

## | 1 | Objectives

• Task에 대한 Existence Risk를 이해하고 적용할 수 있다.

## | 2 | Simulations

• [File] 메뉴에서 [Open]을 클릭한다.

• [Open] 대화상자에서 New Store_Apply Template Quick Risk를 Open한다.

• 다음과 같이 Task를 생성한 후 입력한다.

| Task ID | Description | Type | Remaining Duration |
|---------|-------------|------|-------------------|
| C050 | Find hidden wiring | Normal | 0 |

| Duration Uncertainty | | | |
|---------|-------------|------|-------------------|
| Task ID | Minimum Duration | Most Likely Duration | Maximum Duration |
| C050 | 20 | 25 | 35 |

| Task Relationship | | | |
|---------|-------------|------|-------------------|
| 선행 Task ID | 후행 Task ID | Relation Type | Lag |
| C040 | C050 | FS | 0 |
| C050 | D020 | FS | 0 |

• [Details]의 [Existence Risk] 탭의 [On]에 체크한 후 Probability this Task Exists에 "20%"로 입력한다.

• [File] 메뉴의 [Save as]를 이용하여 New Store_Apply Existence Risk로 저장한다.

• [Risk] 메뉴에서 [Run Risk Analysis]를 실행한다. (단축키 F10)

## | 3 | Questions

• Finish Date의 확률은?

• New Store_Apply Template Quick Risk의 Plan과의 달성 확률 차이는?

BASIC WORKSHOP WS-16

# Basic Probabilistic Branching

## | 1 | Objectives

• Primavera Risk Analysis의 probabilistic branching을 이해하고 적용할 수 있다.

## | 2 | Simulations

• 만약 New Store Plan의 Refurbish premises 업무를 할 경우 일반적으로 감춰진 배선을 발견할 확률이 50%이고, 발견되면 다음 3가지 경우의 결과가 나올 수 있다.

   – 50% : 배선을 제거하는 데 15일에서 20일이 걸린다.(16 Most Likely)

   – 35% : 배선을 제거하는 데 20일에서 30일이 걸린다.(23 Most Likely)

   – 15% : 배선을 제거하는 데 30일에서 45일이 걸린다.(35 Most Likely)

Find hidden wiring이라는 리스크 사건은 세 가지 제한적 영향을 포함하고 있으며, 이 중 한 가지 사건만 일어날 것이다.

• [Open] 대화상자에서 New Store_Apply Template Quick Risk를 오픈한다.

• 다음 정보를 토대로 Task를 생성한 후 Details를 이용하여 입력한다.

| Task ID | Description | Type | Remaining Duration |
|---------|-------------|------|--------------------|
| C050 | Find hidden wiring | Normal | 0 |
| C060 | Remove wiring | Normal | 16 |
| C070 | Repair wiring | Normal | 23 |
| C080 | Install new electrical service | Normal | 35 |

| Duration Uncertainty | | | |
|---------|-------------------|----------------------|---------------------|
| Task ID | Minimum Duration | Most Likely Duration | Maximum Duration |
| C010 | 0 | 0 | 0 |
| C020 | 15 | 16 | 20 |
| C030 | 20 | 23 | 30 |
| C040 | 30 | 35 | 45 |

| Task Relationship | | | |
|-----------------|----------------|---------------|-----|
| 선행 Task ID | 후행 Task ID | Relation Type | Lag |
| C040 | C050 | FS | 0 |

| C050 | C060 | FS | 0 |
|------|------|-----|---|
| C050 | C070 | FS | 0 |
| C050 | C080 | FS | 0 |
| C060 | D020 | FS | 0 |
| C070 | D020 | FS | 0 |
| C080 | D020 | FS | 0 |

- 0010을 선택한 후 Task Detail에서 [Probabilistic Branch] 탭을 클릭한다.
- 다음과 같이 입력한다.

| Branching Probability For 0010– Find hidden wiring | |
|------|------|
| Succeeding Tasks | Probability |
| Remove Wiring | 50% |
| Repair Wiring | 35% |
| Install New Electrical service | 15% |

| Branching Probability For C040– Refurbish premises | |
|------|------|
| Succeeding Tasks | Probability |
| Find hiding wiring | 50% |

- [File] 메뉴의 [Save as]를 이용하여 New Store_Apply Probability Branching으로 저장한다.
- [Risk] 메뉴에서 [Run Risk Analysis]를 실행한다. (단축키 F10)

## | 3 | Questions

- Finish Date의 확률은?

- New Store_Apply Template Quick Risk의 Plan과의 달성 확률 차이는?

BASIC WORKSHOP WS-17

# Risk Register(Qualitative & Quantitative)

## | 1 | Objectives

- Risk Management Plan에서 정의한 P&I Matrix와 Tolerance를 Primavera Risk Analysis에서 생성하고 평가하며, Plan의 각 Task에 Mapping시키는 방법을 이해한다.

- 이를 근거로 기존의 Duration과 Resource의 Uncertainty와 Event Risk를 Plan에 복합적으로 적용하여 분석하는 방법을 이해한다.
  - P&I Matrix 및 Tolerance와 Trigger 기준 작성
  - Qualitatively & Quantitatively Risk 평가
  - 해당 Risk 발생 시 영향을 미치는 Task와 연결(Mapping)
  - Pre-Mitigation 리스크 평가, Mitigation Plan, Post-Mitigation에 의한 Plan 전체에 대한 On Time, On Budget의 달성 확률 분석

## | 2 | Simulations

### ● Opening the Risk Register

- [File] 메뉴에서 [Open]을 클릭한다.
- [Open] 대화상자에서 New Store_Apply Template Quick Risk를 Open한다.
- [Risk] 메뉴에서 [Register]를 클릭한다.
- [Risk Register] 대화상자의 기본 설정이 Use standard Risk Register로 되어있는지 확인하고 [OK]를 클릭한다.

### ● Entering Risk into the Register

- [Qualitative] 탭이 선택되었는지 확인한다.
- Risk ID 항목에 "1"을 입력한다.
- T/O 하위 목록에서 [Threat]를 선택한다.
- Title 항목에 "Loan application rejected"를 입력한다.
- Pre-Mitigation Probability 하위 항목에서 [L]을 선택한다.
- Schedule 하위 항목에서 [H]를 선택한다.
- Cost 하위 항목에서 [H]를 선택한다.
- Performance 하위 항목에서 [L]을 선택한다.

## ● Entering a Mitigation Response

- Mitigation Response 하위 목록에서 [Reduce]를 선택한다.
- Title 항목에 "Strengthen application efforts"를 입력한다.
- Post-Mitigation Probability 하위 목록에서 [N]을 선택한다.
- Post-Mitigation Score가 0이 되고 더 이상 발생하지 않게 되었음을 확인한다.

## ● Adding Risk Details

Risk Register details는 리스크에 대한 대비 활동을 기록하기 위해 다양한 탭을 제공한다.

새 리스크에 대한 기본 상태는 리스크 분석의 고려 하에 있다는 의미의 Proposed로 되어 있다. 리스크 상태가 Open으로 되어 있는 것은 그 리스크가 이미 리스크 분석에 들어가 있다는 의미이다. 나머지 세 가지 상태(Rejected, Managed, Impacted)는 모두 리스크 분석이 고려되지 않은 상태이다.

탭에 있는 대부분의 항목은 꼭 입력하지 않아도 되는 신택 사항이다. 그러나 많은 세부사항을 입력할수록 각 리스크가 더 현실성을 지니게 되고 기록부가 리스크 관리 도구로 더 유용해진다.

- [Risk Details] 탭이 선택되어 있는지 확인한다.
- Cause 항목에 "Company carrying significant debt"를 입력한다.
- Description 항목에 "Lender may reject loan due to existing debt"를 입력한다.
- Effect 항목에 "Would delay schedule, increase costs, and could damage company reputation"을 입력한다.
- Status 항목에 [Proposed]가 선택되어 있는지 확인한다.
- Show in Quantitative 체크 박스에 체크가 되어 있는지 확인한다.

## ● Adding Mitigation Details

Mitigation 탭은 이용자가 가능한 Mitigation 활동들에 대해 세부사항을 추가하는 기능을 제공한다.

- Risk Details에서 [Mitigation] 탭을 클릭한다.
- Use Detailed Actions 체크 박스에 체크한다.
- Description 항목에 "Submit applications to multiple lenders"를 입력한다.
- Remaining Cost 항목에 "10000"을 입력한다.
- 다음 Description 항목에 "Secure loan guarantee from parent company"를 입력한다.
- Remaining Cost 항목에 "15000"을 입력한다.
- 다음 Description 항목에 "Accept less favorable terms on loan"을 입력한다.
- 활동에 당장 필요한 비용이 없으므로 Remaining Cost 항목에는 수치를 입력할 필요가 없다.

## ● Importing a Risk Register

• 다음 정보를 토대로 Risk Register를 계속 작성한다.

| ID | Type | Title |
|----|------|-------|
| 2 | Threat | Key resource unavailable |
| 3 | Opportunity | Reuse interior design work |
| 4 | Threat | Computer systems delivery delayed |
| 5 | Threat | Computer systems testing fails |
| 6 | Threat | Retail stock backordered |

| Risk ID | Pre-mitigation | | | | Response | |
|---------|-------------|----------|------|-------------|--------|------------|
| | Probability | Schedule | Cost | Performance | Type | Total Cost |
| 2 | H | H | H | H | Reduce | 75,000 |
| 3 | M | M | M | H | Exploit | 0 |
| 4 | VL | L | L | M | Accept | 0 |
| 5 | M | VH | VH | VH | Transfer | 50,000 |
| 6 | L | H | H | VH | Reduce | 200,000 |

| Risk ID | Post-mitigation | | | |
|---------|-------------|----------|------|-------------|
| | Probability | Schedule | Cost | Performance |
| 2 | VL | H | M | H |
| 3 | VH | H | M | H |
| 4 | VL | L | L | M |
| 5 | VL | VH | VH | VH |
| 6 | VL | L | H | M |

## ● Risk Scoring, Risk Matrix, Reports, and More

• [Edit] 메뉴에서 [Risk Scoring]을 클릭하고 Risk Scoring 대화상자에서 어떻게 리스크들이 수치화되는지의 기준을 살펴본다.

• Risk Scoring 대화상자를 닫기 위해 [OK]를 클릭한다.

• [View] 메뉴에서 [Show Risk Matrix]를 클릭하고, 리스크 가능성과 영향들이 행렬에서의 위치를 결정하기 위해 어떻게 상호작용을 하는지 살펴본다.

• 각 리스크의 가능성과 대책의 영향을 살펴보기 위해 Pre-mitigated와 Post-mitigated 옵션들을 서로 엇갈리게 바꾼다.

• Risk Matrix 화면에서 나간다.

• [Reports] 메뉴에서 나란히 배치된 대비 전과 대비 후의 행렬을 보기 위해 [Risk Matrix]를 클릭한다.

• 보고의 [File] 메뉴에서 [Close]를 클릭한다.

## Mapping Risk to Your Schedule

- Risk Register의 맨 위에 있는 [Quantitative] 탭을 클릭한다.
- Pre-mitigated과 Risk View 하위 탭들이 선택되어 있는지 확인한다.
- 창의 왼쪽에서 [1-Loan application rejected]라는 리스크를 선택한다.
- C010-Obtain bank loan 업무 앞에 있는 체크 박스를 체크한다.
- 창의 왼쪽에 있는 Impacted Task ID(s) 항목의 Task ID에 C010이 나타나는지 확인한다.
- 다음과 같이 적용한다.

| Risk and Impacted Task | | | |
|---|---|---|---|
| Risk ID | Risk Title | Impacted Task ID(s) | Task Description |
| 1 | Loan Application rejected | C010 | Obtain bank loan |
| 2 | Key resource unavailable | B040<br>C010<br>C020 | Create business plan<br>Obtain bank loan<br>Organize lease |
| 3 | Reuse interior design work | C040 | Refurbish premises |
| 4 | Computer systems delivery delayed | D010 | Order and receive computer systems |
| 5 | Computer systems testing fails | D020 | Install and test computer systems |
| 6 | Retail stock backordered | D030 | Order and receive stock to warehouse |

## Adjusting Probability and Impacts_0

- 화면 왼쪽에서 Risk1(Loan application rejected)의 Quantified 체크 박스에 체크한다.
- 체크 박스에 체크하면 Probability 항목이 활성화되고 이용자가 Qualitative 탭에서 가져온 가능성을 분리할 수 있게 되는 것을 확인한다.
- Probability 항목에 "25"를 입력한다.
- 화면 왼쪽에서 [Risk2]를 선택한 후 Quantified 체크 박스에 체크한다.
- 다음과 같이 적용한다.

| Pre-Mitigated Impact For Risk2 | | | | |
|---|---|---|---|---|
| Task ID | Schedule Min | Schedule Max | Cost Min | Cost Max |
| B040 | 6 | 15 | 3,000 | 6,000 |
| C010 | 15 | 20 | 12,000 | 27,000 |
| C020 | 20 | 25 | 60,000 | 120,000 |

## Post-Mitigated 탭

[Pre-Mitigated] 탭에서 대비 전 영향들을 조정했던 것처럼 대비 후의 리스크 영향을 조정하기 위해 [Post-Mitigated] 탭을 사용한다. 리스크의 Quantified 체크 박스에 체크하면, 창의 아래에서 그 리스크로부터 영향을 받은 모든 업무의 대비 전 영향 항목을 각각 수정할 수 있다.

- [Risk View] 탭을 클릭한다.
- 다양한 리스크의 대비 전 가능성을 확인한다.
- [Post-Mitigated] 탭을 클릭한다.
- 화면 왼쪽에서 [Risk2]를 선택한 후 다음과 같이 적용한다.

| Post-Mitigated Impact For Risk2 | | | | |
|---|---|---|---|---|
| Task ID | Schedule Min | Schedule Max | Cost Min | Cost Max |
| B040 | 4 | 10 | 2,500 | 5,000 |
| C010 | 10 | 15 | 10,000 | 25,000 |
| C020 | 15 | 20 | 50,000 | 100,000 |

- **Building the Impacted Risk Plan**
- Risk Register 화면의 [Tool] 메뉴에서 [build Impacted Risk Plan(s)]을 클릭한다.
- [Pre-Mitigated]와 [Post-Mitigated]를 모두 선택한다.
- [Build]를 클릭한다.

## | 3 | Questions

- P&I Matrix를 생성하는 방법으로 옳은 것을 모두 고르시오.

  ① [Edit] 메뉴의 [Risk Scoring]을 클릭하여 Risk Scoring 화면에서 직접 수정한다.

  ② Register Wizard를 활용하여 생성 및 수정을 할 수 있다.

  ③ Import를 이용하여 P&I Matrix를 생성할 수 있다.

  ④ Excel로 Copy / Paste하여 가져올 수 있다.

- Tolerance Scale은 어디에서 수정이 가능한가?

- Probability Scale과 Impact Scale은 최대 몇 단계로 설정이 가능한가?

  ① 5 × 5        ② 6 × 6        ③ 9 × 9        ④ 10 × 10

- Primavera Risk Analysis에서 사용하는 Threat의 Response의 종류를 모두 고르시오.

  ① Avoid        ② Transfer        ③ Reduce        ④ Enhance

- Primavera Risk Analysis에서 사용하는 Opportunity의 Response의 종류를 모두 고르시오.

  ① Exploit        ② Facilitate        ③ Share        ④ Reject

- Risk Register의 Quantitative에서는 Task에 Risk를 Mapping하여 분석할 수 있다. ( True / False )
- Quantitative에서는 Task에 Risk를 Mapping하여 각각의 Task에 영향을 표현할 수 있다. ( True / False )
- Quantitative에서 Probability는 자동으로 계산된다. ( True / False )
- Quantitative에서 Probability는 수정할 수 있다. ( True / False )
- 어떻게 하면 수정이 가능한가?
- Quantitative에서는 Pre-Mitigated와 Post-Mitigated를 모두 수행하여 Risk Impact를 적용할 수 있다.

  ( True / False )

BASIC WORKSHOP WS-18
# Analysis and Review(Report)

## | 1 | Objectives

- Distribution Analyzer(분포분석기)를 사용해 다양한 리스크 분석으로 만들어진 Plan들을 가져와 분석하는 방법을 이해한다.
- Tornado Graph(민감도 분석)를 분석하는 방법을 이해한다.
- Scatter Plot(산점도)를 분석하는 방법을 이해한다.
- Distribution Graph(분포 그래프)를 분석하는 방법을 이해한다.
- Probabilistic Cash Flow(확률 헌금흐름)를 분식하는 방법을 이해한다.
- Primavera Risk Analysis가 제공하는 Report를 활용하여 분석을 보다 효과적으로 진행할 수 있는 방법을 이해한다.
- 상기의 모든 분석을 통하여 최적의 Plan 일정을 수립하기 위한 각종 Contingency Reserve를 고려한 Plan을 도출할 수 있다.

## | 2 | Simulations

### ● Using the Distribution Analyzer

- [File] 메뉴에서 [Import]를 클릭한다.
- 현재 Entire Plan, Pre—Mitigated Plan, Post—Mitigated Plan을 모두 선택한다.
- [Import data]를 클릭한다.
- 화면에 표현되는 그래프를 확인할 수 있다.

## | 3 | Questions

- Distribution Analyzer는 몇 개의 Plan을 분석할 수 있는가?

  ① 3개      ② 5개      ③ 10개      ④ 제한이 없다.

- Distribution Analyzer에서 항상 import할 수 있는 Data의 Type을 고르시오.

  ① Finish Date      ② Start Date      ③ Cost      ④ Duration

  ⑤ Float      ⑥ IRR      ⑦ NPV

- Primavera Risk Analysis에서 제공하는 Report 형태를 고르시오.

  ① Distribution Graph      ② Distribution Analyzer      ③ Scatter Plot

  ④ Tornado Graph      ⑤ Probabilistic Cash Flow      ⑥ Summary Risk Report

  ⑦ Criticality Path Report      ⑧ Criticality Distribution Profile      ⑨ Compare Plans

BASIC WORKSHOP WS-19
# Type of Task

## | 1 | Objectives

• Primavera Risk Analysis에서 활용되는 Task의 Type을 이해한다.

## | 2 | Simulations

• [Plan] 메뉴의 [Plan Information]과 [Planning Option]의 [Date]에서 Plan의 내용을 입력하고 설정할 수 있다.

| Plan Name | Title | Sub Title 1 | Company Details | Project 시작일 |
|---|---|---|---|---|
| WORKSHOP_05 | Type of Task | Training | HJPS SYSTEM | 20XX – 09 – 01 09:00 |

• Planning Unit과 Calendar는 기본값(Default)을 사용한다.
• [Plan] 메뉴의 [Planning Unit]와 [Calendar]에서 변경 설정할 수 있다.

| Data Date | Planning Unit | | Calendar | |
|---|---|---|---|---|
| Project 시작일 | Day | Default Setting | Standard | Default Setting |

• Task와 Link의 정보는 아래와 같다.

| ID | Description | WBS | Task Type | Remaining Duration |
|---|---|---|---|---|
| Milstone | Milstone | | Summary | 12 |
| 10 | Start Milestone | Milstone | Start Milestone | 0 |
| 20 | Normal Task | Milstone | Normal | 5 |
| 30 | Normal Task | Milstone | Normal | 5 |
| 40 | Finish Milestone | Milstone | Finish Milestone | 0 |
| Monitor | Monitor | | Summary | 40 |
| 50 | Normal Task | Monitor | Normal | 5 |
| 60 | Normal Task | Monitor | Normal | 5 |
| 70 | Normal Task | Monitor | Normal | 20 |
| 80 | Monitor | Monitor | Monitor | 30 |
| Hammock | Hammock | | Summary | 26 |
| 90 | Normal Task | Hammock | Normal | 5 |

| | | | | |
|---|---|---|---|---|
| 100 | Normal Task | Hammock | Normal | 5 |
| 110 | Normal Task | Hammock | Normal | 5 |
| 120 | Normal Task | Hammock | Normal | 5 |
| 130 | Hammock | Hammock | Hammock | 20 |
| 140 | Hammock | Hammock | Hammock | 5 |
| Summary | Summary | | Summary | 26 |
| 160 | Normal Task | Summary | Normal | 5 |
| 170 | Normal Task | Summary | Normal | 5 |
| 180 | Normal Task | Summary | Normal | 5 |
| 190 | Normal Task | Summary | Normal | 5 |

| Predecessor | Successor | Type | Lag |
|---|---|---|---|
| 10 | 20 | FS | 0 |
| 20 | 30 | FS | 0 |
| 30 | 40 | FS | 0 |
| 50 | 60 | FS | 0 |
| 60 | 70 | FS | 0 |
| 90 | 140 | FS | 0 |
| 90 | 100 | FS | 0 |
| 100 | 110 | FS | 0 |
| 110 | 120 | FS | 0 |
| 110 | 140 | SF | 0 |
| 160 | 170 | FS | 0 |
| 170 | 180 | FS | 0 |
| 180 | 190 | FS | 0 |

- Organize는 Task User Field 기준으로 Work Breakdown Structure로 Setting한다.
- [File] 메뉴의 [Save as]를 이용하여 Type of Task로 저장한다.

## | 3 | Questions

- Milestone Group의 Start와 Finish를 입력하시오.

  Start :                   Finish :

- Monitor Group의 Start와 Finish를 입력하시오.

  Start :                   Finish :

- Hammock Group의 Start와 Finish를 입력하시오.

  Start :                          Finish :

- Summary Group의 Start와 Finish를 입력하시오.

  Start :                          Finish :

- Task 080의 Remaining Duration은 얼마인가?
- Task 0130의 Remaining Duration은 얼마인가?
- Task 0140의 Remaining Duration은 얼마인가?
- Task 0130의 Hammock Type의 Duration은 연관관계가 없을 경우 Zero로 만들 수도 있다. ( True / False )
- Option 설정은 어디에서 하는가?

BASIC WORKSHOP WS-20
# Risk Analysis And Critical Path

## | 1 | Objectives

- 기간에 대한 불확실성 적용 시 CP(Critical Path)는 변화할 수 있다.

## | 2 | Simulations

- Plan의 정보는 아래와 같다.

| Plan Name | Title | Project 시작일 | Calendar |
|---|---|---|---|
| Workshop009 | Risk Analysis and the Critical Path | 20XX년 9월 1일 09:00 | Standard (주 5일) |

| Task ID | Description | Type | Remaining Duration |
|---|---|---|---|
| 0010 | Start | Start Milestone | 0 |
| 0020 | Task 1 | Normal | 10 |
| 0030 | Task 2 | Normal | 8 |
| 0040 | Task 3 | Normal | 12 |
| 0050 | Finish | Finish Milestone | 0 |

| Task Relationship | | | |
|---|---|---|---|
| 선행 Task ID | 후행 Task ID | Relation Type | Lag |
| 0010 | 0020 | FS | 0 |
| 0020 | 0030 | FS | 0 |
| 0020 | 0040 | FS | 0 |
| 0030 | 0050 | FS | 0 |
| 0040 | 0050 | FS | 0 |

| Duration Uncertainty | | | |
|---|---|---|---|
| Task ID | Minimum Duration | Most Likely Duration | Maximum Duration |
| 0020 | 8 | 10 | 15 |
| 0020 | 6 | 8 | 12 |
| 0030 | 9 | 12 | 18 |

[File] 메뉴의 [Save as]를 이용하여 Risk Analysis And the Critical Path로 저장한다.

[Risk] 메뉴에서 [Run Risk Analysis]를 선택한다. (단축키 F10)

- [Step]을 선택하여 Manual로 변화하는 상태를 모니터링한다.

## | 3 | Questions

- 예상 확률은 얼마인가?

primavera

BASIC WORKSHOP WS-21

# Risk's Impact : Bigger Than You Think!!!

## | 1 | Objectives

- 프로젝트에서의 리스크에 대한 영향은 일반적인 우리의 생각보다 심각한 경향이 있다.

## | 2 | Simulations

- 프로젝트의 정보는 아래와 같다.

| Plan Name | Titie | Project 시작일 | Calendar |
|---|---|---|---|
| Workshop010 | Risk' Impact | 20XX년 9월 1일 09:00 | Standard(주 5일) |

| Task ID | Description | Type | Remaining Duration |
|---|---|---|---|
| 0010 | Start | Start Milestone | 0 |
| 0020 | Design Unit 1 | Normal | 30 |
| 0030 | Build Unit 1 | Normal | 40 |
| 0060 | Finish | Finish Milestone | 0 |

| Task Relationship | | | |
|---|---|---|---|
| 선행 Task ID | 후행 Task ID | Relation Type | Lag |
| 0010 | 0020 | FS | 0 |
| 0020 | 0030 | FS | 0 |
| 0030 | 0060 | FS | 0 |

| Duration Uncertainty | | | |
|---|---|---|---|
| Task ID | Minimum Duration | Most Likely Duration | Maximum Duration |
| 0020 | 20 | 30 | 60 |
| 0030 | 30 | 40 | 65 |

- [File] 메뉴의 [Save as]를 이용하여 Risk Impact로 저장한다.

- [Risk] 메뉴에서 [Run Risk Analysis]를 선택한다. (단축키 F10)

## | 3 | Questions

- 예상 확률은 얼마인가?

BASIC WORKSHOP WS-22

# Risk Is Cumulative

## | 1 | Objectives

- 리스크는 누적된다는 점을 이해한다.

## | 2 | Simulations

- 프로젝트의 정보는 아래와 같다.

| Plan Name | Title | Project 시작일 | Calendar |
|---|---|---|---|
| Workshop011 | Risk is Cumulative | 20XX년 9월 1일 09:00 | Standard(주 5일) |

| Task ID | Description | Type | Remaining Duration |
|---|---|---|---|
| 0010 | Start | Start Milestone | 0 |
| 0020 | Design Unit 1 | Normal | 30 |
| 0030 | Build Unit 1 | Normal | 40 |
| 0040 | Design Unit 2 | Normal | 30 |
| 0050 | Build Unit 2 | Normal | 40 |
| 0060 | Finish | Finish Milestone | 0 |

| Task Relationship | | | |
|---|---|---|---|
| 선행 Task ID | 후행 Task ID | Relation Type | Lag |
| 0010 | 0020 | FS | 0 |
| 0010 | 0040 | FS | 0 |
| 0020 | 0030 | FS | 0 |
| 0030 | 0060 | FS | 0 |
| 0040 | 0050 | FS | 0 |
| 0050 | 0060 | FS | 0 |

| Duration Uncertainty | | | |
|---|---|---|---|
| Task ID | Minimum Duration | Most Likely Duration | Maximum Duration |
| 0020 | 20 | 30 | 60 |
| 0030 | 30 | 40 | 65 |

| 0040 | 20 | 30 | 60 |
| 0050 | 30 | 40 | 65 |

- [File] 메뉴의 [Save as]를 이용하여 Risk Is Cumulative로 저장한다.
- [Risk] 메뉴에서 [Run Risk Analysis]를 선택한다. (단축키 F10)

## | 3 | Questions
- 예상 확률은 얼마인가?